销售精英核心技能实战特训

U0651073

83%

5%

12%

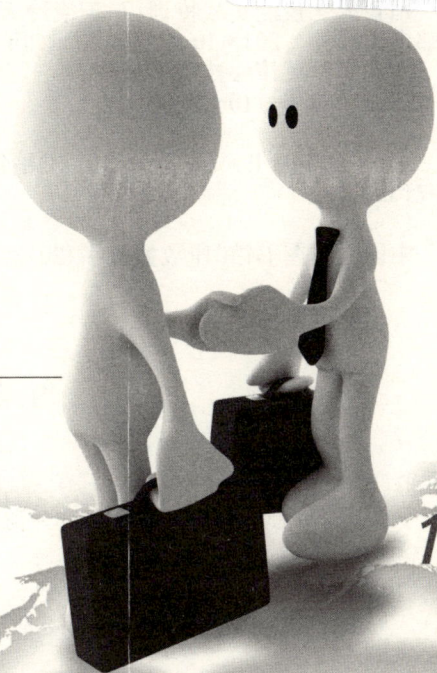

销售成交技能
实战特训

王宝玲·著

人民邮电出版社
北京

图书在版编目（ＣＩＰ）数据

销售成交技能实战特训 / 王宝玲著. -- 北京：人民邮电出版社，2013.10（2014.11重印）
（销售精英核心技能实战特训）
ISBN 978-7-115-32536-5

Ⅰ. ①销… Ⅱ. ①王… Ⅲ. ①销售－方法 Ⅳ. ①F713.3

中国版本图书馆CIP数据核字(2013)第184314号

内 容 提 要

　　销售最重要的目的就是成交，只有实现成交，销售工作才有价值。如何实现高效成交是每一个销售员都迫切希望了解的。而作为销售培训的重点部分之一，如何实现高效成交也是不少销售培训师潜心研究的项目。本书通过 5 部分共 10 章的阐述，为销售培训师提供了系统的销售成交课程大纲和详细具体的实战内容，使销售培训师的培训过程更加轻松、有效。同时，本书也是销售员掌握销售成交技巧的上佳指南，希望能帮助销售员轻松成为销售冠军。

◆ 著　　　　　王宝玲
　　责任编辑　　任忠鹏
　　执行编辑　　张婷婷
　　责任印制　　周昇亮

◆ 人民邮电出版社出版发行　　北京市丰台区成寿寺路11号
　　邮编　100164　　电子邮件　315@ptpress.com.cn
　　网址　http://www.ptpress.com.cn
　　北京隆昌伟业印刷有限公司印刷

◆ 开本：700×1000　1/16
　　印张：16　　　　　　　　2013 年 10 月第 1 版
　　字数：237 千字　　　　　2014 年 11 月北京第 3 次印刷

定价：39.80 元

读者服务热线：(010) 81055296　印装质量热线：(010) 81055316
反盗版热线：(010) 81055315
广告经营许可证：京崇工商广字第 0021 号

前　言
FOREWORD

世界汽车销售第一人乔·吉拉德曾说："推销活动真正的开始在成交之后，而不是之前。"由此可见，成交是销售活动过程中一个重要且核心的环节，但是成交不是销售的结束，而是下一次销售的开始。

成交作为销售活动的一个重要阶段，不应被当做销售的最终目的，而应将其视为销售的一个核心环节，这就需要销售员围绕成交展开工作，不将希望寄托在一次成交上，而是关注持续成交，将重点放在维护产品形象、个人信誉等更高的层次。

实现成交之所以有难度，一方面是因为成交是对销售员销售技巧和能力的考察，另一方面是，成交也是对销售员认识和领悟能力的考察。成交作为销售活动的一个重要阶段，销售员既要掌握相关方法，还要了解客户心理，有效把握销售进程。

有些销售员之所以成交失败，很大程度上是因为没有意识到销售成交的真正含义，只是简单地将成交等同于完成眼下的成交任务，而没有从更深层次去认识成交，从而导致产品形象受损、失去客户的信任。

如果销售员能从更宏观的角度去看待成交问题，就能在具体的销售活动中放眼大局，不会为了一次成交利益而"宰客"，不会为了赢得客户好感而做出无法兑现的承诺，而是做到有的放矢地解决问题，有计划地展开销售活动，慎重地面对销售中的变化和突发情况，从而使成交水到渠成。

在一个商品化、买家日益精明、成本控制一切的销售市场中，维护客户忠诚度的难度不断增加，此时，销售员的专业能力、销售技巧在销售过程中发挥的作用越来越大，成为销售员获得高额利润的保证。

可以说，正确的销售方法是销售成功的一个关键因素，如果销售员能够在日常生活中有意识地利用这些成交技巧，那么不仅能够在业务上更加娴熟，而且在心智上也会逐渐成熟。

有一些企业曾经请过培训师对本公司的销售员进行培训，但是培训师在培训时从头至尾都通过讲述的方式进行，培训的内容缺乏针对性、系统性、实战性，以致销售员在实际销售中并不能灵活自如地运用培训师讲述的方法，常常在遇到突发情况时表现得不知所措，导致成交的失败。

鉴于此，我们编写了这本《销售成交技能实战特训》，从准备篇、拜访篇、谈判篇、成交篇、售后篇五大部分进行阐述，分别介绍了如何拥有好心态、如何找到成交目标、如何保持适当礼仪、如何塑造气场、如何进行产品介绍、如何进行谈判、如何实现阶段性成交、如何催款、如何展开售后服务共 10 章内容，讲解了诸多有效实现成交的方法和注意事项。本书适合作为培训师的教材，也可作为销售员的自学参考书。

为了使内容更加清晰且有条理，本书穿插了大量一目了然的表格和图形，以及有趣的案例和富有启迪性的测试题，作为一本内容全面、详细的销售培训教材，本书为销售培训师提供了系统的销售成交课程大纲和详细具体的课程内容，使销售培训师更加轻松、有效地开展工作，明确销售活动的讲解重点和要点；也有助于销售员在销售中找到自我定位，明确销售的目标。

最后，我们也衷心地希望本书能够有效协助销售培训师和销售部主管完善培训内容、拓宽培训思路，帮助销售员提高业绩，让销售员与客户共赢。

目 录

第一部分 准备篇
想成交一定要做的准备

第二部分　拜访篇
赢得客户的信任和喜爱

第三部分 谈判篇

与客户进行有效的沟通

第四部分　成交篇
顺利实现成交的方法

第五部分　售后篇

为再次成交打下基础

第一部分　准备篇

想 成 交 一 定 要 做 的 准 备

第1章　好心态是实现成交的基础

第1节　没有自信，就没有成交

自测题

测试题目	选择项目	答案	得分
1. 在向客户推荐产品时，你能底气十足地进行介绍吗	A. 从来不会 B. 偶尔会 C. 经常会 D. 每次都会		
2. 如果你遭到了客户的拒绝，你会立即放弃吗	A. 当然会 B. 偶尔会 C. 看情况 D. 从来不会		
3. 在与客户交谈时，你是否敢直视客户的眼睛	A. 总是这样 B. 有时会趁客户不注意看一眼 C. 一般都不抬头 D. 总是能注视客户		
4. 在没有取得好的业绩时，你是否经常将原因归于自己缺乏经验呢	A. 从来都是 B. 几乎都是 C. 一般如此 D. 从来不会		

　　积分规则：答 A 得 0 分，答 B 得 3 分，答 C 得 5 分，答 D 得 10 分。4 道题目分数汇总相加，为最后得分。

　　参考解析：如果你得了 0~10 分，表明你对自己有一点自信，相信自己，有着较明确的定位；如果你得了 10~20 分，表明你比较有自信，在遭到拒绝时能以积极的心态面对，遇到挑战时同样能够积极地寻找解决方法；如果你得了 20~30 分，表明你对自己有准确的定位，敢于不断挑战自我，不轻言放弃；如果你得了 30~40 分，表明你对自己有超强的自信，相信经过努力，一定能够获得销售的成功。

案例分享

年轻时的乔·吉拉德的工作并不如意，他换过许多工作，但终究一事无成。严重的口吃、生意的失败，加上身负巨额债务，这些几乎使乔·吉拉德到了走投无路的境地。

乔·吉拉德决定重新审视自己，他对未来充满信心。鼓起迎接挑战的勇气后，他决定去底特律一家大的汽车经销商店从事销售工作。

汽车经销商店的经理在面试乔·吉拉德时的第一句话就是："你从事过汽车销售吗？"当乔·吉拉德如实回答"没有"时，汽车经销商店的经理对他很不满意。

接下来，汽车经销商店的经理询问乔·吉拉德："你凭什么认为你能胜任这项工作？"

乔·吉拉德告诉经理："虽然我没有卖过汽车，但是我销售过报纸、鞋油、房屋、食品……"

还没等乔·吉拉德说完，经理就打断了他的话："你从来没有销售过汽车，也没有这方面的经验，而我们需要的是一个有经验的销售员。况且，目前正处在汽车销售淡季，如果我雇佣你，你卖不出去汽车，公司是不会允许我这样做的。"

听了经理的话，乔·吉拉德自信地告诉对方："假如您不雇佣我，您将犯下一生中最大的错误。我不要暖气房间，只要一张桌子、一部电话，给我两个月时间，我将打破目前最佳销售员的记录。"

乔·吉拉德就这样自信地开始了人生的另一次挑战。两个月后，他以每天 6 辆汽车的销售记录打破了原来每周售出 5 辆汽车的平均记录。

深度剖析

乔·吉拉德的成功之路并非平坦开阔，他在销售事业上的成功完全凭借自己十足的自信。在销售领域，销售员没有自信，任何事情都将无从谈起。所以，要想在销售领域走得长远，自信是不可或缺的心理素质。

销售是一个销售员用自信创造销售业绩的职业。推销产品的过程就是信心的传递和信念的转移，即用自己对产品或者服务的信心来影响客户的选择。

大多数企业招聘销售员的标准都有自信这一条，有的企业在招聘员工时甚至打出了"缺乏自信者勿扰"的醒目标记，由此可以看出，自信对于销售员来说非常重要。

　　自信是什么？自信就是发自内心的自我肯定，是一种积极的心态，是取得销售成功的重要精神力量。

很多刚进入销售行业的新人在面对客户时总是缺乏自信，他们通常有以下表现。

● 不敢和客户的目光对视。

● 紧张、冷场，不知道怎样和客户沟通。

● 总是说错话，常引起客户的反感。

● 在一次次遭到客户的拒绝后，开始怀疑自己的能力。

● 看到其他业务员取得好的业绩，觉得自己与其差距很大。

● 总是拿自己的缺点同别人的优点相比。

自信的误区——自信需要把握一个度，过于自信就是自以为是，过于缺乏自信则是自卑。所以自信建立在实事求是的基础上。

自信的天敌——自信的最大敌人是恐惧、自卑和自以为是。

总而言之，自信不是孤芳自傲，也不是得意忘形，而是在销售过程中激励自己奋发进取、战胜自己、告别自卑、影响客户、摆脱工作压力的一种心理素质。

销售员的自信包括对销售这个职业的自信、对自己的自信、对公司的自信和对产品的自信。那么，销售员的自信从何而来呢？从销售员自身来讲，自信来源于以下几个方面。

自信的来源	实现自信的做法
积极乐观的心态及良好的习惯	·在遇到客户拒绝、业绩不佳、信心受挫时，始终保持自信 ·自信不只要表现在心态和精神层面，在气质形象、言谈举止上也是不可缺少的
喜欢自己、相信自己，和自己的产品"谈恋爱"	·利用目标分解与时间管理法，将自己每天的目标进行分解，具体到每个事项、每个时段，在完成任务的过程中增强自信心 ·即使自己存在很多不足，也要相信自己存在许多其他销售员不曾具备的优势 ·相信产品可以带给客户更好的服务，不管别人如何说，都不要对产品产生任何怀疑 ·在战略上藐视竞争对手，在战术上重视竞争对手 ·相信公司的实力和信誉，相信公司一定能为客户提供最好的产品和服务 ·能够站在客户的角度思考，了解客户的真正需求，在提供给客户比竞争对手更能满足其要求的产品的同时，获得双赢的局面
充分准备	·在销售之前，对产品、价格和渠道做好明确的定位；调查和了解当地市场，制定出相应的市场开发思路 ·在拜访客户之前准备好产品说明、报价单、样品和交谈话题 ·向客户介绍产品时，能够针对客户的需求进行介绍，并能找到真正的决策者 ·了解竞争对手，在客户转向竞争对手时，可以轻松地使客户"回心转意" ·了解行业的发展趋势、公司在行业内的竞争优势及发展前景
销售实战	·掌握丰富的专业知识、熟练的销售技巧，还要有不断学习的能力 ·业绩是销售员自信的资本 ·做事有主见，敢于坚持自己的观点和原则 ·不轻言放弃，直至成交

除了以上这些，自信还有一个重要来源——分析、了解、知己知彼，而这个来源可以用 SWOT 法来进行演示。

SWOT 是一种分析方法，用来确定企业本身的竞争优势、劣势、机会和威胁，从而将公司的战略与公司的内部资源、外部环境有机结合，制定出有利于未来发展的战略。现在，SWOT 分析法也可以运用在销售中，已成为帮助销售员走向自信的最佳工具。

优势	劣势
指自己出色的方面，尤其是与竞争对手相比，具有优势的地方，如较强的组织能力、坚强的毅力、良好的口才能力等	指与竞争对手相比所处于劣势的方面，如没有特长、没有客源、气场不强等
机会	威胁
指有利于职业选择和发展的一些机会，如业务扩大，职位得到提升等	指存在潜在危险的方面，如收入不稳、企业规模较小、竞争对手越来越强等

· 了解与竞争对手及同事之间存在的不足，肯定自己的价值，明确学习和努力的方向
· 选择自己喜欢的行业及与自己能力匹配的行业
· 及时了解公司的发展前景、动态、变化，如公司开发的新产品、进行的改革等，保证信息的及时反馈、对称。
· 了解自身产品相对于其他产品的差异化优势
· 知道客户的真正需求及其心理价位

成功的先决条件就是自信，相信自己、相信产品、相信公司以及所处的行业，你就迈出了成为优秀销售员的第一步，继而就可以怀着更强的信心走向更大的成功。

第2节　成交的底限是坚持

自测题

请根据自身情况，完成以下自测题，在相应的空格内打"√"。

题目	是	否
1. 你是否怀着强烈的"我可以"的信念，认为自己一定能够做好销售工作呢		
2. 你是否能够坚持在同一家公司工作至少三年呢		
3. 在客户迟迟不购买的情况下，你是否能坚持对客户跟踪和维护呢		
4. 你是否会在平时坚持学习，努力提高自己呢		
5. 在销售工作中遇到困难时，你是否会想到放弃呢		
6. 你是否能够为了达成目标，不断坚持呢		

参考解析：你回答"是"的答案越多，表明你坚持下去的愿望越强烈，对

待销售工作的心态越积极。如果你回答"否"的答案居多，表明你在遭到挫折时容易选择放弃，如果你能鼓励自己，坚持到最后一刻，那么自然能够成为赢家。

案例分享

一次，原一平拜访某公司的总裁，这位总裁是位不折不扣的"工作狂"，每天日理万机，常人见他一面都不容易。

虽然能见到总裁本人的概率很小，但是原一平还是决定去试试。来到客户的公司，原一平对秘书讲明了来意："您好，我是原一平，我想拜访总裁，麻烦您帮我通传一声，只要几分钟就可以了。"

一听要见总裁，秘书便有礼貌地拒绝了原一平："很抱歉，我们的总裁现在不在，您过段时间再来吧。"

无奈之下，原一平只好无功而返。

就在他走出客户的办公大楼时，看到了一部漂亮的汽车，于是，原一平灵机一动，询问门口的警卫："先生，车库里那辆车好漂亮啊！请问是你们总裁的座驾吗？"

警卫看了看说道："是啊。除了总裁，谁还能买得起这么好的车啊！"

这时，原一平突然明白了：原来总裁并没有外出，秘书的回答只是在委婉地拒绝自己。得出这样的判断，为了能够见到总裁，原一平决定在停车场等候。但是，等了很长时间，也不见总裁下来，不知不觉，原一平竟然靠在停车场的柱子上睡着了。等到他被汽车发动机的声音惊醒时，车子已经远去了。

原一平十分懊恼，但他没有放弃。第二天，原一平又来到这家公司，不出他所料，秘书的回答仍然同昨天相同。

原一平明知秘书是在说谎，但是不方便挑明，于是他来到停车场里，决定在这里等待总裁的出现。一个小时、两个小时……很快，4 个小时过去了，总裁还是没有出现。尽管原一平十分沮丧，但是他相信再坚持一下，就一定能够见到这位总裁。

功夫不负有心人，在等待了 5 个多小时之后，原一平见到了这位总裁。原一平一手抓着车窗，另一手拿着名片，经过一番简洁而又礼貌的自我介绍后，总裁和他在车内做了一次简短的谈话，并约好了下次见面的时间。

最终，原一平成功地与总裁签了订单。

深度剖析

原一平之所以能够销售成功，是因为他坚持不懈，不轻言放弃的拼劲。原一平曾经为了拜访一个准客户，而创下了拜访71次的记录，直到目标的达成。如果原一平在遭到挫折时就想到换行业、换工作，那么他不可能取得成功，更不可能成为世界杰出的十大推销员之一。

做销售最重要的素质是坚持。因为销售中挑战的不仅是客户和行业，还有自己，销售员只有战胜自己，才能在这个竞争激烈的行业中生存下去，否则只会被客户当成一个背着挎包上门推销劣质产品的推销员。

销售员若没有坚持到底的好心态将很难成大器，这种坚持主要体现在4大方面。

方面一　坚持在同一行业做下去

虽然不同行业的销售原理是相通的，但是一个销售员要想完全了解一个行业，最起码需要三年的时间。频繁换行业会使销售员对所处的行业了解得不够透彻，自然难有好业绩。

同时，销售员的销售业绩与其人际关系、客户资源是密切相关的，一旦更换行业，已经积累起来的人际关系和客户资源就会失去价值，就免不了重新积累，从而耗费大量精力、物力。

方面二　坚持在同一家公司做下去

很多销售员在业绩不如意的情况下便会考虑换公司，他们自以为与客户的关系不错，不管到哪家公司，这些客户都会成为自己的"铁杆粉丝"。如果销售员这样想，那就大错特错了，如果没有了利益，客户是不会跟着你团团转的。

想要做好销售工作，在选好公司之后，就需要坚持在同一家公司做下去。这是因为前三个月是积累的阶段，到了该出业绩的第四个月，销售员如果没有坚持下去，就很可能让之前的努力付诸东流。

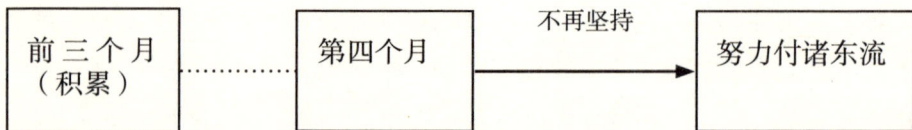

```
┌─────────────┐          ┌─────────────┐   不再坚持   ┌─────────────┐
│  前 三 个 月  │..........│   第四个月   │───────────▶ │  努力付诸东流  │
│   （积累）    │          │             │             │             │
└─────────────┘          └─────────────┘             └─────────────┘
```

前三个月 （积累）	┈┈┈	第四个月	继续努力 ⟶	获得成功

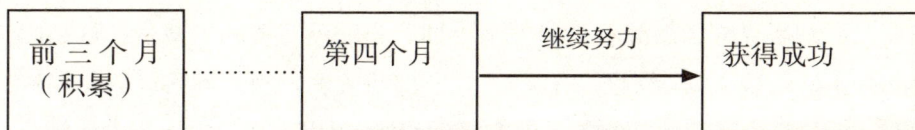

这就像在烧一壶开水，水温已经有 90℃，再加一把火水就烧开了，如果没有坚持，那么水终究无法烧开。

同时，客户认同你，很多时候不是认同你这个人，而是认同你所在公司的产品。这也是大部分销售员都会产生"本来相处不错的客户，在换家公司之后就变得很难沟通"的原因。

而且，销售员在进入新公司时，不仅要面对新上司、新同事，同时还要融入新团队、新环境，这对销售员来说可谓一项大的挑战。

方面三 坚持客户跟踪和维护

大部分销售员经过与客户的初步接触，一旦客户表示出购买意向，销售员就开始了积极跟踪。他们一开始还会积极地通过发短信、打电话与客户保持联络，但是一段时间之后，客户仍旧没有购买，销售员就会失去耐心。

其实销售比的就是坚持：如果能做到比竞争对手更频繁地与客户沟通，就能拥有更多的沟通机会，就能提高成交的概率。

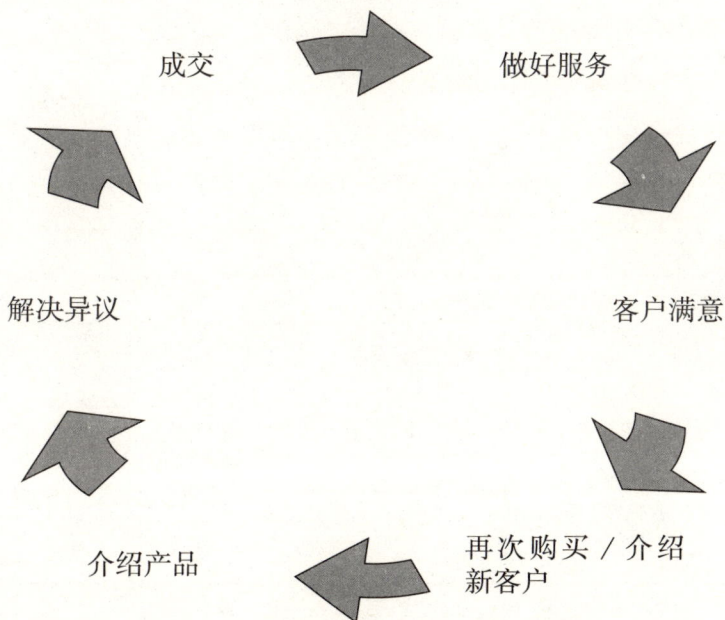

成交 → 做好服务

解决异议 客户满意

介绍产品 再次购买／介绍新客户

作为销售员，应该知道销售周期这个概念。成交后，销售员的工作并没有结束，而是需要继续做好相关服务来增加客户的满意度和忠诚度。这是因为客户处在不同阶段，需求是不一样的，除了要研究客户在不同阶段的不同需要，同时还要与客户进行除了业务之外的情感沟通，以提高客户的保留率和推荐率。

方面四　坚持学习

销售行业看似门槛低，其实竞争十分激烈。如果想在竞争激烈的环境中占有一席之地，取得好的业绩，不断提高素养、气质和言谈水平，坚持学习是必不可少的。

作为一名销售员，学习的途径和内容至少要包括以下几项。

● 到高校研修或者参加培训班，系统地学习知识。

● 经常阅读报刊，浏览新闻信息，或者深度解读某一重大事件。

● 阅读书籍并做好阅读笔记。

● 经常对销售经验、日常感悟、生活所见进行总结。

第 3 节　习惯应对拒绝

自测题

请根据自身情况，完成以下自测题，在相应的空格内打"√"。

题目	是	否
1.在遭到客户的拒绝时，你是否能够微笑以对		
2.你是否能够视客户的拒绝为成功的良机呢		
3. 在遭到客户的拒绝时，你是否能够努力分析，找出解决的方法呢		
4.你是否会把客户的拒绝当成锻炼自己的机会，并积极对待其拒绝呢		
5.你是否能够在遭到客户的拒绝之后，仍试着去说服客户呢		
6.你是否熟悉应对客户拒绝的技巧呢		

参考解析：回答"是"的答案越多，表明你面对客户拒绝时的心态越积极，而且还能客观分析、灵活应对。如果你回答"否"的答案居多，表明你在遭到客户拒绝时不能正确对待，常常会自负或自卑，从而失去奋斗的激情。

案例分享

卡尔森是一家阀门销售公司的推销员，一天，他在吃午饭时拦住一家糖果厂的总机械师，表示下午两点要去拜访他。

这家糖果厂已经有使用另一个牌子的阀门25年的历史，卡尔森试图把自己公司的阀门推荐给对方的困难可想而知。

两点刚过，卡尔森就走进了糖果厂总机械师的办公室。总机械师慢慢地抬起头，用愤怒的目光瞪了卡尔森一眼。卡尔森没有理会对方的目光，他开门见山地问："您用的阀门是否经常出现泄漏事故？"总机械师却答非所问："买阀门不是我的事，你去找总工程师吧！"

卡尔森装作没有听见，他继续问："你们糖果厂什么设备上的阀门最多？"

"焦糖蒸汽罐上的。"随即总机械师不忘强调，"但是我无权购买任何阀门。"

卡尔森并不理会客户的话语，这时他已经摆出自己带来的样品。他一边随手拿起一个阀门让总机械师看，一边介绍着："由于这个阀门在特硬底座和堵盘之间垫的是修剪好的薄钢片，因而可以做到绝对密封。"随后，卡尔森继续询问总机械师："你们的焦糖蒸汽罐上使用的是多大尺寸的阀门？"

"1.9cm的。但是我已经告诉过你，我什么阀门也不要。"总机械师不满地说。

卡尔森根本不听他的话，他对面前的总机械师说："只要您写一张请购单交到采购处，就说需要一只1.9cm的实心阀门，让您烦恼的阀门泄漏问题就会得到彻底解决。难道您是想故意延缓自己的工作效率吗？我会在这里等着您的。"

总机械师没有办法，只好为了一只试用的阀门拿来了一张订货单。

深度剖析

卡尔森能够在短时间内销售出去产品，做到他们公司的销售员25年未曾做到过的事情，原因是只要客户表示拒绝时，他的耳朵就会自动堵上，不受影响地继续推销产品，直至达到目标。

销售员训练之父雷达曼曾经说过："销售是从被拒绝开始的！"在销售过程中，存在一个现象，客户经常会向前来推销产品或者服务的人表示拒绝，有时甚至会用千篇一律的理由打发所有的推销员，这就导致销售员遇到客户拒绝的可能性远远大于销售成功的可能性。

其实，客户的第一次拒绝并不是真的拒绝。一个销售员的一生中，会听到超过 11.6 万次拒绝，作为销售员，需要做的是将这当中的 500 次拒绝变成成交。而把拒绝变成成交的过程，就是不断面对拒绝的过程。这也就是说，推销员的收入和遭到的拒绝成正比关系，遭到的拒绝越多，那么获得成功的可能性也就越大。

在销售过程中，既然拒绝与成交是密不可分的，如何使自己不像其他销售员那样因为遭到拒绝而改变目标，这取决于销售员对待拒绝的态度。

那么，销售员要以什么样的心态来面对拒绝呢？实践证明，销售员首先要具备以下 6 种心态。

心态一　对拒绝不要信以为真

一些客户对不了解的东西，最习惯的反应就是拒绝，拒绝对他们来说已经成了习惯。还有一些客户，拒绝是他们的惯性反应，他们在内心深处其实是想了解产品的。虽然这对于销售来说好像是阻碍，但的确是被人攻破心理防线的"伪装抵抗"。所以遇到有些客户的拒绝时，不要过于相信客户的话，只需要抱着坚定的信心继续推销即可。

心态二　客户现在拒绝，不代表永远拒绝

销售不能急于求成，一口气吃成个大胖子是不可能的，需要一步一步地走，如果每一步都走好了，销售也自然能够获得成功。销售的整个过程——准备、开场、挖掘需求、推荐说明……一直到成交，每一步中都存在着拒绝。但是这些拒绝并不会一直存在，只要保持乐观的心态，准确把握客户的需求，不断帮助客户解决问题，那么这些障碍都只是暂时的。

心态三　体会客户拒绝背后的心情故事

客户的拒绝也可能是对事不对人的。如果客户没有休息好，或者因为某事烦躁，或者刚刚受到老板的批评，或者和朋友发生过矛盾等，都可能成为客户拒绝的原因。

总之，不管出于何种原因，销售员在遭到客户拒绝时首先要站在客户的立场上，帮客户编一个心情故事，这同样是拉近与客户心理距离的一种好方法。

心态四　正向能量的调整

人与人之间的交流，其实本质都是能量的交流。当你心态积极、非常渴望拥有时，气场则会帮助你吸引到对你有利，或者你想要的东西；当你心态消极、害怕失去时，气场同样会帮助你吸引对你不利，或者导致你失去本该拥有的东西。

如果你渴望与客户成交，又害怕遭到客户的拒绝，这就是没有调整好能量之间的关系。而如果你心中只想着与客户成交，那么气场自然会帮助你获得成功。

心态五　概率决定论

销售其实是个数字概率游戏。不管你多么优秀、多么努力，始终会有30%的客户不会同你成交，也肯定会有10%的客户会很快地同你成交，剩下的60%的客户则需要你用正确的方法争取成交。

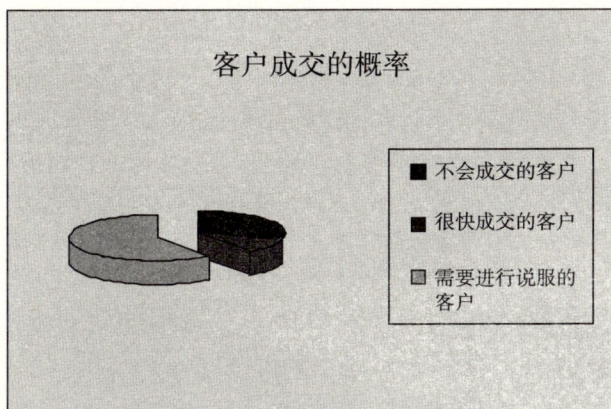

客户成交的概率

■ 不会成交的客户

■ 很快成交的客户

▨ 需要进行说服的客户

如果销售员想获得高的成交业绩，首先，要保证工作量，抓住肯定能够成交的10%的客户；其次，尽快筛选掉不合格或者根本不可能同你成交的30%的客户；最后，运用灵活的策略和技巧来应对不断拒绝你的60%的客户。

保证工作量，抓住 10% 的客户

排除不可能成交的 30% 的客户（无支付能力、无需求、无决策权）

运用技巧应对表示拒绝的 60% 的客户

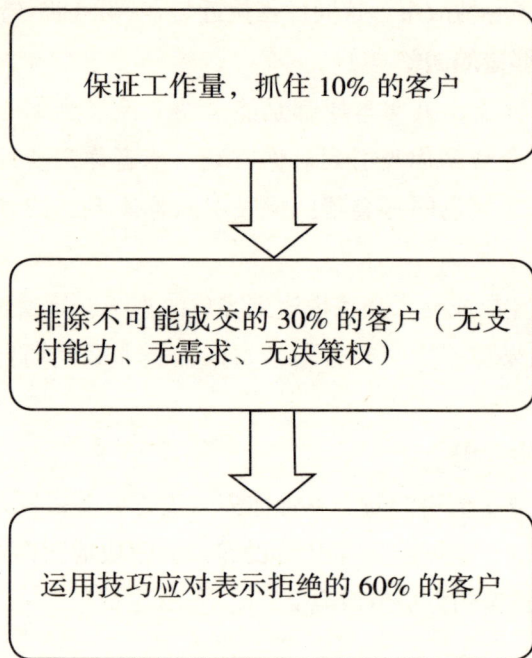

　　成功的销售员都知道，客户的拒绝是正常的事情，推销本来就是从拒绝开始的。如果想要获得销售的成功，好心态只是基础。

　　在遭到拒绝之后，如果想要说服客户进行购买，必须了解客户拒绝的原因，再根据这些原因找到最好的应对方法，解开客户的心结。由于不同的客户对不同的产品或服务会有不同的拒绝原因，这就要求销售员认真分析被拒绝的具体原因，思考应对策略。

　　客户拒绝的原因都有哪些呢？销售员又有哪些方法可以应对客户的拒绝呢？

拒绝的原因	原因的分类和形成		应对技巧	应对举例
客户本身的问题	出自习惯	销售员的出现会让客户受到干扰，认为自己的隐私受到了侵犯，从而自然采取防卫的态度，借故排斥和推辞，久而久之就形成了习惯性的拒绝	反问客户"为什么"，引导客户说出心中的真实想法	客户："你们公司不可靠。" 销售员："我们公司的信誉一向很好，您能告诉我您对我们公司有哪些意见吗？"
	不愉快的被推销经历	客户有过一次不愉快的经历，就会认为所有的销售员都是如此，所以对来访的销售员一概拒绝	用"是的……但是……"说话技巧，设法改变客户固有的印象	客户："现在的销售员满口瞎话，没有一个靠谱的！" 销售员："是的，是有一些销售员为了推销出去产品而欺骗客户，但是我可是例外啊！"
	抗拒改变现状	销售员向客户推销产品的过程，事实上是迫使客户改变现状的举动，当客户的现状或者既得利益受到威胁时，自然会抗拒改变	一方面有心理准备：客户是在拒绝改变，不是在拒绝销售；另一方面，针对客户喜欢占便宜的心理，设法让客户了解改变后获得的利益，让客户有甜头可尝	客户："你不用向我推销了，这个手机我已经用了5年了。" 销售员："您不是埋怨您的手机用不了微信，无法同朋友语音视频吗？这款手机不但能满足您的这些需求，同时还能浏览网页、阅读电子书、体验多款安卓游戏。"
对产品或者公司没有信心	不了解产品和公司	客户不了解产品和生产产品的公司，当然不会购买，在这种情况下，其最自然的反应就是拒绝	使用让客户亲自体验或者演示证明的方法，让客户亲眼看到、亲身感受到产品的好处	客户："谁知道产品是否像你说得那么好！" 销售员："小姐，如果您不相信我说的话，那么您可以亲身体验一下，买不买都没有关系。"

拒绝的原因	原因的分类和形成		应对技巧	应对举例
销售员的原因	没有让客户意识到其潜在需求	可能是销售员没有挖掘出客户的潜在需求，让客户意识到购买的迫切性	可以选择与客户有相似或者相近情况的客户购买产品的经历作为例子，让客户意识到需求。不过销售员举出的例子一定要真实，而且这个例子最好是客户身边或者熟悉的人的例子，这样会更大地刺激客户的购买欲望	客户："对不起，我现在还没有这个需求。" 销售员："您知道开化肥厂的那个郝先生吗？他们的工厂今年不是净赚了150万元，比之前整整提高了一倍吗？那是因为他们购买了我们的机器设备的缘故。"
	没有找对目标客户	目标客户需要具备金钱、决策权和需求三个基本条件，如果没有找对目标客户，那么遭到客户的拒绝自然是难免的	设法结束无效的行动，立即安排访问其他客户，或者请求其引荐其他客户	客户："我认为你的产品不错，但是这些事情都是采购部门负责的。" 销售员："这样吧，那您可否将采购部门负责人的联系方式透露给我呢？"

客户拒绝销售员的借口很多，不过经常遇到的有"价格昂贵"、"品质差"、"服务不周"、"公司信誉度不够"、"没有预算"、"对正在使用的产品十分满意"、"考虑之后再联系"等。

不管客户用什么样的借口拒绝，也不管他们为什么拒绝，处理拒绝的关键，就是要辨清客户的借口，找出对方拒绝的真正原因，然后对症下药，从而扭转局势，化拒绝为接纳。

第4节 对产品和销售保持足够的热忱

自测题

想成为一名成功的销售员，首先要对自己的工作和产品保持足够的热忱。以下是销售员保持热忱需要具备的特质，看看你具备了哪些特质，你就知道自己是否能够以热忱赢得客户了。

测试题目	是	否
1. 你是否坚信公司的产品能够向客户提供更好的帮助		
2. 你是否是一个优秀的沟通者，可以畅所欲言，也可以说出具有说服力的介绍语言呢		
3. 你是否能在遭到客户的拒绝之后平心静气地接受，而且极尽所能去说服客户呢		
4. 你是否能够在销售产品时面带微笑，让客户充分感受到你的热情		
5. 你是否喜欢成交的感觉？你能够积极地帮助客户解决问题吗		
6. 你是否熟悉应对客户拒绝的技巧呢		

参考解析： 回答"是"的答案越多，表明你在销售过程中对产品和销售投入的热情越高。回答"否"的答案越多，表明你在销售过程中对产品缺乏深厚的兴趣，同时也不能让客户感受到热情，如果你能够制订合理的计划、保持良好的心态、坚持不断学习等，将有助于提高自己在销售工作中的热情。

案例分享

琼斯是一名新入职的员工，他既没有丰富的产品知识，也没有掌握种种销售技巧，但是他却赢得了公司里销售第二名的好业绩。

这是因为琼斯让自己的销售无处不在。无论是在车站候车，还是在书店看书，或者是在商场或者其他场所，琼斯都会主动向周围的人们推销自己的产品。

当然，这样的销售自然会遭到许多人的反感，但是无论人们最初的反应是多么冷淡、对产品表现出多么疑惑和不屑，甚至遭到明显的讽刺，琼斯都丝毫不会降低自己对产品销售的热情。

久而久之，一些无意购买，或者排斥琼斯销售行为的客户也逐渐对他销售的产品产生了一定的兴趣，即使双方最终没有达成合作，但是琼斯同样通过这样的方式对自己的产品和公司进行了有效的宣传。

在分享经验会上，一些同事问到琼斯如何创造好业绩。琼斯表示，其实自己在销售过程中遇到的挫折并不比其他销售员少，但是自己能够创造比别人出色的业绩，在于不论遭受怎样的挫折，都不会轻易淡化和放弃销售产品的兴趣。反之，他会通过自己坚持不懈的热情向客户证明产品的优势和实力，让客户感到物有所值。

深度剖析

琼斯对产品和销售保持足够的热情，即使不断遭到客户的拒绝、不屑和冷嘲热讽，他仍然能够用足够的销售热情面对销售。即使最终没有同客户达成合作，也丝毫不会轻易放弃。在对销售工作充满热情的情况下，琼斯最终获得了全公司第二名的好业绩。事实上，销售员对自己的工作以及所推销的产品是否具有足够的热情，将直接影响到客户对产品的态度。如果销售员能够在不同的情境下始终保持充足的热情，将会对销售起十分重要的推动作用。

在产品日趋同质化、同行业竞争不断加剧的情况下，热情在成功的销售中所发挥的作用高达95%，而销售员所掌握的产品知识只占5%。由此可见，影响客户购买产品的主要原因已不只在产品本身，还有销售员向客户传递的对产品的态度。所以，销售员对销售工作和产品的态度是否热情，将在很大程度上影响客户接下来的判断。

那些优秀的销售员之所以能获得成功，事实上是因为他们在任何时候、任何情况下都能对自己的公司以及产品充满热情，以致能够自然地展现出对公司以及对公司产品的自信，从而更加坚定客户的购买决心。

客户对产品或者服务持消极态度，可能对产品的价格、质量方面存在疑虑

用对产品的热情感染客户，扭转客户对产品的消极看法

销售员的热情能够帮助客户做出购买决定，推进销售进程

即使内心深处已经对产品产生了深厚的兴趣，但是为了获得更多的利益，客户故意假装对产品冷淡

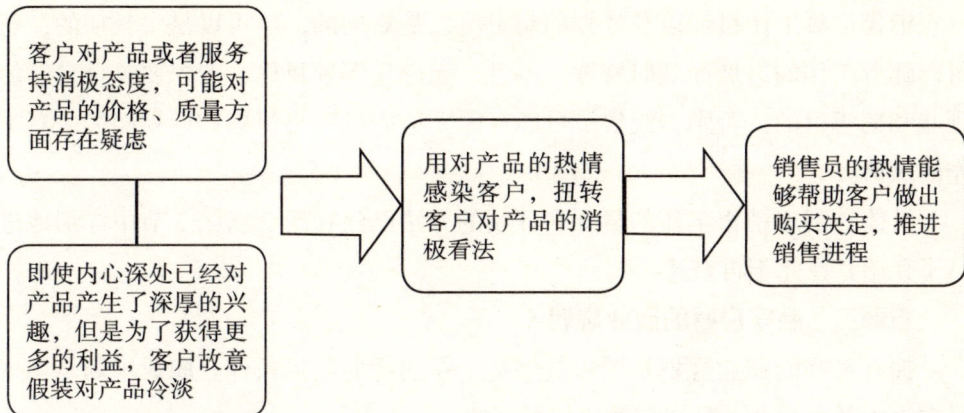

任何一次销售的成功，都离不开销售员和客户的共同努力。任何一方对产品或者服务的态度不够积极，沟通都会缺少互动，虽然最终决定是否成交的是客户——如果客户坚持不购买产品，再优秀的销售员也无能为力，但销售员仍然在此过程中起关键作用。销售员如果在推销过程中稍稍表现出对产品的不自信或者缺乏热情等，都可能导致销售失败。

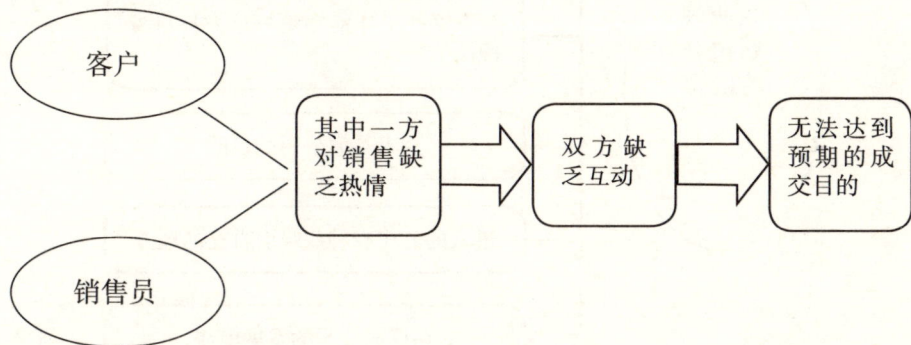

客户

销售员

其中一方对销售缺乏热情

双方缺乏互动

无法达到预期的成交目的

其实，热情是销售成功的一个重要因素。在很多情况下，热情发挥出的作用甚至超出了销售员对产品的了解和掌握。但遗憾的是，很多销售员往往因为各种原因，在销售时无法表现出足够的热情，以致无法向客户传递对产品的积极态度，最终无法成交。那么，销售员如何才能保持对销售的热情，并向客户有效地传递其对产品的热情呢？我们不妨从以下几个方面做起。

方面一 制定合理的工作目标和计划

制定合理的工作目标和计划，工作起来才能信心百倍，对产品和销售保持足够的热情。

销售员对工作目标以及计划的制定可以是短期的，也可以是中长期的，还可以随着工作的进展而随时修改。不过，无论是哪种目标，首先要符合自己的现状和销售目的。否则，销售员可能会因无法完成销售目标和计划而失去对工作的热情。

具体的制定销售工作的目标和计划的方法已经在第 2 章第 2 节中详细地进行了介绍，在此不再赘述。

方面二　制定良好的职业规划

拥有良好的职业规划是销售员保持工作热情的前提条件。职业规划是销售员在进入某个行业、公司前就应规划好的。

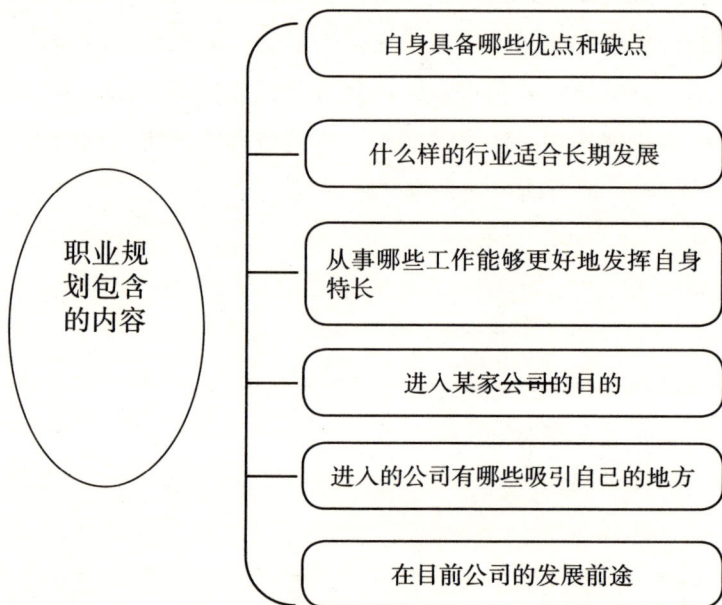

```
                    ┌─────────────────────────────┐
                    │  自身具备哪些优点和缺点        │
                    └─────────────────────────────┘

                    ┌─────────────────────────────┐
                    │  什么样的行业适合长期发展      │
                    └─────────────────────────────┘

   ╭─────╮          ┌─────────────────────────────┐
   │职业规│          │  从事哪些工作能够更好地发挥自身 │
   │划包含│          │  特长                         │
   │的内容│          └─────────────────────────────┘
   ╰─────╯
                    ┌─────────────────────────────┐
                    │  进入某家公司的目的            │
                    └─────────────────────────────┘

                    ┌─────────────────────────────┐
                    │  进入的公司有哪些吸引自己的地方  │
                    └─────────────────────────────┘

                    ┌─────────────────────────────┐
                    │  在目前公司的发展前途          │
                    └─────────────────────────────┘
```

通过分析选定目标行业和公司，销售员就对自己会有一个比较客观的认识和准备，即使遇到一些困难和挫折，也不会轻易退缩，而是会为自己的选择而充满热情地坚持下去。

方面三　保持好心态

很多销售员在刚进入一个新的行业或公司时，会有急于求成的心态，希望能够尽快出单，反而给自己增添了许多压力，一旦业绩不能达到预想中的标准，便会失去对产品以及对销售的热情。

因此，热情不仅是销售成功的一种积极心态，也是一种有效的销售方法，能够鼓舞和激励销售员朝着美好的目标前进。

以下是促使销售员对产品和销售保持足够热情的 10 大积极心态。

● 执著：对个人、企业和团队的目标、价值观坚定不移的信念。

● 挑战：勇敢、积极地迎接各种困难和挑战。

● 热情：对自己的工作及公司的产品、服务、品牌和形象具有强烈的感情和浓厚的兴趣。

● 奉献：全心全意地完成工作或者帮助客户处理事情。

● 激情：始终对未来充满憧憬和希望。

● 愉快：乐于分享成功。

● 渴望：强烈的成功欲望。

● 诚信：值得客户相信的素质、价值和可靠性。

方面四　客观地看待客户的拒绝

在销售过程中，不是所有客户都会对产品产生需求，甚至还有一部分客户的需求正待销售员挖掘和引导。拒绝在销售中十分常见，一些销售员由于对行业和产品、目标客户群的把握不足，常会遭遇客户的拒绝，此时销售员应以平和的心态面对，不必因此影响自己的工作热情。

方面五　客观看待失败

有时，销售员在长期跟进客户后无果而终，这对于花费过多精力、时间的销售员来说，的确难以接受。如果处理不好，就会形成一个恶性循环。

事实上，销售的成功与否存在着种种因素，过于关注结果，自然感到心理不平衡。如果能够认真分析，找出原因，在接下来的工作中避免同样的错误，自然能心情舒畅，并持续保持工作热情，去面对下一个挑战。

方面六　坚持不懈地学习

坚持不懈地学习对于销售员保持工作的热情也是非常重要的。因为销售员不断学习新的知识将可以增强自身的综合能力，从而获得更高的销售业绩和正面评价。

第2章 目标是成交的原动力

第1节 找准目标客户

自测题

测试说明

目的：帮助销售员准确、快速地找到目标客户，提高销售的成功率。

要求：根据自身情况如实填写。

定位目标客户的要素	掌握情况	掌握程度	改进计划
找到有需求的客户进行销售	□是　　□否	□1　□3　□5	
明确销售群体中的决策者	□是　　□否	□1　□3　□5	
对潜在客户的资金情况进行详细了解	□是　　□否	□1　□3　□5	
能够根据潜在客户的不同情况推理、判断其是否具备继续开发的必要	□是　　□否	□1　□3　□5	

参考解析：

在"掌握程度"一栏中，"1"表示没有掌握；"3"表示部分掌握；"5"表示掌握较好。如果你在"掌握情况"一栏中选择"否"，那么则不需要在"掌握程度"一栏中做出选择。在填写完题目后，请根据自身情况制订改进计划。

案例分享

　　一家生产婴儿奶粉的企业进入这个行业不久，为了能够提高知名度，吸引和挖掘潜在客户，这家婴儿奶粉公司花了不菲的费用，试图通过广告宣传提高销量。

　　但在试营了一段时间之后，他们发现产品在销量上并没有得到多大的提升，最主要的是，这些广告并没有起到提高品牌知名度的作用。于是，这家公司决定对自己的目标客户进行重新细分，通过区别营销找出优先的市场机会。由于婴幼儿奶粉行业的特殊性，虽然目标消费者是婴幼儿，但是购买此类奶粉的决策权却在孩子父母手中。而且，对婴幼儿产品产生需求的受众应该是即将和刚刚生育过的人群。

　　接下来，企业又将需求受众分为3类：一类是怀孕4~8个月的孕妇；一类是婴儿已经出生1个月到1年的父母；还有一类是1~3岁孩子的父母。通过对这3类群体的数量、价值观、投资与回报分析，企业发现后面的两类受众拥有比较高的忠诚度，他们已经习惯了使用经常购买的婴幼儿奶粉，属于习惯性的购买行为，可以通过放长线的营销手段逐渐转变他们的购买行为。而第一类正处于观望阶段的群体，则是最有可能购买的目标客户，针对他们制定市场策略必定能以较小的成本换取较大的市场利润。

　　在找准目标客户之后，这家婴幼儿奶粉公司决定对这一部分目标客户重点进行宣传，通过对他们进行早期的市场培育，将他们吸引到自己的品牌上来，并最终使之成为自己的忠诚客户，进而发挥口碑效应的作用。

　　在针对目标客户传播一段时间之后，这家婴幼儿奶粉公司最终以较小的成本，取得了此前数倍的销量。

深度剖析

　　案例中的婴幼儿奶粉公司起初没有对目标客户进行分析，也没有找准目标客户进行销售，而是盲目使用广告宣传，没有取得理想中的销量。在分析调查之后，他们精准定位客户，最终以较小的成本获得了丰厚的收益。由此可以看出，销售员只要找对目标客户，自然能够达到事半功倍的效果。

　　销售员只要找对人，成交将很容易。而找对人的前提是锁定最佳的目标客户。

所谓目标客户，是指销售员根据商品的特质而设计的客户方向。一般来说，目标客户具备以下几个特征。

● 对销售的产品的某一功能具有迫切的需求，而这一需求是目前市场上其他产品所不能提供的。

● 具备一定的支付能力。

● 在时间和空间上具备条件。

● 对服务的要求适合由销售者来达成。

购买产品的客户不仅数量多，而且所处的地区跨度很大，如果盲目寻找，就得花费很多时间和精力，而且最终找到的还不一定是目标客户。所以，这就需要销售员能够分清主次，清晰地定位客户。

在寻找目标客户时，可以使用"MAN法则"定位目标客户群体。所谓"MAN法则"就是金钱（Money）、决策权（Authority）、需求（Need）3个单词的首字母的组合，只有同时具备这3个要素的客户才是理想的目标客户。

M：客户购买力

是否有购买资金即是否有钱，是否具有消费此产品或者服务的经济能力，也就是购买力或者筹措资金的能力。鉴定客户购买能力要从考察、分析客户的现有支付能力和潜在支付能力入手。

人人都存在着潜在需求，而这些潜在需求只有在人们具备了支付能力之后，才能成为现实的需求。具备购买需求以及现时支付能力的客户是最理想的推销对象。但是，一味强调现时支付能力，]并不利于销售局面的开拓。一旦确定客户值得信任并具有潜在支付能力时，就应该主动协助其解决支付问题，如建议客户分期付款、利用银行贷款购买等。

客户的购买力对于销售的成败起着关键性作用，那么，销售员应该如何正确判断客户的购买力呢？销售员可以从以下两点入手。

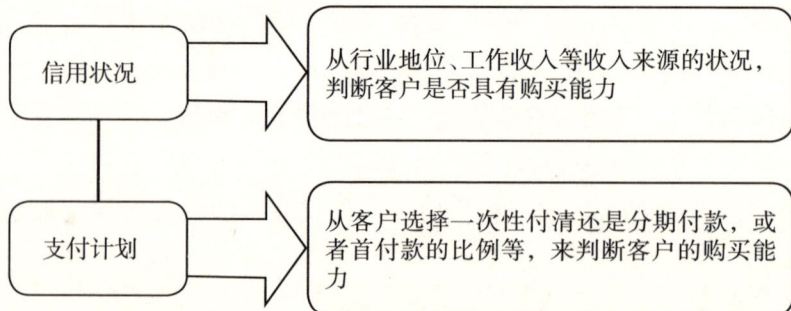

信用状况	从行业地位、工作收入等收入来源的状况，判断客户是否具有购买能力
支付计划	从客户选择一次性付清还是分期付款，或者首付款的比例等，来判断客户的购买能力

A：客户决策权

购买决策权指极力说服的对象具有购买决定权，这是销售能否成功的关键。推销要注重效率，例如向一个家庭或者团体推销时，实际上是在向该家庭或团体的购买决策人进行推销，如果事先不对潜在客户的购买情况了解清楚，随便找到一个对象就推销，自然是不可能取得成功的。

客户拥有决策权，向其推销才会有意义。那么，怎样判断客户是否是决策者，拥有决策权呢？

判断客户是否拥有决策权的方法	方法详述
询问法	询问客户与产品有关的专业性问题，或者向客户报价等，根据客户的回复判断客户是否具有决策权。客户的回复速度越慢、回答越含混不清，表明客户拥有决策权的可能性越小
参考法	不同的行业，负责采购和决策的人并不相同，如果是同一行业，那么将大同小异。你可以参考在同类行业其他公司取得的经验，或者从有这类行业经验的朋友那里寻找方法
从高层开始	职位越高，拥有决策权的可能性越大。销售员可以尝试着尽量在纵向的层面上，从高层着手销售
运用以往的接触记录	如果客户为老客户，那么销售员可以从之前的接触记录中查找相关信息，即使是本职位上的人员已经更换，那么处于相应职位的人仍然还是决策者
运用表面的信息	销售员可以通过客户公司的宣传册、网站介绍、客户头衔等渠道搜集客户信息，从而大致判断客户在其公司中的地位

N：客户购买需求

购买需求是客户在购买产品的过程中，希望产品可以达到某种目标的渴求和欲望。而客户的购买目标由内在、外在，或者精神、物质上的刺激所引发，具有层次性、复杂性、无限性、多样性等特点。可以说，客户的购买需求能够激发他们每一次的购买决策，而且具有让客户接受信息和重组需求的作用。

如果客户对销售员所推销的产品没有需求，那么不管销售员如何努力，都是徒劳无功的。不过，需要说明的是，需求是可以创造的，现代推销工作的实质就是不断探索和创造需求的过程。如果客户由于某种原因暂时不准备购买，或客户尚未认识到购买需求，就不应该将他们排除客户范围而草率放弃。销售员要透过现象看本质，挖掘客户的潜在需求，帮助客户认识需求。

那么，如何准确判断客户的购买需求呢？

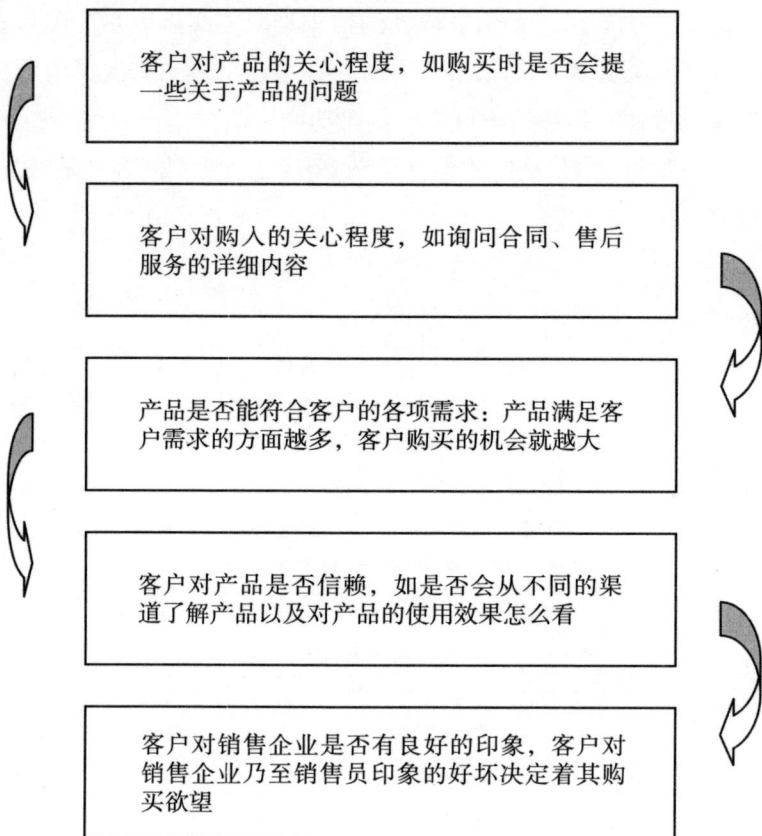

客户对产品的关心程度，如购买时是否会提一些关于产品的问题

客户对购入的关心程度，如询问合同、售后服务的详细内容

产品是否能符合客户的各项需求：产品满足客户需求的方面越多，客户购买的机会就越大

客户对产品是否信赖，如是否会从不同的渠道了解产品以及对产品的使用效果怎么看

客户对销售企业是否有良好的印象，客户对销售企业乃至销售员印象的好坏决定着其购买欲望

在了解并熟悉了"MAN 法则"之后，销售员可以通过下表来直观地分析如何从整体上判断客户是否为目标客户。

购买能力	购买决定权	购买需求
M（有）	A（有）	N（大）
m（无）	a（无）	n（无）

● M+A+N：理想的销售对象。

● M+A+n：可以接触，如果配上熟练的销售技巧，获得成功的希望很大。

● M+a+N：可以接触，并可通过其找到有决策权的人。

● m+A+N：可以接触，不过需要提前调查其业务状况、信用条件等资金情况。

● m+a+N：可以接触，不过应长期跟踪、维护，直到条件具备。

● m+A+n：可以接触，不过不能急于一时，应长期观察、联系，使其具备另一条件。

● M+a+n：可以接触，不过还需要不断挖掘、感化，直至条件具备。

● m+a+n：非目标客户，没有接触的价值，如果正在接触，应立即停止。

综上所述，即使潜在客户欠缺了"MAN法则"中的某一条件，销售员仍然可以继续接触、挖掘，只要使用适当的策略，便能将其变成准客户，但是如果三个条件无一具备，那么便没有开发的必要了。

第2节 确定每次销售的具体目标和计划

自测题

1. 在约见客户之前，你是否会确定销售的具体目标和计划呢？你是如何思考和计划的？

_____

_____

2. 在确定每次的销售目标时，你是如何精确地计算出销售目标值的？

_____

_____

案例分享

甲、乙两家公司互为竞争对手，为了扩大市场占有率，纷纷招聘新员工。在新人培训时，甲公司一直强调以结果为导向，也就是同客户的相处要建立在销售目标上。而乙公司在培训新人时，则偏重于与客户的沟通技巧。

在开展工作的过程中，甲公司的员工与客户接触时都围绕着销售目标：首先，销售员每天至少打200个客户电话，然后把目标客户确定下来，填写目标客户等级表。其次，每个销售员根据目标客户的情况，回访不少于30个目标客户。回访完毕后，对目标客户进行分类，明确希望购买的客户量、犹豫不决的客户量、没有感觉的客户量、彻底放弃的客户量等，然后填写回访登记表。为了完成销售任务，销售员每周至少完成7单以上的业绩，并需要详细分析和解决遇到的问题。此外，虽然甲公司的销售员在与客户相处时的交谈技巧不如乙公司的销售员，但他们能把握住一切可以成交的机会，或想方设法创造销售良机，从而用坚决性和主动性说服客户成交。

而乙公司的销售员虽然素质较高，很讲究沟通技巧，与客户交谈的气氛很轻松、愉快，但不足的是，自己的销售员实现销售目标的主动性和积极性却很差，常常会错过与客户成交的良机，或者与客户之间的谈话偏离销售目的，从而导致销售失败。

很快，半年过去了，甲公司新一批的销售员完成的销售额相当于乙公司的新员工的5倍。又过了两年之后，乙公司原有的客户逐渐被甲公司的员工"挖"走，在客户越来越少的情况下，乙公司不得不通过裁员来削减公司的成本。

深度剖析

甲公司在销售培训时注重的是销售目标，强调一切以结果为导向，而乙公司在培训销售员时侧重培训员工的口才、交际能力，结果导致销售员在实际销售中不能确定销售的具体目标，常常偏离销售目的。由此可见，能否确定销售的具体目标将对销售的成败产生实质性的影响。

制定具体的销售目标是营销计划的核心部分，对营销策略以及行动方案的制定具有指导作用。"依计行事"是专业的销售员必备的素质。销售计划就是销售员能够在自己的销售区域里找到合适的潜在客户，并明确拜访目的，以达成销售目标。

一个人设定目标时，不仅需要确定"如何"实现这个目标，还要知道"为何"要设定这些目标。在销售中，了解"为何"比"如何"更重要。

那么，如何确定销售目标和计划呢？我们可以从"5W2H"的角度去思考。

```
                   ┌─ What: 要达成 ──→  这个目标一定要数量化，有了数量
                   │   什么目标          化的目标，销售员才清楚目标达成
                   │                     了多少，哪些地方还需要努力。例如，
                   │                     每星期慢跑三次，每次 20 分钟
                   │
                   ├─ When: 什么时 ──→  例如，半年后要减体重 5 斤
                   │   候完成
                   │
                   ├─ Who: 指促成 ──→   例如，整个团队等
                   │   目标实现的有
                   │   关人物
                   │
  ┌──────┐         ├─ Why: 为什么 ──→  这样做的理由是什么，能够为你带
  │      │         │   这样做          来哪些利益，如创造利润、带来新
  │ 5W2H │ ══→     │                   客户等
  │      │         │
  └──────┘         ├─ Which: 都有 ──→  明确每种方案的内容，可以在思考
                   │   哪些不同的选      时保持更多的弹性
                   │   择方案
                   │
                   ├─ How: 选择、 ──→   例如，用电话向客户推销、直接约
                   │   选用什么方法      见客户向其推销
                   │   进行，如何去
                   │   做
                   │
                   └─ How much: 需 ──→ 例如，开发一个大的团体客户需要
                       要花费多少预        花费一年的时间、5000 元预算
                       算、费用、时
                       间等
```

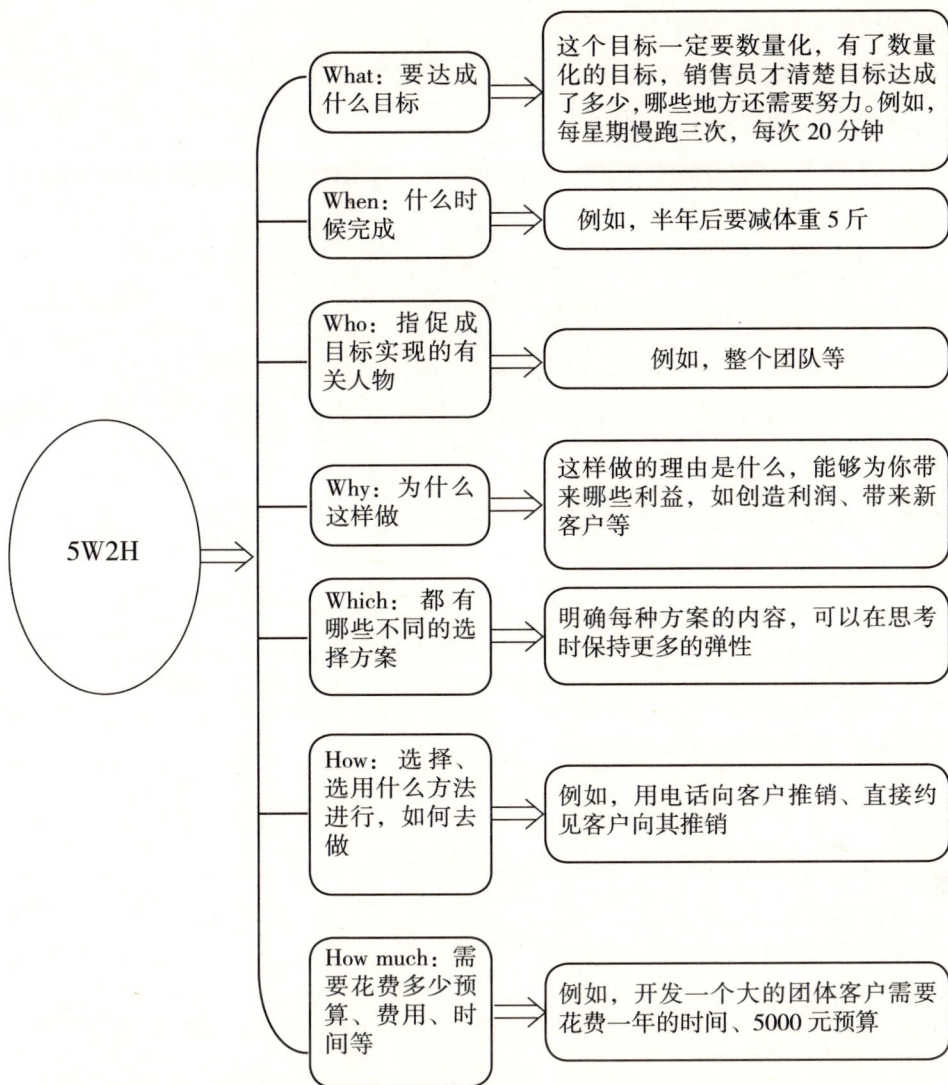

在此基础上，销售目标又可按照地区、人员、时间段来进行划分成各个子目标。在设定子目标时，销售员必须在遵守公司销售策略的前提下调整产品并确定销售额，这样才能使目标具有可行性、挑战性和激励性。

为了找出确切的目标值，我们可以通过以下几种计算方法进行确定。

方法一 根据销售增长率确定

年销售增长率是评价企业成长情况与发展能力的重要指标。用公式表示为：

年销售增长率 =（本年销售增长额 / 上年销售额）× 100% =（本年销售额 —

上年销售额）/上年销售额 ×100%

销售增长率的计算极为简易，有时也会以"经济增长率"或者"业界增长率"来代替销售增长率。例如高层下达指标——"明年的销售收入额，要达到今年的120%"，此时就不需要任何计算了，这个销售增长率就是20%。所以，我们可以计算出：

下年度的销售目标值 = 本年度销售实绩 ×（1+ 销售增长率）

方法二　根据市场占有率确定

市场占有率是企业销售额占业界全体销售额（需求量）的比率。

不管是何种企业，市场占有率越高，其市场地位就越稳定。所以，任何企业都希望自己的销售员能够拓展更多的市场，但是由于受到各种条件的限制，销售员应主要以增加市场占有率的目标值为主。

| 在过去的基础上 | → | 制定稍高一些的目标值 | → | 根据客户需求预测各值，求出整个业界的销售收入 | → | 根据"下年度的销售目标值＝下年度业界的销售总收入 × 市场占有率目标值"，计算出销售的具体目标值 |

方法三　根据市场增长率或者实质增长率确定

这是根据企业在市场上地位扩大的多少，或者相对于业界其他企业实质增长的多少，从而决定销售目标值的方法。

| 市场年增长率＝企业今年的市场占有率 – 去年的市场占有率 | 实质成长率＝企业增长率 / 业界的增长率 |

从上述两个公式我们可以看出：当企业今年与去年的销售额相等时，并不一定是"维持原状"，只有当实质增长率与业界的增长率相等时，才可称为"维持原状"。

也就是说，当企业的市场增长率＝业界增长率时，即企业的销售增长速度赶上业界的增长速度时，业界的增长率等于企业的增长率。只有当企业的市场增长率大于业界的增长率时，才称得上实质的增长。

	去年	今年	增长率
企业实绩	100	150	50%
业界实绩	1000	1200	20%
市场占有率	10%	12.5%	

根据上表可以得出，当企业实绩增长率50%大于业绩实绩增长率20%时，企业有了实质性的增长。此时可以计算出企业下年度的销售目标值＝本年度销售业绩×（1+业界增长率）×（1+市场增长率）。

在计算出企业下年度的销售目标值后，销售员可以根据企业下年度的销售目标值及时调整目标和计划。

方法四　根据消费者购买能力确定

这种方法是通过企业销售区域内客户的购买能力，来预测销售目标的计算方法。

在运用此种方法时，可以按照以下步骤进行计算：

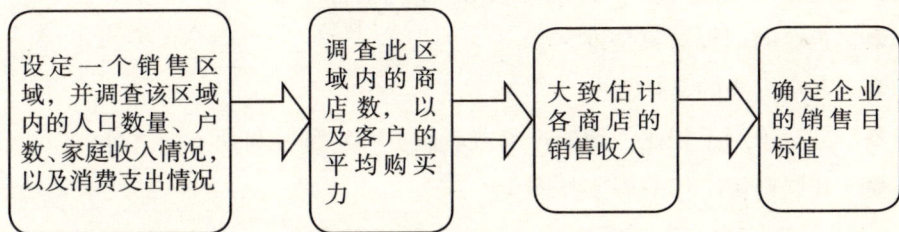

例如，A区域的客户每年的消费支出额大概为3000元，营业区域的客户数大概为5000户，那么A区域客户每年的总消费额为1500万元。而由于客户并不只会购买一家品牌的商品，销售员自身的销售目标还要根据客户购买本企业产品的概率进行确定，由此可以得出：

下年度的销售目标值＝客户总消费额×客户购买本公司产品的概率

在求出企业具体的销售目标值之后，接下来销售员就可以根据企业的目标值设定自身的销售目标计划。

制订销售计划的步骤如下。

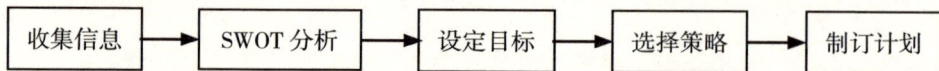

```
收集信息 ──→ SWOT 分析 ──→ 设定目标 ──→ 选择策略 ──→ 制订计划
```

第一步　收集信息

收集信息分为两步，一方面要收集客观信息，包括资料、新闻报道、业内分析、市场整体环境、公司以及竞争对手的情况等，另一方面还要对收集到的信息进行分析、思考。

具体运用方法如下。

（1）定位产品和服务

销售的目标是以合适的价格、在合适的时间和地方，将合适的产品和服务推销给需要的客户。如果想要制订一个好计划，需要牢记四个"P"，既产品（Product）、地方（Place）、价格（Price）和促销（Promotion）。

（2）听取值得信赖的"顾问们"的建议

从身边值得信赖的"顾问们"那里收集信息，是确保自己对企业有清晰认识的一个好方法。这些值得信赖的"顾问"可以是朋友、同事，也可以是上司、亲属，通过寻求他们对以下事项的建议，制订销售计划。

● 企业的销售对象是谁？

● 客户需要的是什么？

● 与竞争对手相比，您的产品或者服务都有哪些与众不同之处？

● 开展销售工作的频率是多少？

（3）听取客户与潜在客户的建议

要想成功地向客户进行销售，首先要了解客户对产品、定价、服务等的看法和需求，这样才能客观、正确地制定出有效的销售目标。

那么，如何有效地听取客户建议呢？

● 询问几个现有客户和潜在客户，请他们谈谈对产品、服务以及竞争对手的看法。

● 可以假装与客户闲聊，趁机观察客户在提到与自己产品相关事情时的反应。

● 通过电子邮件、电话或者客户反馈表询问客户，如果在询问时能够添加折扣、奖品等激励客户的信息，则会达到更好的效果。

通过总结客户回答的问题答案，分析客户的反馈信息，销售员就可以对销售趋势有一个正确的认识，在此基础上制订目标，就会更加有的放矢。

第二步 SWOT 分析法

SWOT 是最常用的信息分析法，也是确定销售目标最简单易行的方法。

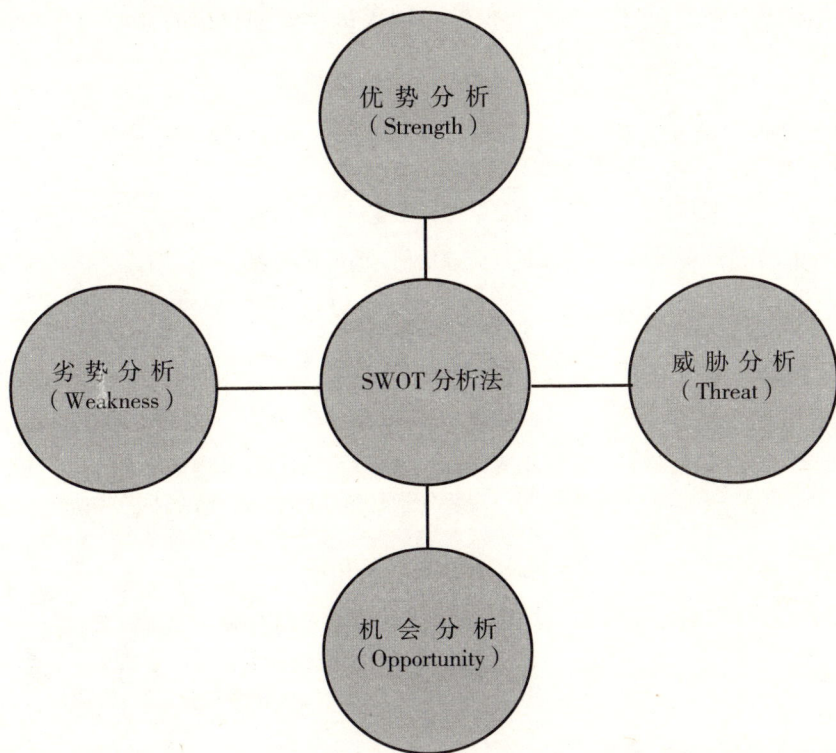

优势分析：知道自己的强项在哪里，如产品优势、品牌优势、服务优势等，并选择有效的手段进攻市场。

劣势分析：找到自身的弱点，如价格偏高、知名度不高等，并根据这些劣势找到相应的应对方法。

机会分析：通过营销理论，分析市场上存在哪些尚未满足或者尚未完全满足的显性或者隐性的需求，从而根据自己的实际情况配置资源，有效地提供相应的产品与服务，以达到营销的目的。

威胁分析：在市场进攻中，只有清楚哪些地方存在威胁、威胁的程度大小，才能灵活应对，避免使自己处于被动局面。

第三步　目标设定

销售员只有提前设定目标，才能在接下来的行动中更有计划。为了提高目标实现的成功率，在设定目标时应尽可能细节化，使目标具备明确的目标值、实现范围和时间等，确保每个目标都是可测量、可实现的，这样的目标才可被称为有效的目标。

为使设定出来的目标具有可实现性，销售员在设定目标时需要遵守 SMART 原则。

SMART 原则中的英文字母缩写	英文缩写代表的汉字意思	内容详述
S（Specific）	具体性	目标具体、不笼统，才有利于管理和目标的达成
M（Measurable）	可衡量性	目标应该量化，用资料说话，这样才有实际指导意义。有了具体的数字，销售员就可以直观、明确地知道每天应完成的任务
A（Attainable）	可实现性	制定的目标要能够实现，切不可不着边际，所以一定要根据自己的实际水平和客户因素制定目标
R（Realistic）	现实性	销售目标应该同实际销售目标密切结合，在设定目标时一定要仔细分析实际情况，将那些急需改进、直接影响销售成果的因素首先设定在目标中，使其充分体现在实际销售过程中
T（Time bound）	限时性	设定的目标一定要有时间限制，没有时间限制的目标，即使量化再好，实现起来也会变得遥遥无期。常见的限时性目标有长期目标、短期目标、阶段性目标等

第四步　目标的实现

设定目标就像建一座金字塔，在大目标下分出层次，分步实现大目标。设定正确、有效的目标不难，但是要实现目标却并不容易。如果目标太小，就会因容易实现，使销售员变得高傲自大；反之，如果目标设定得过大，就会让销售员因苦苦追求却无法实现而失去积极性。

因此，销售员如果能将一个大的目标分解为若干个小目标，将小目标落实到每周、每天的任务上，就一定能在不知不觉中完成看似无法达成的目标。

```
                        ┌──────────┐
                        │  终极目标  │
                        └──────────┘
                             │
                             ▼
                        ┌──────────┐
                        │  长期目标  │
                        └──────────┘
                 ┌───────────┴───────────┐
                 ▼                       ▼
            ┌────────┐              ┌────────┐
            │ 中期目标 │              │ 中期目标 │
            └────────┘              └────────┘
          ┌─────┴─────┐          ┌─────┴─────┐
          ▼           ▼          ▼           ▼
      ┌──────┐    ┌──────┐   ┌──────┐    ┌──────┐
      │短期目标│    │短期目标│   │短期目标│    │短期目标│
      └──────┘    └──────┘   └──────┘    └──────┘
       ┌──┴──┐    ┌──┴──┐    ┌──┴──┐    ┌──┴──┐
       ▼     ▼    ▼     ▼    ▼     ▼    ▼     ▼
     ┌──┐ ┌──┐ ┌──┐ ┌──┐ ┌──┐ ┌──┐ ┌──┐ ┌──┐
     │小│ │小│ │小│ │小│ │小│ │小│ │小│ │小│
     │目│ │目│ │目│ │目│ │目│ │目│ │目│ │目│
     │标│ │标│ │标│ │标│ │标│ │标│ │标│ │标│
     └──┘ └──┘ └──┘ └──┘ └──┘ └──┘ └──┘ └──┘
```

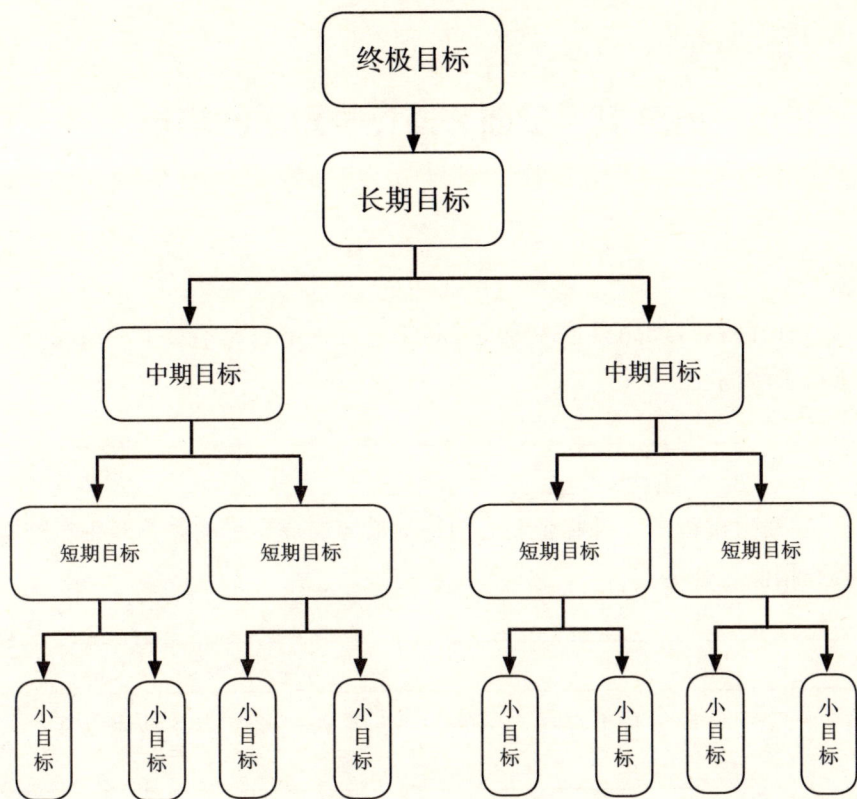

　　由此可见，每高一级的目标都是由下一级的目标组成的。在目标管理体系中，只有制定好每一步的战略目标，实现每一个小目标，才能实现最高一级的目标。确定每一步的具体目标和计划，才能让销售顺利展开。

第3节 全面关注竞争对手的动态

自测题

1. 在提高自身产品竞争优势的过程中，你了解过竞争对手的情况吗？你是如何进行了解的呢？

_____

_____

2. 在销售过程中，哪些企业的销售员最容易成为你的竞争对手？这些企业存在哪些相似之处呢？

_____

_____

3. 你除了与竞争对手存在竞争的关系，是否还与其存在其他关系？

_____

_____

案例分享

袁波应聘进一家新成立的油漆公司做销售员。由于公司是新成立的，产品知名度不高，不被客户所认可等一系列问题都成为袁波推销油漆的阻碍。

为了提高销量，袁波没有仅从客户角度入手，同时还对竞争对手进行了详细的调查、分析。袁波发现，竞争对手虽然规模大、实力强，但是他们只对一些订单较大的客户给予好的服务态度，时常忽略对小客户的服务，不但不实现承诺赠送赠品，甚至还要求他们自己上门取货。久而久之，很多小客户对竞争对手的做法非常不满，但由于他们长期使用竞争对手的产品，而且又没有条件相当的油漆生产商可以替代，于是这些不满的客户一直没有更换产品。

了解了这些后，袁波开始接触对竞争对手心怀不满的客户，免费让他们试用产品，并保证优质的服务。客户在试用产品后，非常满意油漆的质量。于是，袁波在竞争对手没有注意的情况下，迅速占领了市场。

深度剖析

　　袁波在推销产品之前，除对自己的产品有深刻的了解之外，还对竞争对手的产品和服务进行了深入了解，从而抓住竞争对手的弱点，迅速展开进攻，最终成功俘获客户，占领了市场。如果袁波不能全面关注竞争对手，或者不能根据竞争对手的情况做出相应的应对策略，很可能会在激烈的竞争中遭遇失败。

　　仅了解自己的客户远远不能满足当前市场激烈竞争的需要，为了计划有效的竞争性市场营销策略，销售员需找出尽可能多的有关竞争对手的资料，时刻关注与自己实力相当的竞争者在产品、价格、渠道和促销上的动态变化。

　　只有熟悉市场，熟悉竞争对手的相关信息，找到自身的优势和不足，弥补自己与竞争对手之间的差距，销售员才能做到知己知彼，有效地应对竞争对手的策略变化，同时有效地防御强势竞争者的"攻击"。

　　同时，随着销售市场的发展和扩大，销售员与竞争对手之间的关系已不仅仅是竞争者关系，而可能成为信息共享的朋友、相互合作的伙伴、值得学习的良师。销售员与竞争对手合作，反而能在一定程度上提高产品的销量。

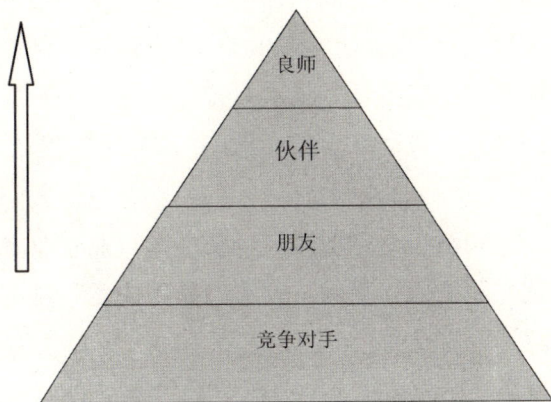

　　不管与竞争对手处于何种关系，销售员如果希望自己在与竞争对手的周旋中游刃有余，就需要时刻关注竞争对手的动态。在关注竞争对手时，销售员可以使用竞争者分析法对竞争对手的各方面情况进行定位。

竞争者分析法是指通过某种分析方法识别出竞争对手，并对竞争对手的目标、优劣势等情况进行评估，最终判断出竞争对手的策略并找到应对方法。

在分析竞争者动态时，销售员可以参考下列步骤。

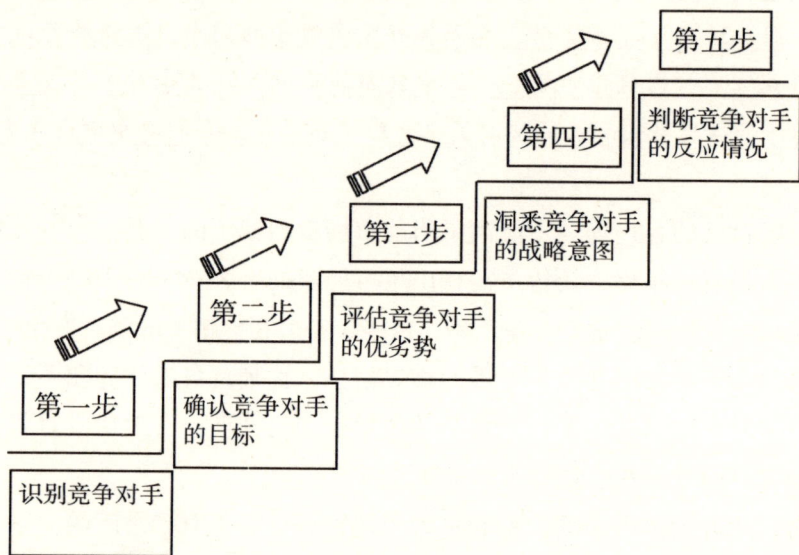

第一步 识别竞争对手

市场竞争首先表现在同行业之间，因为同行业企业的规模、经营状况、发展战略等会在一定程度上直接影响市场的需求情况以及本企业的产品在市场上的占有率。为使产品获得更高的认知度，赢得更多的市场，销售员只有准确掌握谁是竞争者，他们的经营策略和手段，他们的销售模式是什么，才能更有针对性地做出反应。

"同行是冤家"这句话在一定程度上反映了同行业企业之间竞争的实际情况。但是，这种表述并不全面、准确。其实，销售的竞争对手不仅存在于同行业之间，而且在不同的行业间也存在着相互竞争的情况。

所以，我们可以从不同的角度来划分竞争者的类型。

不同的角度	竞争者类型	详细内容
不同的行业	现有厂商	本行业内现有的生产同样产品的其他商家，这些商家属于直接竞争者
	潜在加入者	当某一行业前景乐观、利润较大时，不可避免地会有新的竞争者加入，这将有可能导致本产品销量的下降
	替代品厂商	生产具有相同功能、能满足客户同一需求的性质不同的其他产品的商家，这些商家属于间接竞争者
不同的市场	品牌竞争者	以相似的价格向相同客户提供类似的产品或者服务的竞争者
	行业竞争者	提供不同规格、型号、款式，但属于同种类型的产品
	需求竞争者	提供不同种类的产品，但能满足和实现消费者的同种需求
	消费竞争者	提供满足客户不同愿望的不同产品，但目标消费者相同
企业所处的竞争位置	市场领导者	指产品在某一行业的市场上占有最大的市场份额，通常在产品开发、价格变动、分销渠道、促销力量等方面处于领导地位
	市场挑战者	在产品行业中处于次要甚至更低的地位，试图通过主动竞争扩大市场份额，提高市场销量
	市场追随者	在行业中居于次要地位，并安于次要位置，在战略上跟随市场领导者
	市场补缺者	指行业中相对弱小的中、小企业，专注于被大企业忽视的细小部分，通过生产和提供具有特色的产品和服务获取最大的收益

由此可见，为全方位、准确地定位竞争对手，销售员最好从不同的角度进行识别，关注竞争对手的变化，以更好地适应环境，从而在激烈的竞争中赢得胜利。

第二步 确认竞争对手的目标

在识别完竞争对手后，我们接下来需要关注的问题是：竞争对手的目标是什么？行动的动力是什么？只有明确竞争对手的目标，销售员在制定应对策略时才能有依有据、有方向性。

虽然竞争对手无一例外关心的是产品销量，但是这往往不是唯一或首要的目标。事实上，在产品销量的背后，竞争者的目标是一系列目标的组合，不同的竞争对手的侧重自然不同。在确认竞争对手的目标时，销售员可以参考以下步骤。

了解竞争对手对目前盈利的可能性、资金流动、技术领先、服务领先以及其他目标的重视程度

↓

了解竞争对手对目前状况的满意度以及对各种类型的竞争者做出的反应

| 如果竞争对手开拓了一个新的细分市场，这对销售员来说可能是一个发展机遇 | 如果竞争对手开始进入本公司所在的细分市场，则意味着销售员将面临新的竞争与挑战 |

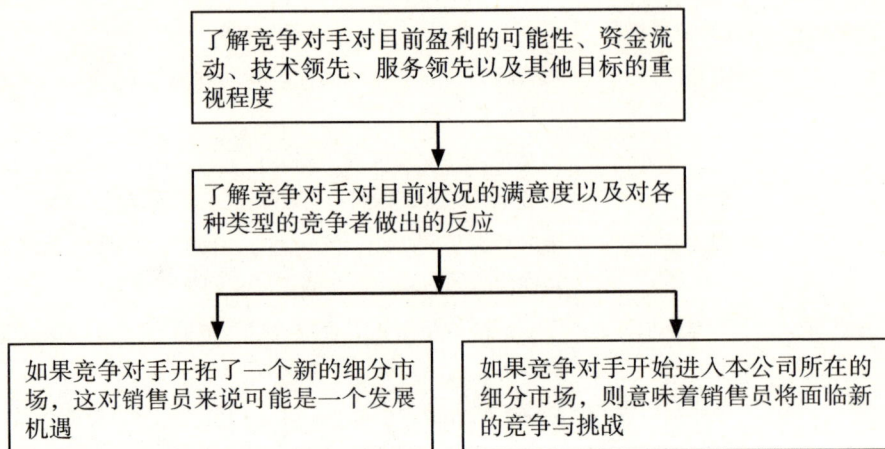

第三步 评估竞争对手的优劣势

在确认竞争对手的目标后，销售员只有对竞争对手的优劣势进行评估，做到知己知彼，才能有针对性地制订正确的营销策略。如果竞争对手的产品和服务是优质的，客户能以更小的代价获得更大的利益时，销售员应该改进产品和服务，提高产品的性价比；如竞争对手存在的缺点是你超越竞争对手的一个契机，则可利用竞争对手的缺点，出其不意，在短时间内争取市场的占有率，实现销售业绩的突破。

在评估竞争对手的优劣势时，销售员可从以下方面入手。

评估竞争对手优劣势的途径	具体内容
评估产品特点	竞争对手产品的主要特点、质量、性能、独特优势、价格、销量、知名度、信誉度、市场占有率情况等
评估销售渠道	竞争对手销售渠道的广度和深度、效率和实力以及服务能力等
市场营销	竞争对手市场营销组合的水平、新产品的开发能力、销售员的素质与技能等
评估生产与经营情况	竞争对手的生产规模、生产水平、生产设备的先进性、专利和专有技术的拥有情况、生产能力的扩展能力、原材料的来源与成本等
评估研发能力	竞争对手在产品方面的研究与开发能力；研发人员的能力和素质等
评估资金实力	竞争对手的资金结构、融资能力、现金流量等
评估团体价值	竞争对手所在团队价值观的一致性与目标的明确性、团队成员的适应性和服从性以及与企业策略的一致性等
评估管理能力	竞争对手所在企业管理者的领导能力、决策能力等

第四步 洞悉竞争对手的战略意图

只有了解竞争对手的真实意图，销售员在竞争中才不会被对方表面上的举措误导，做出片面、无效的应对，以使自己在竞争中占据主动、有利的位置。

企业之间采取的战略越相似，他们之间的竞争越激烈。在多数行业中，根据所采取的主要战略不同，可将竞争者划分为不同的战略群体，如提供价格相同的产品的公司，则可将其划分为统一战略群体。

除了在统一战略群体内会存在激烈的竞争，在不同的战略群体内同样会存在竞争。竞争的原因主要包括：

● 某些战略群体可能具有相同的目标客户，如生产服装和箱包的企业。

● 客户分辨不清不同战略群体产品的区别，如高档货与低档货的区别。

● 进入某个战略群体的企业可能临时改变了策略，进入另一个战略群体，如准备开发高档住宅的公司转而开发普通住宅。

根据战略群体划分，我们可以知道，进入不同战略群体的难易程度不同。销售员可根据对方的经营规模判断竞争对手的战略意图。这是因为，小型企业更适宜进入投资相对较小和声誉相对较低的群体，因为进入这类群体的难度较小，而实力较大的企业则倾向于进入竞争性强的群体。销售员只有在明确竞争对手的战略意图后制定竞争策略，才能使自己更有把握战胜竞争对手。

那么，如何分析竞争对手的战略意图呢？

通过对以下内容的分析，销售员可以有效地洞悉竞争对手的战略意图。

● 竞争对手在何处开发新的服务？

● 竞争对手预计的研发经费是多少？

● 竞争对手的研究部门和开发部门各有多少人？

● 竞争对手近期对新产品的引进和开发专利的记录如何？

● 竞争对手对革新做出反应的速度如何？做出的反应一般有哪些？

● 与行业平均水平相比，竞争对手的市场增长率如何？

● 竞争对手是否有足够的现金可用于维持业务的发展和扩张？

● 竞争对手对现金和运营资本的管理情况如何？

第五步 判断竞争对手的反应情况

在识别竞争对手，并洞悉竞争对手的战略意图后，销售员还要根据"对手会对我们这一招怎样反应"来决定我们的策略。

竞争对手对竞争的反应取决于其对目前所处的市场位置的满意度，是否处于战略转变之中以及竞争对其的刺激程度。

概括起来，竞争对手面对竞争的反应无非有三种：不采取反击行动、防御性反击行动、进攻性行动。

而具体来说，竞争对手的反应情况则分为以下几种。

竞争对手的反应情况	可能原因	应对方法
迟钝型	面对竞争时反应不强烈、行动迟缓，可能是因为竞争对手受到了诸如资金、规模、技术等方面的限制，无法快速做出反应；也可能是竞争对手对自己的竞争能力过于自信，不屑采取反应行为；或者是竞争对手对竞争重视不够，未能及时捕捉到竞争变化的信息	销售员对于此类竞争对手应格外慎重，最好在事先了解清楚竞争对手的情况后快速采取行动
选择型	不同的竞争对手在遭遇不同的竞争后做出的反应是有区别的，大多数竞争对手在遭遇降价的竞争时反应敏锐、强烈，而在遭遇如改善服务、增加广告、改进产品、强化促销等非价格类的竞争时则不太在意，认为不会对自己构成直接威胁	销售员应了解此类竞争对手在哪些方面反应强烈，以避免引起不必要的冲突
强烈反应型	竞争对手一般对市场竞争因素的变化十分敏感，一旦受到来自外界的挑战，就会迅速、强烈地做出反应，以确保自己的地位不受侵犯。而做出强烈反应的竞争对手通常是权威、领先的企业	在遇到实力雄厚的竞争对手时，销售员应尽量避免与其做直接、正面的交锋
随机型	这类竞争对手对市场竞争所做出的反应是随机的，如在某些时候会对竞争做出反应，有时却并无反应；有时会快速做出反应，有时则反应迟缓；有时反应是剧烈的，有时则是柔和的。这类竞争对手并不按规则出牌，往往让人捉摸不透	搜集竞争对手过去对竞争的反应情况，并分析总结反应规律，如在哪些方面反应是强烈的，哪些方面是柔和的，以做出应对策略

销售员通过以上步骤对竞争对手有了一个透彻的了解后，就能对竞争对手的行为、前景、攻防能力做出预测。有了这些预测，销售员就可以知晓现在是否是应对竞争对手的有利时机，自身是否有能力应对竞争对手以及用何种方法应对竞争对手。如此，销售员就能在激烈的竞争中掌握主动权，使自己处于有利的位置。

第4节 了解客户和产品的方方面面

自测题

1. 在约见客户前，你是否会对客户和产品进行充分了解呢？你认为这种做法对你接下来的销售工作会产生怎样的影响？

_____

_____

2. 在约见客户前，你是从哪些方面去了解客户，从而提高销售成功率的？

_____

_____

3. 为了针对客户的需求向推荐客户最适合的产品，你是从哪些方面去了解产品的？

_____

_____

案例分享

日本推销大师原一平几乎都是在对客户进行了充分了解后才拜访客户的，因此他拜访客户的成功率总是比其他销售员要高很多。

一次，原一平在去公司的路上发现一位气质不凡的男士驾驶着一辆高档私家车。他眼前一亮，立马记下了这辆私家车的车牌号，然后通过车辆监理部门了解到那辆车的主人是一家株式会社的社长。

回到公司，原一平立马通过公司资料库查找那家株式会社的具体地址和经营情况。然后，他又到那家株式会社附近进行调查，了解了那位社长先生的上下班时间以及业余爱好。

接下来，原一平又了解到社长的家庭住址。除了这些，原一平在株式会社社长的家附近的市场了解到，这位社长家里一共有4口人，一般是妻子购买生活用品，而他们的两个孩子都处于上中学的阶段。

在对那位社长先生各方面的情况了解透彻之后，原一平这才开始登门拜访。

深度剖析

原一平在准备去拜访一位客户前，总是先从各方面了解这个客户，如通过公司资料、监理部门等，之后才去拜访。在准备充分的情况下拜访客户，自然能针对客户推荐最合适的产品，也就能获得更高的成功率。

销售工作是通过产品功能带给客户利益，从而协助客户解决问题的过程。所以，这首先需要销售员对本企业和所推销的产品了如指掌。不过，要想使推销更有针对性，更有效率，销售员还要对客户的信息进行全方位的研究。世界权威营销专家杜雷顿·勃德曾说："因为你对别人已经有所了解，你才能更好地去营销，你对客户的了解要比你对自己产品的了解还重要。"销售员只有在对产品足够了解的前提下，多方面了解客户的需求，才能抓住客户的心理，为其推荐最适合的产品，使推销工作更具针对性，实施起来更有效率。

这里所说的对客户的了解，已不仅是针对如客户的姓名、家庭住址等最基本资料的了解，还有对客户面临的商机、竞争环境等情况进行了解。同时，分析客户的市场发展方向和定位也是非常关键的。为了缩短达成目标的距离，销售员了解客户时需要遵循以下 5 个要素。

要素一　了解客户的基本信息

了解客户的基本信息是销售员最基本的工作。如果连客户的基本信息都不清楚，那么销售员在向客户推销时将很可能使自己陷入尴尬的境地。

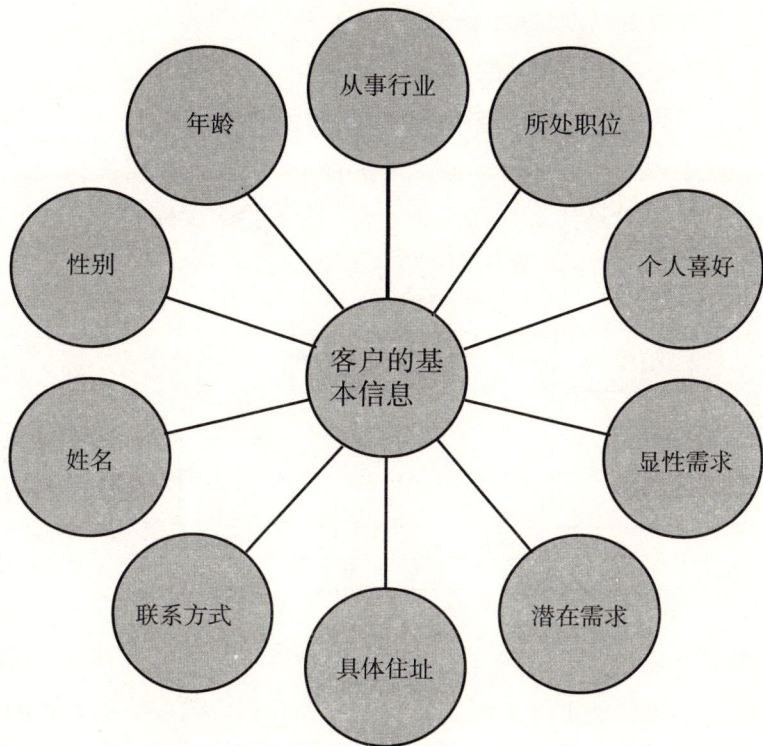

图中文字：从事行业、年龄、所处职位、性别、个人喜好、客户的基本信息、姓名、显性需求、联系方式、潜在需求、具体住址

要素二 了解客户面临的商机和竞争环境

从了解客户的竞争环境和潜在商机开始了解客户是个很好的出发点，这能使销售员有针对性地向客户提供最具竞争力的产品和服务。

因为在销售员不断开拓销售领域的同时，其他商家也在不断地开辟新的市场，试图通过独特的设计、产品的不同功能和不同的定价策略吸引不同的客户。销售员若不了解客户的竞争环境，则标志着对客户的了解不完整。销售员是否能够提供让客户的产品脱颖而出的办法，决定着销售员及其提供的产品对客户是否有吸引力。

在分析客户面临的商机和竞争环境时，销售员可以通过以下方面进行了解。

● 收集客户的信息，了解客户的竞争对手以及其竞争对手的详细情况。

● 深入了解客户的采购部门的情况，如采购货品的类别、采购的数量、采购的价位等。

● 时刻关注客户做出的新决策以及做出决策的速度。

● 关注客户的销量情况，并与其以往销量进行比较。

● 了解客户的广告和宣传力度。

● 了解客户对于新产品的开发及研发情况。

要素三　了解客户的客户与客户的竞争对手

销售员要了解客户的客户，也就是你的客户要把产品或者服务卖给哪些客户？这些客户的要求是什么？因为如果消费者不去购买你的客户的产品，那么用不了多久，你的客户同样也不会购买你的产品了。

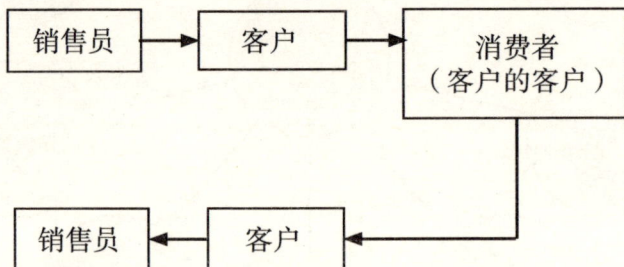

这类问题不容忽视，重视此类问题，销售员不仅能够从不同的角度出发分析客户的行为，同时还能详细了解自身的产品在客户销售给消费者的过程中发挥了什么作用。

销售员想要真正了解消费者，首先要了解客户的竞争对手，同时还要知道客户最大的威胁以及背后存在的原因。而了解客户的竞争对手包括以下内容。

● 是否推出了具有新功能的产品？

● 是否因库存积压过多而降价？

● 是否因改装了产品而降低了生产成本？

● 在市场宣传和广告上投放了多少费用？

要素四　了解客户的决策过程

一家公司的全体人员及合作方或非合作方的总和称为这家公司的"社会体系"，这其中包括决策者、信息共享者、施加影响者或施加障碍者。掌握一家公司的社会体系，是了解客户需求，进而提出有价值的建议的重要组成部分。

一家公司的组织结构只是表面现象，找到客户的决策者并了解决策的过程，才是成交的关键。在了解客户的决策过程时，销售员可以参考以下步骤。

```
┌─────────────┐   ┌─────────┐   ┌─────────┐   ┌─────────┐
│ 认清与你联系的 │   │         │   │ 找出会对 │   │ 尽 可 能 解 │
│ 客户在购买中所 │→  │ 找到决策 │→  │ 决策产生 │→  │ 决 关 决 │
│ 处的位置和所起 │   │ 者      │   │ 较大影响 │   │ 策 键 策 │
│ 的作用       │   │         │   │ 的人     │   │ 提 影 者 │
│             │   │         │   │         │   │ 出 响 的 │
│             │   │         │   │         │   │ 题 的 问 │
└─────────────┘   └─────────┘   └─────────┘   └─────────┘
                       │
                       ↓
         ┌──────────────────────────────────┐
         │     向决策者提出成交请求          │
         └──────────────────────────────────┘
```

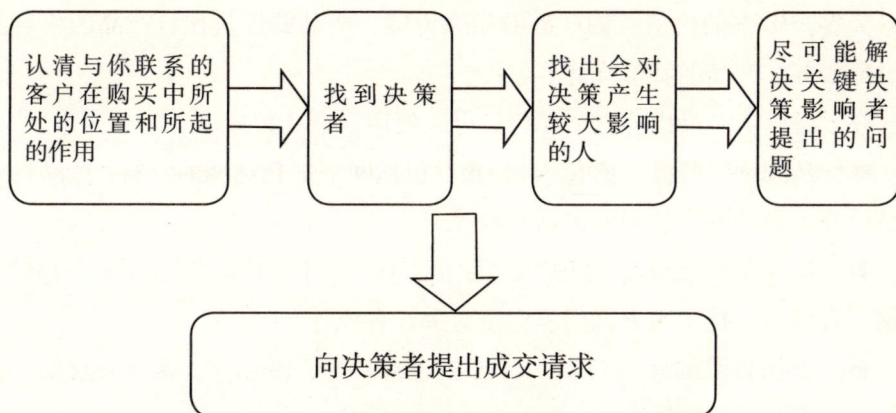

要素五 了解客户的长、短期目标和工作重点

销售员往往会把注意力放在客户关心的问题上，如客户的远景规划、价值观、价格等方面，往往忽视了业务的总体发展方向、追求的目标以及相关的计划等。

销售员只有掌握了商业基本知识，如利润率、现金流量、投资回报率、速率和增长率等，才能知道客户是如何盈利的，应该以什么作为当下的工作目标和重点。

当然，我们也可以从以下信息中找出客户的长、短期目标和工作重点。

● 公司声明。

● 安全分析报告。

● 投资方会议内容。

● 电子邮件。

不管何时，销售员都需要清楚客户最重要的目标是什么以及客户为什么要确立这样的目标。因为客户的目标往往反映了客户对产品的重视程度，如果客户准备向技术型方向发展，那么他们对产品的需求就会偏向于技术型方向。

销售员的工作是通过自己的产品和服务为客户创造利益，协助客户解决问题。为了能够准确而快速地为客户提供适合的产品，销售员应全方位、深层次地掌握充分而专业的产品知识。

首先，销售员需要熟悉本公司产品的基本特征，这实际上是销售员的一项基本素质，也是成为一名合格的销售员的必备条件。

产品的基本特征包括产品的基本构成，如产品名称、产品特性、产品性能、技术含量、产品价格和付款方式、产品的规格型号、产品的送货方式，也包括产品为客户带来的价值，如产品的品牌价值、产品的性价比、产品的售后服务和增值服务、产品的特殊优势。

在了解以上产品内容时，销售员可以使用以下 3 种方法。

● 从阅读"情报"获取。"情报"包括网络报刊选摘的资料、产品目录、产品简介、设计图、公司的培训资料等。

● 从相关人员获取。相关人员包括上司、同事、研发部门、生产制造部门、营销广告部门、技术服务部门、竞争对手、客户等。

● 根据自己的体验获取。自己亲身经历的销售心得、客户的意见、客户的需求、客户的异议等。

产品价值的综合取向是客户产生购买行为的动机。不否认客户的购买动机都有不同，真正影响客户决定的因素就是产品能带给客户利益的价值取向。只有产品综合价值的某一方面或者多方面能够满足客户的需求，客户才会购买产品。

在对产品的价值进行综合分析时，销售员可以按照下表对同类产品做比较性分析。

产品名称		服务	
材质		代理商	
规格		品牌	
美感		广告投入 / 效果	
颜色		市场占有率	
包装		区域内员工人数	
功能		市场变化	
科技含量		回款情况	
价格		客户满意度	
结算方式		其他方面	
运输方式			

销售员对产品了解透彻，自然就可以了解客户在选择产品时的诸多考量。销售员可以根据自己所需要掌握的信息对表中的内容进行删减，以做到每一项分析都有价值。

找出产品可能的利益点，懂得产品的价值取向，销售员在接触客户时才能找到客户需求的重心，让产品始终保持竞争力。

第二部分 拜访篇

赢得客户的信任和喜爱

第3章 明确销售礼仪的重要性

第1节 握手的礼仪

自测题

1. 在初次见到客户时，你注意过握手的方式吗？客户对你的握手方式是否表示欢迎呢？

_____

_____

2. 在同客户握手时，你是很认真地同客户握手，还是在敷衍了事地同客户握手呢？

_____

_____

3. 在约见客户时，你会主动与客户握手吗？你们是站着握手，还是坐着握手？你会因为客户的性别不同而改变自己的握手方式吗？

_____

_____

4.在与客户接触时，你通常与客户握手的时间是多久？使用了多大的力度？你在握手时是否搭配了适当的问候语？

_____

_____

案例分享

高华在一家婚庆公司上班，由于高华的服务十分到位，一位与高华十分熟络的客户张先生将自己的朋友介绍给高华，并且帮忙约定了见面时间。

到了约见客户的日子，高华早早起床，带好相关资料和笔记本电脑就出发了。高华本来可以准时到达客户的办公室，但因路上堵车，耽误了半小时。

见到客户，为了表示歉意和热情，高华赶紧伸出手，要和客户握手。这位客户是一位中年女士，她似乎犹豫了一下，但还是微笑着伸出了手。

就座之后，高华打开电脑，开始对模版进行介绍，但是他发现，客户并没有对这些模版产生兴趣，而是不时地看着自己的手。很快，客户很坦白地告诉高华："真的很不好意思，这些模版我确实挺喜欢的，其中的很多创意都很不错，但是与我想要的主题不太相符，所以我们今天就先这样吧。如果以后你那里有合适的模板，我会首先考虑的。"

送走了高华，客户忙拿出餐巾纸擦手，因为手上面沾到汗水实在让她感到反胃，她根本没有心情同高华长久地交谈下去。

第二天，高华打电话给客户张先生，对方说："我那位朋友有洁癖，她向我抱怨当时她只把注意力放在黏糊糊的手上了，根本没有心思谈论模版的事情，等过段时间，我再帮你联系一下吧。"

这时，高华才明白，原来是那个糟糕的握手让自己失去了机会。

深度剖析

高华在同客户握手时，没有注意握手的禁忌，不仅在握手时没有保持手的干净、干燥，而且还主动向女士提出握手，最终因为一次糟糕的握手，让自己错失了一次成交的机会。

乔治·路德说："销售员需要从内心深处尊重客户，不仅如此，还要在礼仪上表现出这种尊重。否则的话，你就别想让客户对你和你的产品看上一眼。"

销售员在与客户接触的过程中，使用规范的礼节，不仅能够给客户一种"行于外而质于内，秀于外而慧于中"的良好交往感觉，同时还能快速拉近客我双方的心理距离。要达到这一效果，销售员首先需要在塑造内心世界的同时重视外在的形象，掌握必备的销售礼仪。

想要掌握好销售中的握手礼仪，成为一名礼仪高手，销售员还需注意以下事项。

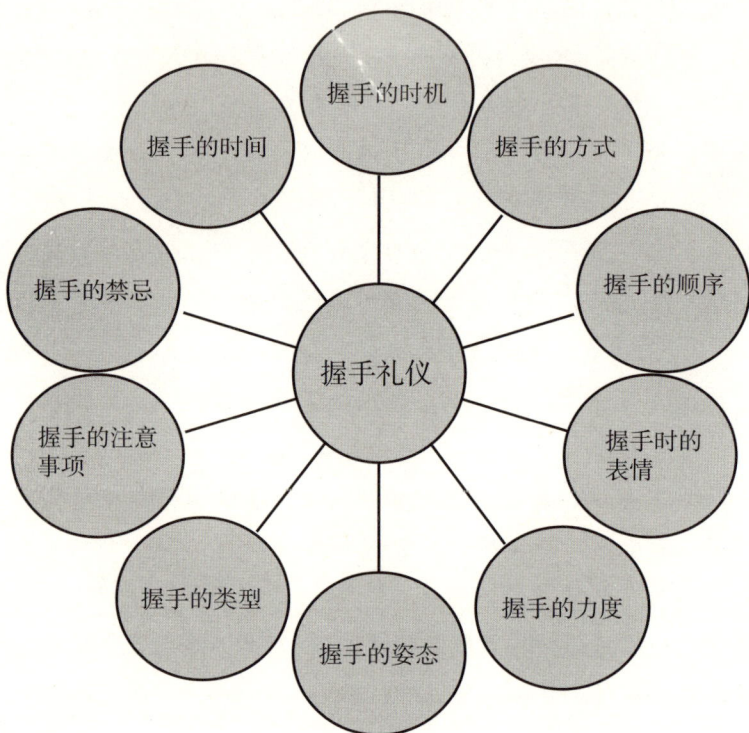

握手的标准方式，是在握手时行至距离客户大约 1 米处，双腿立正，上身稍微向前倾，四指并拢，拇指张开与客户握手。

握手礼仪根据手指相握的不同，可以分为 3 种类型。

握手的类型	动作描述	适用情况
平等式握手	右手握住客户的右手，并目视对方	这是礼节性的握手方式，一般适用于初次见面或者交往不深的客户
手扣手式握手	右手握住客户的右手，左手握住客户的右手的手背	如果是熟悉的客户，则会让对方感受到自己的热情、真挚；而如果是初次见面的客户，则会被认为是讨好或者失态
拍肩式握手	右手与客户的右手相握，左手则移向客户的肩或肘部	适用于情投意合或者感情十分亲密的双方之间

尽管握手是一种很普遍的问候方式，但是并不代表销售员在未经允许或者未被邀请的情况下与客户见面，以主动握手的方式来表达友好和真诚，就一定能受到客户欢迎。因为在客户没有准备的情况下主动要求握手，会让客户觉得尴尬。所以，为了达到好的握手效果，在握手之前，请先想一想哪些时机适合握手、哪些情况不适合握手。

适合握手的时机	不适合握手的情况
被客户介绍给别人时	客户所在的国家或者地区没有握手的习惯
遇到久未谋面的客户时	与客户经常见面，没有特殊事件发生的情况下
在比较正式的场合与客户道别时	客户携带重物或者忙于其他事情，不方便握手的情况下
作为"东道主"迎送客户时	客户手部患有疾病的情况下
感谢老客户的支持和帮助时	—
向客户表达自己的恭贺时	—
对客户表示理解、支持和肯定时	—

销售员和客户都存在着性别差异，针对不同性别的销售员和客户，如男性销售员面对女性客户的情况，除了需要了解适合握手的时机，同时还应注意握手的姿态。握手的姿态有两种：男士握位是整个手掌，女士握位是食指位。

握手的力度与握手的姿态联系紧密，销售员在握手姿态正确时配合合适的力度，方能准确表达自身的感情。力量大代表热情，力量小代表谨慎，力量过小代表软弱和冷漠。

在与人握手时的力度不可过轻，否则会让客户感觉不够热情，缺乏热忱与朝气，但是也不宜过度用力，否则会让对方龇牙咧嘴，生出挑衅之嫌。正确的做法是力度适中地用手掌和手指全部握住对方的手，然后微微向下晃动。

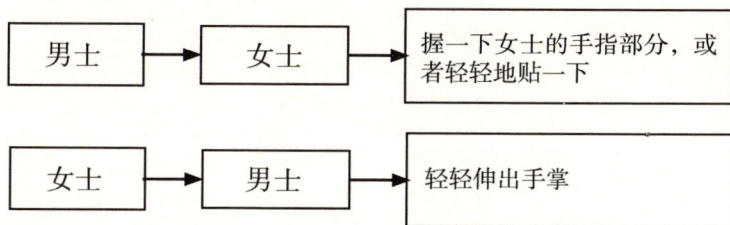

男士	→	女士	→	握一下女士的手指部分，或者轻轻地贴一下
女士	→	男士	→	轻轻伸出手掌

握手时间通常是 3~5 秒钟，最长不要超过 30 妙。匆匆握手会让人感觉好像在敷衍，而长时间抓住不放，则会让人感到尴尬。在面对异性客户时，握手的时间也应相对缩短。

在正式场合，握手时伸手的先后顺序主要取决于双方的职位、身份。在休闲场合，伸手则主要取决于双方的年纪、性别、婚姻情况。

序号	握手顺序
1	职位、身份高者同职位、身份低者握手时，应由职位、身份高者主动伸手
2	女士同男士握手时，应由女士首先伸出手来
3	已婚者同未婚者握手时，应由已婚者先伸出手来
4	年长者同年幼者握手时，应由年长者先伸出手来
5	长辈与晚辈握手时，应由长辈先伸出手来
6	社交场合的先至者与后来者握手时，应由先至者先伸出手来
7	作为主人，应先伸出手来，与来访的客户相握
8	作为客人告辞时，应首先伸出手与主人相握

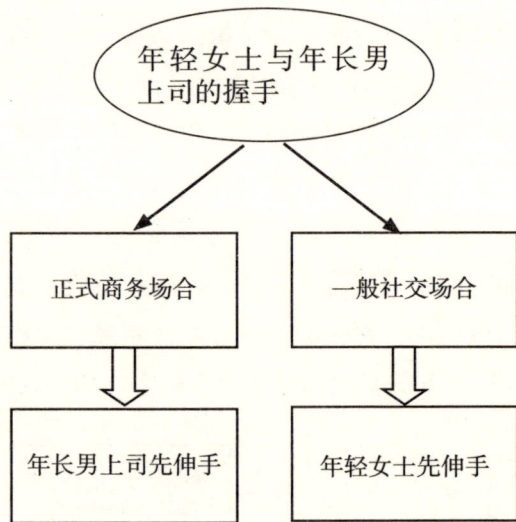

```
        ┌─────────────────┐
        │  年轻女士与年长男  │
        │   上司的握手      │
        └─────────────────┘
           ↙           ↘
   ┌──────────┐    ┌──────────┐
   │ 正式商务场合 │    │ 一般社交场合 │
   └──────────┘    └──────────┘
        ⇓              ⇓
   ┌──────────┐    ┌──────────┐
   │年长男上司先伸手│    │年轻女士先伸手│
   └──────────┘    └──────────┘
```

总体而言，伸手的顺序应遵循"三原则"：长者优先；女士优先；职位高者优先。

在握手时应该注意的问题还有以下几种。

手位
- 掌心向上，表示谦恭、谨慎，称之为"友善式握手"
- 掌心向下，表示自我感觉甚佳，自高自大，称之为"控制式握手"

神态
- 握手时神态应专注、友好、自然。通常情况下，应面带笑容，目视客户双眼，并表示问候
- 握手时漫不经心、高傲冷淡，迟迟不肯握住别人伸出来的手，或者一边握手一边东张西望，甚至忙于同别人打招呼等，都是错误的做法

姿势
- 向客户行握手礼时，为了表示礼貌，应起身站立
- 握手双方的最佳距离为1米左右，如果与客户握手时距离过大，则像是有意讨好客户或故意冷淡对方；如果距离过近，握手时手臂将难以伸直
- 最好的做法是，双方将要相握的手由侧下方伸出，伸直相握后形成一个直角

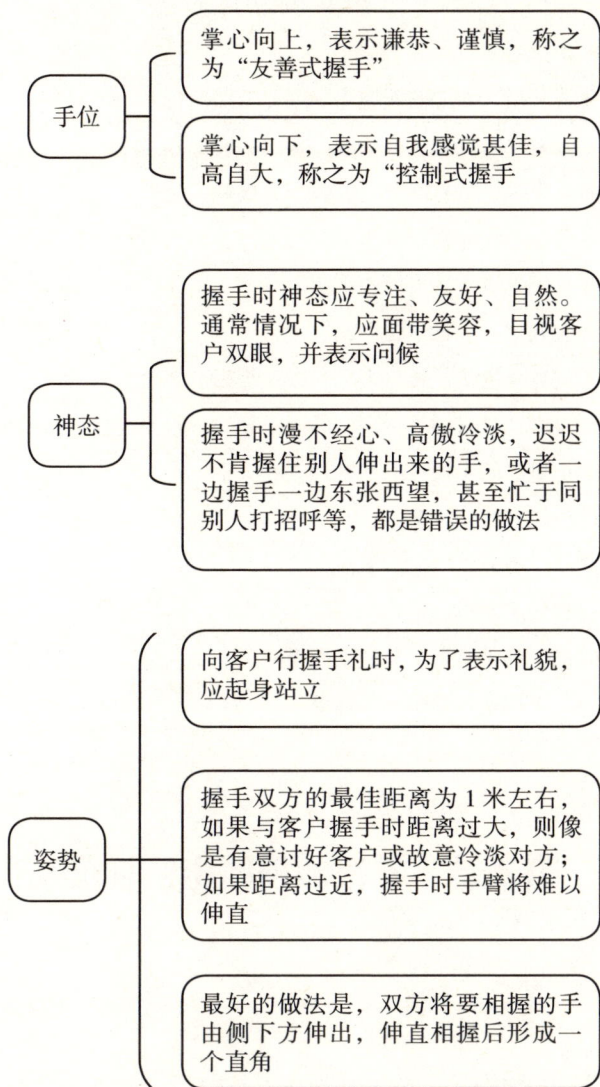

在人际交往中，握手虽然司空见惯，但是由于被用做传递多种信息的礼仪，一旦不加注意，就可能对销售产生影响。所以，销售员在握手时应努力做到合乎规范，尤其应避免触犯下述失礼的握手禁忌。

序号	握手礼仪的禁忌
1	不用左手与客户握手
2	握手时不要争先恐后，而应按照握手顺序，依次而行
3	在握手时不要戴着手套，女士也只能戴着薄手套
4	不要在握手时戴墨镜，患有眼疾或者眼部有疾病者除外
5	在握手时另一只手不应插在口袋里
6	在握手时另一只手不应拿着或提着东西
7	握手时不应面无表情，或者不置一词
8	在握手时也不应点头哈腰、长篇大论，表现得过分客套
9	不要在握手时仅握住对方的手指尖，即使是异性，也要握住整个手掌
10	在握手时不要把对方的手拉过来、推过去，上下、左右不停抖动
11	在握手时手部不能脏污、汗湿
12	在与人握手之后，不应立即擦拭手掌
13	不要在握手时只伸出手指尖
14	不论在任何时候，都不应拒绝与他人握手
15	在人多的场合，不可多人同时交叉握手

第2节　不容忽视的电话礼仪

自测题

　　1. 在给客户打电话之前，你是否做好了打电话前的准备工作？

_____

_____

　　2. 在主动给客户打电话时，你怎样表现出对客户的尊重？你的这些做法得到了客户的认可吗？

_____

_____

3. 在接听客户打来的电话时，你会从哪些方面表现出自己的礼貌？你认为自己的这些做法符合电话销售礼仪吗？

_____

_____

案例分享

黄涛是一名电话销售员，他十分努力，经常加班加点学习产品知识和练习口才。经过一段时间的学习和练习，他对产品知识已经十分熟悉，而且口才能力也得到了大幅度的提升，但是销售业绩却下降了。

为了找到失败的原因，黄涛找到部门经理，希望能够改善这种情况。

部门经理随意调取出两段黄涛与客户的通话记录，发现其中都存在着严重的问题。

一次，黄涛给一位客户打电话，目的在于确认客户的身份，并挖掘客户是否存在产品需求。但是，在与客户通话的过程中，黄涛由于过度紧张，匆匆问了几个问题就结束了通话。在放下电话之后，黄涛对此次通话进行了总结，发现还有许多对销售有重要帮助的问题忘记了询问。于是，黄涛又给客户打电话。然而，过了一段时间之后，黄涛发现自己仍旧有一些问题忘记同客户沟通，所以只好再次打电话给客户……反复几次之后，客户甚至已经不愿去接黄涛的电话了，黄涛也因此失去了这个客户。

还有一次，一位客户打电话询问产品信息，由于黄涛的业务并不熟练，所以在面对客户的一些问题时无法及时做出回答。于是，黄涛请客户稍加等待，自己去询问一下资深业务员。但是，黄涛在询问的过程中却忘记了客户还在听电话的事情，不仅足足让客户等待了20分钟，而且还在同同事的聊天中大声表达自己对客户的不满，如"产品没买多少，事情倒不少"、"现在的客户都以为自己是上帝，也不照照镜子"……殊不知，这些话早已通过未挂断的电话传到了客户的耳中。客户在听到这些话后，生气地挂断了电话，并决定放弃同黄涛合作，黄涛也因此失去了一位客户。

经过分析，黄涛知道，原来是自己的电话礼仪不过关导致了销售业绩的下降。

深度剖析

　　黄涛在与客户接触时不注重电话礼仪：没有做好打电话的准备，不断反复给客户打电话；让客户在电话中等待过长的时间，不仅没有及时回复客户，甚至还忘记了正在同客户通话这件事情；在未挂断电话的情况下随意与同事谈论客户……这些都是忽视电话礼仪、不尊重客户的表现，自然不可避免地会对销售业绩产生影响。

　　不管是在日常生活中，还是在销售谈判中，电话礼仪都在其中起着关键作用。究其原因，这源自于电话销售固有的特点。电话销售与传统的面对面销售相比，具有两个突出的优势。

　　● 成本低。电话销售的成本相对较低，因为打一通电话的成本大约为几毛钱，而如果选择面对面销售，则需要增加因路程、距离等产生的不确定费用。

　　● 效率高。电话是世界上最快的通信工具，可以在不到一分钟的时间里为你联络到天南海北的客户，如果此时采用面对面销售，则可能需要一星期，甚至更长的时间。

　　打电话表面上看起来同当面交谈一样简单，但事实上大有讲究，甚至可以说是一门学问、一门艺术。因为销售员通过电话不仅能粗略地判断出对方的性格、喜好，同时还直接影响着一个公司的声誉。所以，掌握正确、礼貌的打电话方法是十分必要的。

　　销售员在接打电话前做好准备工作也是一种礼仪，同样能够体现出对客户的尊重。在接听电话前，销售员需要做好如下准备工作。

　　● 准备好纸和笔。如果没有准备好纸和笔，那么当客户需要留言时，就不得不要求客户稍等一下，这是很不礼貌的行为。

　　● 停止一切不必要的动作。不要让对方感觉出你在处理一些与电话无关的事情，在客户面前表现出分心，这也是十分不礼貌的表现。

　　● 使用正确的姿势。如果姿势不正确，就可能出现不小心使电话从手中滑落的现象，这些都会令客户感到不满意。

　　● 对打电话的目的清晰明了。通话前应对谈话内容做到胸有成竹，这样在通话时才能避免词不达意、结结巴巴，同时还能有效应对突发情况。

　　打电话并不是毫无目的地碰运气，而是接近客户和开发客户的重要一步。在使用电话开发客户时，电话礼仪成为销售成败的关键。所以，无论是打电话，还是接电话，首先应该具备电话礼仪的 5 要素。

　　那么，电话礼仪的 5 要素有哪些呢？

要素一　声音清晰明朗

　　不管接听电话还是打电话，如果销售员能以亲切、优美、清晰、悦耳的声音与客户交谈，就能使双方的谈话开展得顺利，同时给客户留下一个好印象。一般来说，音量以能听清为标准，语速相对平时说话的速度稍慢，装腔作势、娇声娇气都不可取。

要素二　心情愉悦

　　面部表情会影响声音的变化，即使对方看不到你，他们同样能从你欢快的语调中感受到你的热情，从而对你留下深刻的印象。所以在接打电话时，销售员要保持良好的心情，只要脸上挂着微笑，就自然能够将热情传达给客户。

要素三　反应灵活

　　销售员在电话中应该配合别人说话，不可只为了应付，不断重复"是"、"好吧"之类的用语，否则很容易让人感到乏味。在实际情况下，销售员还应该根据不同客户的身份、年龄、场合等选择不同的应对方法。

要素四　仪态端庄

　　销售员无论在哪里接电话，都要保持仪态端庄，拿起电话时轻拿轻放；将电话移向自己身边时，不要伸手用力去拉。

　　接打电话的过程中绝对不能吸烟、喝茶、吃零食，即使是懒散的姿势，客户也能够"听"得出来。例如，你在打电话时躺在椅子上，那么客户听到的声音就是懒散、无精打采的；如果坐姿端正，那么客户自然能够听到充满活力、亲切悦耳的声音。

　　所以在打电话时，销售员应尽可能注意自己的姿势，即使看不到客户，也要假设客户就在眼前。

要素五　讲究艺术

　　接听电话时，销售员应注意嘴和话筒的距离最好保持在 4 厘米左右，同时要把耳朵贴近话筒，以便仔细倾听对方的讲话。

　　销售方式多种多样，有面对面销售、邮电销售、互联网销售、电话销售等，在其他销售不能达成目的的情况下,运用电话推销产品往往能达到更好的效果。

电话销售虽然不是与客户面对面,但是并不代表销售员可以随意而为,因为销售员的一言一行都能通过电话传到客户的耳中,深入客户的心底。为了赢得客户的好感,更快地与客户拉近距离,销售员接打电话时一定要注重以下电话礼仪。

打电话礼仪一　注意打电话的时间

在打电话时,如果没有遇到紧急的事情,应该尽量避开客户休息、忙碌、用餐的时间,最好不要在节假日给对方打电话。

应避开的打电话时间包括:工作日早上 8 点之前和节假日 9 点之前、夜间 22 点之后、中午 12 点到下午两点之间、上下班高峰时间。

同时,销售员在打电话时首先要想好打电话的内容,并做好充分的准备,这样才能更好地节约通话时间,提高通话效率。一般打电话的时间以 3~5 分钟为宜,煲电话粥或者简略地概述等,都是错误的做法。

打电话礼仪二　遵循打电话的步骤

销售员打电话时应遵循下列步骤。

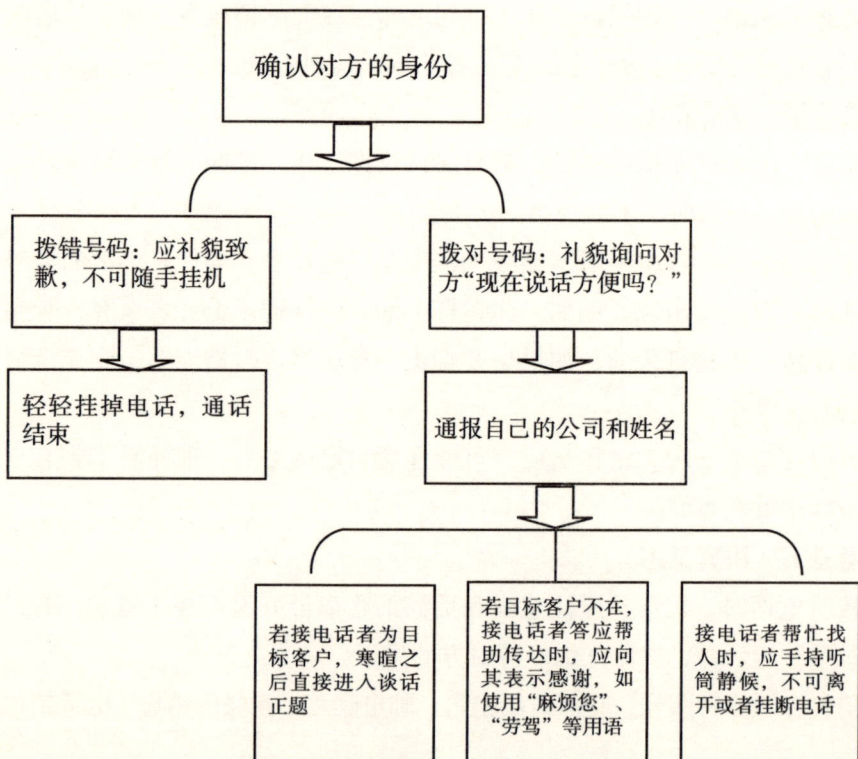

```
                    ┌─────────────────┐
                    │   确认对方的身份   │
                    └─────────────────┘
                             │
            ┌────────────────┴────────────────┐
            ▼                                  ▼
  ┌──────────────────┐              ┌──────────────────┐
  │ 拨错号码:应礼貌致 │              │ 拨对号码:礼貌询问对│
  │ 歉,不可随手挂机   │              │ 方"现在说话方便吗?"│
  └──────────────────┘              └──────────────────┘
            │                                  │
            ▼                                  ▼
  ┌──────────────────┐              ┌──────────────────┐
  │ 轻轻挂掉电话,通话 │              │ 通报自己的公司和姓名│
  │ 结束             │              └──────────────────┘
  └──────────────────┘                         │
                          ┌──────────────┬──────┴───────┐
                          ▼              ▼              ▼
```

| 若接电话者为目标客户,寒暄之后直接进入谈话正题 | 若目标客户不在,接电话者答应帮助传达时,应向其表示感谢,如使用"麻烦您"、"劳驾"等用语 | 接电话者帮忙找人时,应手持听简静候,不可离开或者挂断电话 |

打电话礼仪三　挂断电话时要注意的事项

在结束通话时，需要注意挂电话的礼貌。通话的结束应由销售员主动提出，双方客气地道别之后再挂电话，不可只管自己说完后立刻挂断电话。

销售员在工作的过程中不仅会遇到打出电话的情况，同时也会不可避免地遇到接听电话的情况。接听电话同打电话一样不可过于随便，得讲究必要的礼仪和一定的技巧，否则常会引起误会。

接电话礼仪一　迅速准确地接听

听到电话铃声，销售员应准确迅速地拿起听筒，最好在电话铃响 3 声之内接听。电话铃声响一声大约为 3 秒钟，如果长时间无人接听，让客户等待的时间过久，都是不礼貌的做法。

正确的做法为：

● 即使电话离自己很远，销售员听到电话铃声后，都应该用最快的速度拿起听筒，这样的态度是每个人都应该拥有的。

● 如果电话铃响了 4 声后，销售员才接听电话，则应该向对方表示歉意："对不起，让您久等了。"

接电话礼仪二　确认来电者

许多销售员在接电话时，通常会拿起电话就直接询问："喂，哪位？"这种询问语气和方法缺少人情味，容易让客户觉得疏远。客户来电话时一般会主动介绍自己，如果没有介绍或者销售员一时没有听清楚，就应该主动询问："我能为您做什么？"或者报出自己的公司名，并简要地介绍自己："您好，这里是 ×× 公司，我是 ××。"

如果是老客户，销售员应能正确、快速地叫出对方的名字，以表示自己对客户的尊重。

接电话礼仪三　了解客户来电话的目的

上班时间打来的电话几乎都和工作有关，即使客户打错电话，或者要找的人不在，切忌简单告知"不在"就挂断电话。

同时，销售员在接电话时应尽可能问清事由。

```
                         ┌──────────┐          ┌──────────┐
                         │ 属于自己的 │ ═══════▷ │ 应及时处 │
                         │ 权限范围   │          │ 理       │
                         └──────────┘          └──────────┘
  ┌──────────┐
  │ 了解对方  │
  │ 打电话的  │ ═══════▷
  │ 目的      │
  └──────────┘          ┌──────────┐          ┌──────────┐
                         │ 不属于自己 │ ═══════▷ │ 认真记录，│
                         │ 的权限范围 │          │ 并告知具 │
                         └──────────┘          │ 体的处理 │
                                               │ 时间     │
                                               └──────────┘
```

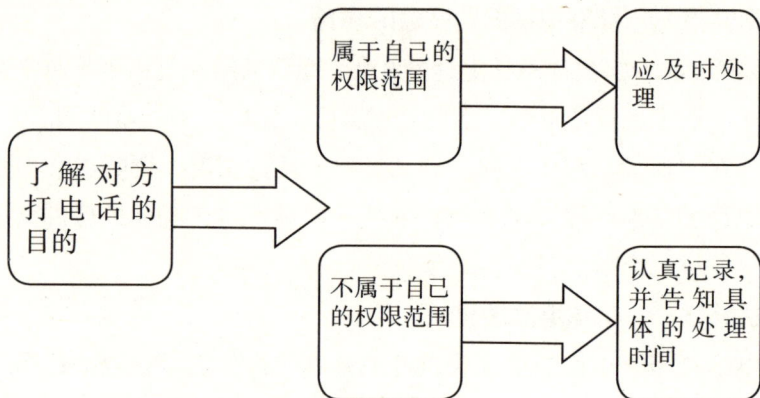

接电话礼仪四　认真清楚地记录

俗话说："好记性不如烂笔头。"在接听电话时，为保证电话记录的简洁和完备，销售员还要依赖 5W1H 技巧。

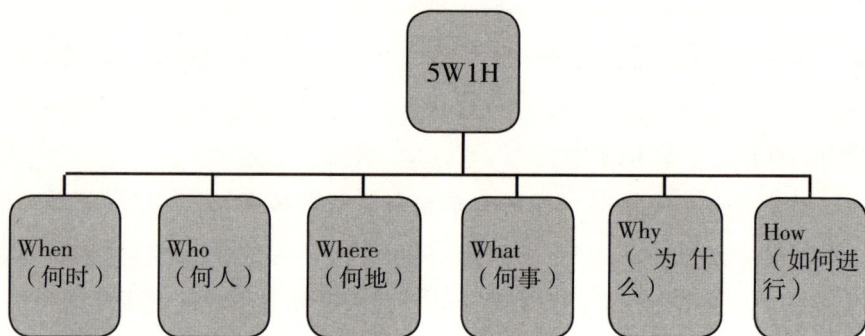

```
                         ┌──────────┐
                         │  5W1H    │
                         └────┬─────┘
      ┌──────┬──────┬────────┼────────┬──────┬──────┐
  ┌───┴──┐┌──┴───┐┌──┴───┐┌──┴───┐┌──┴───┐┌──┴───┐
  │ When ││ Who  ││Where ││ What ││ Why  ││ How  │
  │（何时）││（何人）││（何地）││（何事）││（为什 ││（如何进│
  │      ││      ││      ││      ││ 么） ││ 行）  │
  └──────┘└──────┘└──────┘└──────┘└──────┘└──────┘
```

接听电话的其他礼仪。

● 注意接听电话的环境，不能在嘈杂吵闹的环境中。

● 当电话线路发生故障时，必须向客户确认原因。

● 在倾听客户讲话时，配合客户做出适当的反应，以表示自己在积极倾听，如"是"、"好的"、"您说得对"等。

● 不唐突地询问对方是谁，而是委婉地询问"请问您是哪位"。

● 须搁置电话让客户等待时，应予以说明并致歉，同时每隔 20 秒留意一下对方，看对方是否有听下去的兴趣。

● 转接电话时速度要快，并向客户说明电话是转接到哪里、哪个负责人的。

● 如果客户需要帮助，则应尽量帮助客户。

● 在结束电话时要感谢对方的来电。

● 客户打电话找你，你应该尽可能亲自去接，即使手头有很忙的事情，也要先放下。

第3节　需要避免的不雅动作

自测题

1. 审视一下自己，看看自己平时习惯做出哪些小动作？你认为这些小动作中哪些动作是不雅的？

_____

_____

2. 在区分自己的不雅动作时，你是如何分类的？客户对自己的这些动作通常有哪些反应？

_____

_____

3. 针对自己的不雅动作，你有哪些好的方法进行应对呢？

_____

_____

案例分享

陈冲是一位卫生器械的销售员，他的业务、口才能力都很强，深受上司、同事们的欢迎。但是当陈冲过于紧张或无聊时，便会不自觉地做出一些不雅的动作。

一次，公司准备约见一位大医院的采购代表。经过调查，这位采购代表已经见过了好多家卫生器械公司的销售代表。为了增加销售的胜算，上司将这笔业务交给了业务能力最好的陈冲。

陈冲对这笔业务十分重视，加班加点地做好了约见前的准备工作。正式见面时，陈冲与客户的谈判十分顺利，没过多久，陈冲就以价格便宜、质量有保证等优势说动了客户。最后，客户表示要同一起来的代表商讨，综合一下意见。

陈冲虽然表面上表现得很轻松，但心里面压力很大。

在客户商量的间隙，陈冲无意识地表现出了自己的不雅动作，先是挠了一会儿头皮，然后又不自觉地咬起手指来……

没想到，陈冲的这些动作都被客户看在了眼里。很快，客户就以意见不一致推掉了这笔业务。

陈冲不明白，客户一开始明明对产品表现出了浓厚的兴趣，怎么突然之间就变卦了呢？过了几天，上司找到陈冲，告诉他说："我给客户打去电话询问原因，客户表示他们医院对卫生器械的要求很严，而你那天的不雅动作让他很担心咱们公司卫生器械的合格率。看来，你的这些不良习惯得改改了。"

陈冲至此才明白，原来是自己的不雅习惯导致了销售的失败。

深度剖析

陈冲的业务能力本来很强，但是因为不能控制自己的不雅习惯，最终导致了销售的失败。

因为销售员不但代表着自己的形象，同时还代表着公司的形象，如果销售员像陈冲一样不重视、不及时改正不雅动作，失败就会在所难免。

美国著名人际关系学大师戴尔·卡耐基曾说："一些个人的坏习惯如果不改，不仅会引起别人的反感，自己往往也会因此得不偿失。"

销售员最终能否实现预期的销售目标，除了需要拥有良好的口才，同时还在一定程度上取决于非语言的沟通过程。身体语言能够配合口头语言推动销售，如果运用不当，自然也会成为销售过程中的障碍。

不雅的身体语言，常常会让人联想到低下的素质、不负责任的态度等。客户都希望同自己合作的销售员能够负责、认真、优雅，一旦看到销售员表现出与自己希望相悖的行为，自然会心生抵触，失去购买的欲望。

既然不雅的行为会对销售进程产生如此大的影响，那么哪些动作是不雅动作，并且需要避免呢？

动作一　体内发出各种声音

生活经验告诉我们，任何人对于别人体内发出的声音都会感到不舒服，甚至讨厌。如咳嗽、打喷嚏、打哈欠、响腹或者放屁等，这些响声都可能让客户产生联想，继而产生厌恶感。

动作二　乱扔烟蒂

抽烟的人在许多场合不受欢迎，原因就是这些人往往缺乏卫生习惯。一边走路一边抽烟、随处弹烟灰、将没有燃尽的烟蒂随处乱扔等都是令客户反感的行为。

动作三　随地吐痰

随地吐痰是一种恶习，是不文明的做法。如果销售员在客户面前表现出这种行为，会让客户对你心生反感，自然会排斥将要购买的产品。

动作四　抓耳挠腮、咬指甲

销售员与客户交谈时，如果不时地抓耳挠腮或者啃咬指甲，不但会让客户觉得不卫生，引起客户的反感，同时还会使客户认为那是你对谈话不感兴趣、对客户不尊重的表现，自然会失去交谈的兴趣。

动作五　扮鬼脸

扮鬼脸也是一种不雅的动作。一些销售员在表达自己的情绪时，常会通过歪嘴、挤眼、皱眉、瞪眼等表情表达不满、疑虑、愤怒等。虽然在人际交往中，扮鬼脸有时能够起到活跃气氛的作用，但是在商务谈判的正式场合，扮鬼脸则有损自身和公司的形象，让客户感到不解和反感。

动作六　吃饭、喝水时发出响声

对于销售员来说，请客户吃饭、与客户在咖啡厅交谈是最常见的事情了。如果销售员在吃饭、喝水的过程中发出过大的声响，如吧唧嘴等，常常会对客户的心情和食欲造成影响，从而使客户不自觉地对销售员产生反感。

动作七　不停地接电话

销售员业务忙是在所难免的，但是在与客户面谈时不停地接电话，就是对客户不尊重的表现。为了避免此种不雅动作会对客户购买决策产生影响，销售员在与客户谈业务时，最好将手机调成静音或振动，然后在谈话结束后及时回复。

动作八　不雅坐姿

坐姿是销售员与客户交谈时留给对方的第一印象。温文尔雅的坐姿不仅可以表现出销售员的完美形象，更重要的是可以表达出自己的性格和思想。

如果不能正确运用坐姿，表现出不雅动作，常常会被客户洞悉自己的真实想法，使自己处于被动位置。

不雅坐姿	产生的效果
左右不停地摇摆	缺乏耐心和毅力
跷着二郎腿	傲慢、轻率
背部靠在椅子上	不容易相处
身体后仰	过于随意，不值得信任
不停地抖腿	不尊重客户，留给客户烦躁、不耐烦的印象，同时也会让客户感到心烦气躁

动作九　不雅手势

手势语是表现力极强、变化最多的一种体态语言。适当运用手势语可以帮助销售员表达特殊的感情，而错误的手势语往往会起到相反的效果。

在与客户相处时，销售员应避免运用以下手势语。

不雅手势	产生的效果
双手抱胸	含有消极的意思，好像是对说话人不服气
双手放到口袋里	让人看上去无精打采，让人觉得不安或者多疑
单手或者双手托腮	慵懒或者缺乏耐心
大拇指向下	看不起客户
大拇指朝上	一般指夸奖对方，在美国却认为是指责自己胡说八道
揉眼、挠头发、抠鼻子	不卫生、令人厌恶

动作十　应避免的眼神

当销售员用炯炯有神的眼神注视客户的同时进行产品说明，其眼神中透射出的热情、专注等常能增强客户的信心，比单纯的口头说明更具说服力。然而，如果销售员用不恰当的眼神注视客户，不但不能对销售起到帮助作用，反而会减弱客户了解产品的兴趣。

为了避免眼神带来的负面作用，销售员需要注意以下几点。

应避免的眼神	产生的效果
注视客户时间太短	让客户认为销售员对本次谈话没有兴趣
注视时间过长	让客户感到不自在
两眼空洞无神	让客户觉得销售员心不在焉，对其产生不值得信赖的负面印象
目光游移不定	客户通常会对游移不定的目光十分警惕，会拉大双方的心理距离，为良好的沟通设置障碍

销售员举手投足间展现出的个人魅力常常能够超越其对产品夸夸其谈、高谈阔论的描述。因此，举止是一种不会说话的语言，真实地反映了销售员的素质、受教育程度以及值得信赖的程度。

第4节 以人品赢得客户

自测题

如果想要了解客户对你的好感及信赖程度，我们可以通过下面这个测试看看自己的人品如何？

测试题目	得分
1. 在整个销售过程中，你会公正地介绍产品，客观地告诉客户有关产品的真实情况	
2. 对客户做出的承诺，你一定会按时做到	
3. 客户对你十分有信心，对于客户的事情你也会严格保密	
4. 如果和客户达成交易，一定会按时履约	
5. 即使遭到客户的拒绝，也不会轻易放弃	
6. 及时帮助客户，即使客户的困难并不是与销售相关的	
7. 包容客户的缺点，站在客户的立场思考问题	
合计	

积分规则：运用以下量表，为每个题目打分。

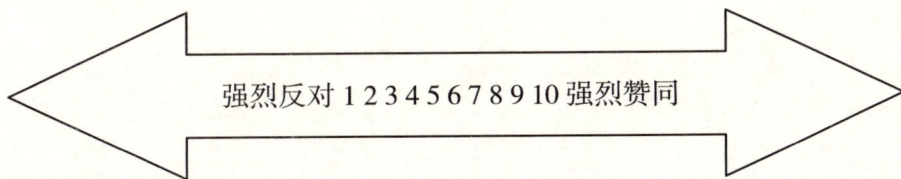

强烈反对 1 2 3 4 5 6 7 8 9 10 强烈赞同

将 7 项得分相加，得到总分数。

参考解析：

● 如果你得了 57~70 分，表明你能以良好的人品赢得更多客户的信赖和好感。

- 如果你得了 21~56 分，表明你的人品度中等。
- 如果你得了 7~20 分，表明你还需要继续努力，提高自己的人品。

案例分享

姜采作为销售员应聘进一家销售复印纸的知名企业。由于姜采是营销管理专业的本科生，公司将其作为重点对象培养。

公司将一个成熟的重点区域交给姜采，这个区域的客户对姜采所在的企业生产的复印纸十分认可，而且是长期的合作伙伴。公司认为只要人员到位，就不会出现大的问题。

但是没想到事与愿违，姜采在接手这个区域后，不但没有开发出新客户，连合作多年的老客户也没能维护好。

原来姜采在和客户合作时，为获得与客户合作的机会，常会在签订合同前向客户做出无法实现的承诺，在签订合同后又出尔反尔。客户找其理论，姜采却表示从未做出过承诺，让客户十分不满。还有几次，姜采以比市面上便宜很多的价钱同客户成交，但是交货时客户发现并不是姜采所在公司生产的正规复印纸，而是一些不合格的发黄粗糙的纸张……

姜采的做法让这些老客户十分不满，失望之下，这些老客户决定另寻合作伙伴，最终导致姜采所在区域业绩的陡然下降。

企业在了解了事情的经过后，随即对姜采做出了开除决定。因为一个不以人品赢得客户，而是靠投机取巧的方法赢得客户的销售员是无法维持好客户和企业的声誉，在销售行业做长远的。

深度剖析

姜采在与客户合作的过程中胡乱承诺、不守诚信，试图以欺骗和不正当的方法赢得合作的机会，最终不仅失去了客户，也损毁了企业的声誉。人品是销售员最基本的资本，如果销售员能够真诚地面对客户，以人品赢得客户，才能获得真正的成功。

一个具有良好内在品质的销售员，在与客户的交往过程中，会展现出一种特有的吸引力，从而易于与客户建立良好的人际关系，并长久地保持友好关系。

这对销售员拓展客户，发展自身的事业来说都非常重要。

那么，在实际销售过程中，销售员拥有什么样的人品才能赢得客户呢？

赢得客户好感的人品	在销售中的重要性	具体做法	作用
坚韧	是销售成功必不可少的精神品质	在销售过程中遇到困难，或者遭到客户的拒绝时，不轻易放弃	用坚韧和执著可以增加成功说服客户的概率
真诚	是从事销售工作必备的品质	以客户为中心，站在客户的角度思考问题；理解客户的观点，为客户提供满意的服务	真诚可以打消客户的疑虑
热情	是销售成功与否的首要条件	在销售产品的过程中充满热情地融化客户的冷漠拒绝，并不断鼓舞、激励自己达到目标	热情可以传递给客户积极的心态
诚信	是销售产品最根本的品质	对产品的介绍不要言过其实，不可为了销售产品而采取欺骗的手段，要严守承诺	诚信是建立信任的基础
自信	是一切行动的源动力，也是赢得客户的根本	对自己、产品和企业有自信；在与客户接触时不卑不亢	自信是一种说服力，能赢得客户的信赖和尊重
包容	是吸引客户，并维持客户关系的关键	习惯站在客户的立场上考虑问题；不过分计较利益得失；善于控制情绪，对客户以礼相待	拥有爱人之心、容人之量，才能洒脱地安排好销售工作，也可以赢得客户的尊重

销售员除了在日常生活中需要培养自身的内在品质，同时还要克服一些不良的行为习惯以及一些常见的人性弱点等。

行为弱点	正确做法	对销售的影响
不能成为好的倾听者	以诚实的态度和恳切的心情与客户打交道，留给客户充足的表达建议的时间；不随意打断客户的谈话；密切关注客户的反应和需要，从客户的谈话中找出客户的需求；适时附和客户等	倾听有助于理解客户，也有助于销售员赢得客户的理解和尊重
攻击他人	不在客户面前批评或者指责其他客户；不在客户面前攻击和诋毁竞争对手	将有损销售员在客户心中的形象，动摇客户的购买决心

续表

行为弱点	正确做法	对销售的影响
和客户争论	当遇到客户抱怨、提出反对意见或者投诉时，不当面指责客户，不与客户发生冲突，同时勇于承担责任	保持礼貌、谦虚、谦恭，以一颗负责任的心打动客户，赢得客户的忠诚
缺乏耐心	客户不希望在购买产品时被人催促。根据客户的这种心理，销售员在介绍产品时要有条不紊、从容适度；在推进销售进程时要沉稳适度，不能急于求成	如果销售员在销售过程中表现得急于求成，往往会留给客户一种急功近利的印象，从而引起客户的反感，以致销售的失败

有才无德，其才难用；有德无才，其德可用。销售中真正推销的并不单单是产品，还有销售员自己。如果销售员能在培养良好人品的同时，不断地完善自身的人格，克服不良秉性，以人品赢得客户，那么赢得销售的成功将是很自然的事情。

第4章　如何制造销售之势

第1节　着装得体很重要

自测题

1. 在销售过程中，你注意过自己的着装吗？你认为得体吗？

_____

_____

2. 你认为销售中得体的着装都需要具备哪些条件呢？

_____

_____

3. 你会根据约见对象、约见地点、约见时间的不同而改变着装？你是如何改变的呢？

_____

_____

案例分享

　　佩恩是一家知名公司的销售员，由于他们的产品质量优良、品牌知名，所以销售业绩十分不错。

　　一天，他打电话约见一位客户，对方一听到是××公司的员工，就表示很感兴趣，直接答应了约见请求。

　　由于工作繁忙，佩恩没有多余时间注意自己的着装，在约见客户那天，他也只是随便穿了件衣服就赴约去了。

当客户开门把佩恩迎进办公室之后，目光就紧盯在佩恩身上。佩恩穿着一套皱巴巴的浅色旧西装，里面套着羊毛衫，还不伦不类地打着一条领带。而且这条领带飘在羊毛衫的外面，雪白的领带上面似乎沾了一些油污。等客户低头看时，又看到佩恩满是泥土的黑皮鞋。

佩恩似乎被看得有些不好意思，他抱歉地说道："对不起，由于来得匆忙，没有来得及好好整理。我是××公司的佩恩，这是我的名片。"当佩恩递给客户名片时，客户并没有伸手接过。

接下来，为了不让气氛冷场，佩恩介绍起了产品，但是客户却没有听进去佩恩的介绍，在佩恩介绍到一半时，客户就表示很忙离开了办公室，完全没有了在电话中的热情。

在佩恩对这位客户的推销不了了之之后，佩恩的经理代替佩恩找到了这位客户，当客户看到西装笔挺、气场强大的经理时，立即就表现出了合作意向。

深度剖析

佩恩在约见客户时随意穿了件衣服，他不正式的穿着是对客户的不尊重，客户自然不会接他的名片。"外表体面的销售员，卖的产品也应该不错。"每个客户都会这么想。当客户看到佩恩邋遢的样子后，同样会失去购买产品的兴趣。

得体的衣着对于销售员来说，相当于一个赏心悦目的标签对于商品的作用。销售员如果第一次约见客户时就穿着邋遢，那么之前通过电话、电子邮件等与客户建立起来的良好关系就会在客户看见你的那一刻化为乌有，购买商品更是不可能实现的事情。

所谓得体的衣着打扮，并不是要求穿着名贵，也不是为了追求时尚新奇而把自己打扮得不伦不类，如果能根据本行业的特点选择合适的衣着，做到朴素、整洁、大方、自然，自然能展示出自己最动人的一面。

销售员的着装不仅应该符合所在行业的特点，也应与客户会面的时间、地点以及目的相适应。具体来说，销售中的得体着装需要注意的事项主要包括以下几点。

要点一 穿着规范

在销售过程中，个人形象是极为重要的元素，规范的着装不仅体现了一名销售员自身的素养，同时也是对客户尊重的表现。

那么，具备哪些条件的着装才是规范的呢？

● 鞋面擦拭光亮，没有明显的泥污、破损。

● 服装保持整洁，并熨烫平整，能留给客户衣冠楚楚、庄重大方的感觉。

要点二　符合身份

在商务场合，销售员的着装还要根据自身的职业特点、年龄、场合等因素具体搭配，如果忽视自身的社会角色而随意着装，很容易引起客户的误解。

● 符合经济原则。不要给人突兀感，太高贵或者太寒酸的服装都不宜穿。

● 符合因人而异的原则。与不同的客户接触，需要配合不同的穿衣技巧，既要符合自己的身份，同时也要配合对方的身份。

● 符合年龄原则。年轻人宜穿色彩明艳的衣服，而年龄大的人宜穿深色、暗色的衣服，切忌不当的"装嫩"或者"装成熟"。

● 符合职业原则。推销化妆品类的销售员应该着装清新活泼；推销金融类产品的销售员应该穿着正式；推销保健品的销售员最好穿戴护士装或者医师装等。

● 符合职位原则。如果任职普通销售员，那么最好不要穿戴过于昂贵的服装，普通、具有亲切感的衣服更能拉近销售员与客户的距离；如果任职销售高管，穿戴可以显示出自身气场的服装。

要点三　注重场合

按照销售员的出席场合，着装一般分为3大类，即工作装、社交装和休闲装。工作装和社交装统称为正式服装，休闲装也称为非正式服装。

工作装即销售员平时上班或工作中穿着的服装。社交装是销售员在参加正式的社交活动，如出席宴会、舞会、看演出时穿着的服装。休闲装是销售员在以上两种场合外，如陪客户运动时穿着的服装。

在不同的场合，适合穿什么衣服，不适合穿什么衣服，礼仪上都有着具体的规定。如果不根据场合穿戴服装，即使穿得十分华丽，也会被人耻笑。所以在着装时注重场合十分重要。下面我们就简单地讲一讲各种场合的着装要求。

● 在公务场合，如与客户会谈、参加正式会议等。销售员的穿着一般应该传统或保守一些，以示庄重。男性销售员一般可穿质地较好的西服，搭配配套的领带；女性销售员则应该选择职业套装。

● 社交场合，如陪同客户参加宴会、舞会、音乐会，各种各样的 Party 沙龙等。销售员的服装虽然要求正式，但是在社交场合如果打扮得过于正规，穿诸如套装、正规的衣服未必得体，此时穿时装、礼服、民族服装比较好。

● 休闲场合，指公务场合、社交场合之外的活动时间，一般指同客户观光游览或者健身锻炼等场合。在休闲场合，销售员可以穿得随意些，只要不违反伦理道德，着装舒适、自然就可以，如穿牛仔裤、运动装、沙滩服、T 恤、短裤等。

要点四　美化体形

人们的高矮胖瘦各不相同，销售员只有了解自身的体形，在着装时扬长避短，才能展现出最佳的体形，创造出一种美妙身材的视觉效果，从而留给客户最佳的第一印象。

那么销售员应该如何根据自身的情况美化自己的体形呢？

● 身材高大的销售员切忌穿过短的上装，色彩以深色、单色为主。

● 身材矮小的销售员上衣不可过长、过肥，裤子也不能过短、过宽，服装色彩以稍淡、明快柔和为主，以形成上下色彩一致的修长感。

● 身材较胖的销售员不要穿过于紧身的衣服，服装款式宜简洁，衣领应以"V"形领最佳；颜色上以冷色调为主，忌横条纹、大格子或者大花图案。

● 身材偏瘦的销售员同样不适合穿紧身的衣服，服装色彩尽量明亮柔和，太深或者太暗的颜色只会使其看起来更加瘦弱；与较胖的销售员相反，可以穿条纹、大格子、大花图案的衣服，以达到丰满的视觉效果。

销售员如果对服装的搭配不是很了解，那么在穿戴时最好避免过于新潮、夸张、复杂的款式。简单的服装款式比较容易搭配，同时也会显得落落大方。

要点五　注意时段

得体的着装除了需要具备以上的条件外，还需要销售员在不同的时段遵守不同的着装规则。遵守不同时段的着装规则相对于女性销售员来说显得尤为重要，男性销售员的着装变化则相对较小。

具体穿衣法则如下：

● 男性销售员在出席活动时，着装的变化幅度很小。不管什么时段，男性销售员只要有一套质地上乘的深色西装或者中山装就足够应付各种局面了。

● 女性销售员相对来说就比较复杂，需要随着一天时间的变化而变化。

出席白天活动时，女性销售员可着职业正装。出席晚 5~7 点的活动时，女性销售员就需要多加一些修饰，如换一双高跟鞋，戴上精美的配饰，围一条漂亮的围巾等。出席晚 7 点之后的正式晚宴时，女性销售员则应该穿中国的传统旗袍或者西方的晚礼服等。

要点六　遵守规定

参加重大的宴会、庆典、会见等比较正式和隆重的场合，尤其是涉外活动，组织者请柬上如注有着装要求，销售员应按照规定着装。即使组织者没有注明具体的着装规定，销售员也应穿着比较正式的服装。

男士与女士的穿衣要求不同，主要包括以下注意事项：

● 男性销售员较正式的服装为上下同色同质的毛料中山装、西服等。

● 女性销售员则可穿着各种套装、民族服饰、旗袍或者连衣裙等。

要点七　双方反差不要过大

销售员的衣着是否得体，还要取决于要拜访的客户的穿着风格。如果交谈双方差距过大，一方面会转移客户注意力，影响客户对产品的印象；另一方面，容易引起客户的反感，给客户一种炫耀或不是同一类人的感觉。所以，销售员在穿戴服装时，还应该将客户的年龄、收入、兴趣、习俗考虑进去。

具体穿衣要求如下：

● 如果面对的是在校大学生，不妨穿得简单、大方、活泼一些。

● 如果面对的是普通工人，可以选择印有品牌标识的工作服或者具有亲和力的普通服装。

● 如果面对的是事业有成的商务人士，则应该穿着彰显气场的正装，成功人士一般喜欢和自信、干练的人交朋友。

● 如果面对的是不善交际的家庭主妇，则应穿着干净、平整但不华丽的服装。

第2节 用高素质的谈吐赢得尊重

自测题

1. 你在与客户交谈时，是如何体现出自己的高素质的？

_____

_____

2. 你观察过身边业绩良好的同事和领导吗？他们是如何以高素质的谈吐赢得客户的信任和尊重的？

_____

_____

3. 你认为自己的谈吐具有哪些优点？你在客户眼中是否称得上是高素质的人？

_____

_____

案例分享

伊南是一位楼盘销售员。这天，一位戴着眼镜的中年男士来到售楼处，转了一圈后，他询问伊南："请问你们这里都有什么户型？"听到客户的询问，伊南懒洋洋地回答："那不是有户型介绍单吗？你先看看吧！"

客户听后没说话，自己看了起来。又过了一会儿，客户再次询问："你们的楼盘之间的距离有多大？如果购买底层住宅，会不会被高层遮挡阳光呢？"

伊南听到客户的询问，朝客户看了一眼，随即慢慢地走到沙盘处，对客户说："你看看这个沙盘模型就知道了。"

客户认真看了一会儿沙盘模型，然后他指着一个户型询问伊南："如果购买3号楼4层的户型，价格是多少钱一平方米？"

伊南翻了翻手中的户型价格表，回答："由于是新开盘，该户型的价格相对便宜一些，每平方米是 18780 元。"

客户听后沉默了一会儿，很快，他又试探着询问伊南："这是最低价格吗？能再优惠一些吗？"

伊南告诉客户："已经是最低价了。"

"可是对我来说还是有点贵……"客户小声说着。

伊南摇了摇头，提高声音说："那就没办法了，你只能去别的楼盘看看了，我们这里可没有每平方米低于 17000 元的。"

由于伊南的声音很大，周围一些人都把目光投向了这里。客户的脸色顿时变得很难看，他头也没回，就离开了这家楼盘的售楼处。

深度剖析

案例中的销售员伊南在客户询问时懒洋洋、不耐烦地回答客户的问题，在客户希望降价时大声地、用带有攻击性的话语打击客户的自尊心，缺乏礼貌和耐心，无法用高素质的谈吐赢得客户的尊重，最终导致了销售的失败。

在销售礼仪中，谈吐礼仪是极其重要的一部分，语言作为双方信息沟通的桥梁，能随着时间、场合、对象的不同，表达出多种信息和丰富多彩的思想感情。

作为销售员，掌握说话的技巧、提高驾驭语言的能力，在各种场合做到谈吐优雅、从容不迫，不仅能够激发客户的谈话兴趣，增加成交的概率，同时也是一种高素质的表现。

那么，销售员如何才能在销售中体现出高素质的谈吐呢？

原则一 声音美

优美适当的声音能带给客户美的享受，体现出一名销售员的素质。一个高素质的销售员的谈吐和思想感情是统一的，在与客户谈话时要态度自然、措辞得当、恰到好处。

而要培养良好的声音，销售员需要在音量、语调、语速、嗓音等方面下工夫。

音量适中	→	明朗、低沉、愉快的音量最吸引人，音量偏高或者偏低的人应该设法使音量适中
语调轻柔	→	在交际场合，一般以语调轻柔和缓为宜，尽可能使声音听起来柔和，避免以声、以势压人，而是以理服人
语调抑扬顿挫	→	讲话时注意音调的高低起伏，避免平铺直叙、过于呆板的音调，以增强谈话的效果
讲话速度适中	→	根据实际情况调整语速，语速不能过快，否则将不能给客户留下稳健的印象，同时也不能给自己留下思考的余地；不过也不应过慢，简洁明朗的语言才不会占用客户过多的时间
说话有条理、吐字清晰	→	避免咬字不清、词不达意或者发错音

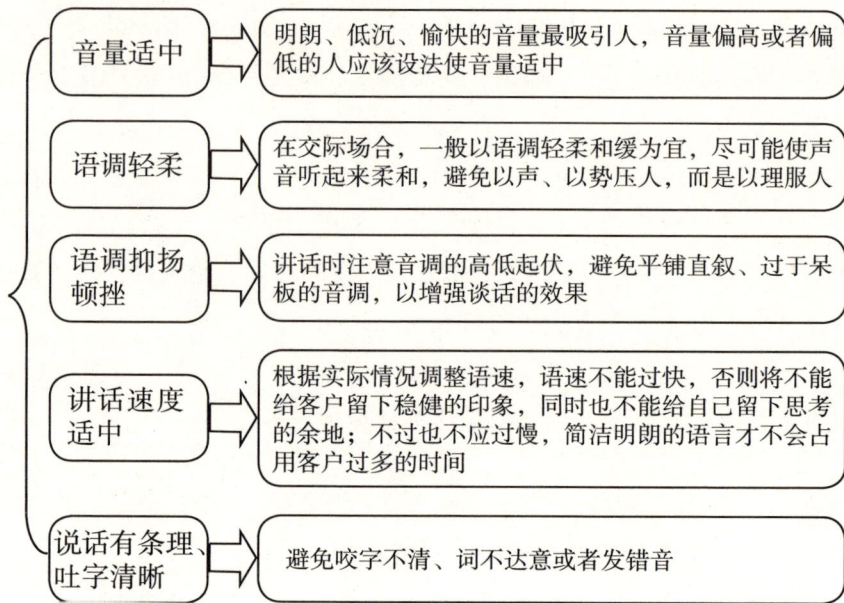

原则二　充满感情

销售员在与客户交流时，既存在着思想上的交流，也存在着感情上的沟通。如果销售员不善谈吐、缺乏热情，那么就会影响交谈气氛，使交谈气氛陷入僵局。

所以与客户交流时销售员务必做到以下问题：

● 约见遭遇不幸的客户时，语言专注，充满同情。

● 约见遇到喜事的客户时，谈吐充满真诚、热情、愉快，避免三心二意、心不在焉的态度。

原则三　充满信心

客户更倾向于同充满自信的销售员打交道，他们更能让客户产生认同感。作为一名销售员，如果想要说服客户，首先必须拥有自信的谈吐。

充满信心的方法包括：

● 语言标准，简洁明了。

● 熟悉产品、服务的相关知识。

● 对产品、服务、企业、工作充满信心。

原则四　礼貌用语不离口

在销售过程中，销售员每时每刻都需要注意正确使用服务用语，把"请"、"谢谢"之类的礼貌性语言作为主要词汇，极力表现出文明的一面。

　　如果销售员能够在谈吐上做到得体大方，自然能给客户留下好印象。不过，落落大方的谈吐礼仪并非一日之功，如果想达到高素质的水平，还需要销售员不断地学习提高。

　　既然礼貌用语对销售员来说十分重要，那么在与客户相处时应当使用哪些礼貌用语呢？

礼貌用语分类	详细话术
迎宾用语	"您好，请问您需要什么帮助？"
	"请进，欢迎光临！"
	"欢迎光临本店，请问您需要购买什么商品？"
友好询问用语	"请问您怎么称呼？我能帮您做些什么？"
	"请问您是第一次来吗？"
	"我们公司最近新推出了一款产品，十分适合您，向您简单介绍一下可以吗？"
	"请问您是自己使用，还是帮别人购买呢？"
	"您对我们的产品印象如何？可以简单说说您的意见吗？"
招待介绍用语	"这是我们的样品一览表，您可以先喝点水，慢慢浏览。"
	"您有什么不明白的地方，可以随时问我。"
道歉用语	"对不起，我好像没有听明白您刚才说的话。"
	"请您稍等，我为您查一下。"
	"麻烦您了！"
	"打扰您了！"
	"真的非常抱歉……"
	"不好意思……"
恭维赞扬用语	"我们的这款产品是专门针对像您这样的成功人士设计的。"
	"先生，您的学识真渊博，对产品了解得这么详细。"
	"小姐，您的眼光真好，这款饰品是最近最流行的。"
	"您的孩子真机灵，在平时一定也很招大家喜欢吧？"
	"您真是名副其实的成功人士，事业、家庭两不误啊！"
送客道别用语	"请您慢走，欢迎下次惠顾。"
	"如果您回去有什么不明白的地方，可以随时和我联系。"
	"您不用担心，买不买都没有关系，能交到您这个朋友我就已经很高兴了！"

原则五　尽量使用令客户舒适的谈吐方式

一个人的谈吐方式与这个人的个性、价值观、认知水平、生活背景、家庭背景和社会阶层等因素密切相关，熟悉客户的谈吐方式，并从不同角度、有针对性地使用令客户舒适的谈吐方式，才能行之有效地赢得客户的好感和尊重。那么，哪些谈吐是需要避免的呢？

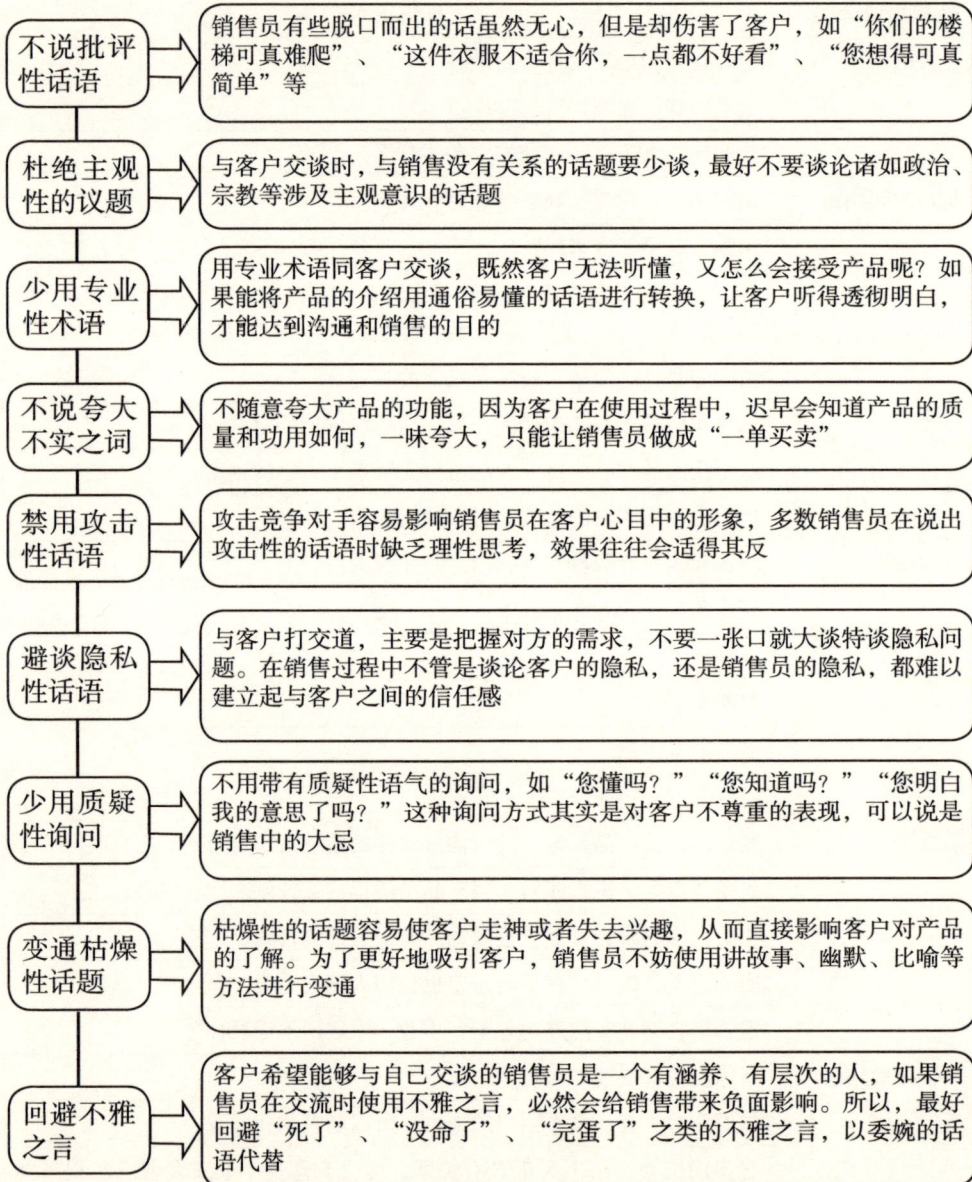

不说批评性话语	销售员有些脱口而出的话虽然无心，但是却伤害了客户，如"你们的楼梯可真难爬"、"这件衣服不适合你，一点都不好看"、"您想得可真简单"等
杜绝主观性的议题	与客户交谈时，与销售没有关系的话题要少谈，最好不要谈论诸如政治、宗教等涉及主观意识的话题
少用专业性术语	用专业术语同客户交谈，既然客户无法听懂，又怎么会接受产品呢？如果能将产品的介绍用通俗易懂的话语进行转换，让客户听得透彻明白，才能达到沟通和销售的目的
不说夸大不实之词	不随意夸大产品的功能，因为客户在使用过程中，迟早会知道产品的质量和功用如何，一味夸大，只能让销售员做成"一单买卖"
禁用攻击性话语	攻击竞争对手容易影响销售员在客户心目中的形象，多数销售员在说出攻击性的话语时缺乏理性思考，效果往往会适得其反
避谈隐私性话语	与客户打交道，主要是把握对方的需求，不要一张口就大谈特谈隐私问题。在销售过程中不管是谈论客户的隐私，还是销售员的隐私，都难以建立起与客户之间的信任感
少用质疑性询问	不用带有质疑性语气的询问，如"您懂吗？""您知道吗？""您明白我的意思了吗？"这种询问方式其实是对客户不尊重的表现，可以说是销售中的大忌
变通枯燥性话题	枯燥性的话题容易使客户走神或者失去兴趣，从而直接影响客户对产品的了解。为了更好地吸引客户，销售员不妨使用讲故事、幽默、比喻等方法进行变通
回避不雅之言	客户希望能够与自己交谈的销售员是一个有涵养、有层次的人，如果销售员在交流时使用不雅之言，必然会给销售带来负面影响。所以，最好回避"死了"、"没命了"、"完蛋了"之类的不雅之言，以委婉的话语代替

原则六 注意说话的分寸

在与客户交谈时，有些销售员说到兴奋处就忘乎所以、口无遮拦。这种做法不但不礼貌，还会损坏自身的形象。那么，销售员应该如何注意说话的分寸呢？

> 当客户谈到兴浓时，认真倾听，不与客户抢话，不直接反驳客户

> 对于不知道的事情，不可胡乱发表意见，以免留给客户不专业、夸夸其谈的印象

> 不在客户面前谈论他人的重要隐私和缺陷，否则会失去客户的信任

> 避免谈论容易引起争议的话题，以免转移客户的注意力，影响销售进程

> 避免使用低级趣味的例子或故事，以免降低自身的品位和修养，影响销售进程

原则七 交际距离适当

销售沟通是同客户沟通思想，为了达到这一目的，销售员除了需要注意说话的内容，同时还要注意说话时声音的轻重和距离的远近，以便客户能够听得清楚、明白。

从礼仪上来说，双方交谈时距离适当，还是一个事关礼貌的问题。

所以，从礼仪方面来说，一般在同客户交谈时保持一两个人的距离是最合适的，能够让客户主观感觉到销售员的热情和高素质。

离得过远	会让客户误以为销售员不够热情，不愿表示友好和亲近，这是失礼的
离得过近	稍有不慎就会把唾沫溅在客户的脸上和身上，这也是令人讨厌的
用手掩住口部	虽然与客户拉近了距离，同时也避免了唾沫溅到客户脸上，但是这种举动看起来像交头接耳，不够大方、沉稳

第3节 微笑的魅力

自测题

1. 在与客户初次见面时，你是如何用微笑赢得客户信任，迅速拉近与客户之间的心理距离的？

_____

_____

2. 你认为自己的微笑符合销售礼仪吗？你有哪些提高微笑魅力的方法呢？

_____

_____

案例分享

美国"旅馆大王"希尔顿于1919年开始经营旅馆生意。为使旅馆更有前途，希尔顿希望能通过一种简单、容易、不花本钱而行之久远的方法去吸引客户。但是他想了很久，也没有想到一种行之有效的方法。于是他逛商店、走访别的旅店，以自己作为一个客户的亲身感受，找到了一个好方法：微笑服务。

从此，希尔顿实行了微笑服务这一独创的经营策略。希尔顿除了尽力为客户创造一个完整的住宿系统，同时还不忘为客户提供一流的微笑服务。他在向员工培训时说："如果一家旅馆单有一流的设备，而没有一流的服务，那么客户宁愿弃之，住进地毯陈旧，却到处可以见到微笑的旅馆。"

他每天对销售员说的第一句话就是"你对客户微笑了没有"。希尔顿要求每个员工不论如何辛苦，都要对客户投以微笑。即使在旅店业务受到经济萧条的严重影响时，他也经常提醒员工记住："万万不可把我们心里的愁云摆在脸上，无论旅馆遭受什么困难，希尔顿旅馆的服务员脸上将永远是属于客户的阳光般的微笑。"

事实证明，希尔顿的微笑方法是正确的。因为希尔顿旅馆在希尔顿的领导下逐步变得强大，直到成为今天驰名全球的希尔顿酒店。

深度剖析

希尔顿的生意如此之好，财富增加得如此之快，其成功的一个重要秘诀就是微笑服务。销售员如果能够以一流的微笑服务客户，不仅可以吸引越来越多的客户，同时还能有效地留住客户。

微笑是最富吸引力的面部表情，它可以与人的语言、行为相互配合，表现出人际交往中友善、诚信、谦恭的感情因素。一个总是微笑的销售员，客户当然喜欢同其打交道。

微笑虽无须成本，但却有讲究，并不是所有的微笑都能打动客户的心。这是因为，微笑并不是简单的面部表情，而是体现了销售员整个人的精神面貌，如果脸上带着"职业性的微笑"，心里面却厌恶和排斥客户，自然不能达到理想的效果。

那么，什么样的微笑才具有魅力呢？

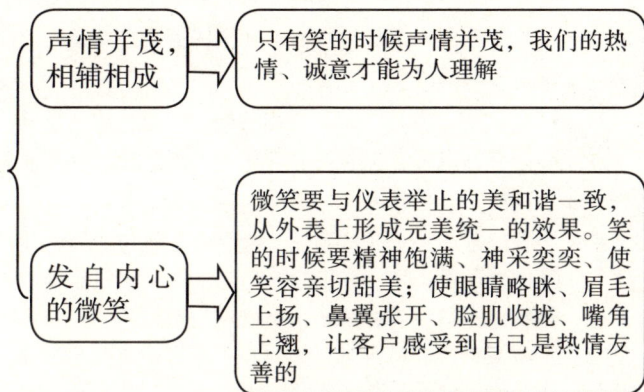

声情并茂，相辅相成	只有笑的时候声情并茂，我们的热情、诚意才能为人理解
发自内心的微笑	微笑要与仪表举止的美和谐一致，从外表上形成完美统一的效果。笑的时候要精神饱满、神采奕奕、使笑容亲切甜美；使眼睛略眯、眉毛上扬、鼻翼张开、脸肌收拢、嘴角上翘，让客户感受到自己是热情友善的

微笑是与人交流的最好方式，也是个人礼仪的最佳体现。微笑本身和一个人的性格无关，如果能够在生活中有意识地练习，自然能练就温暖、亲切而充满魅力的笑容。

练习微笑并非简单的事情，如果每天对着镜子摆笑脸，是枯燥无味的。为了帮助销售员练就更生动、亲切的笑容，我们提供了下面的微笑训练法。

训练方法	详细做法
对镜微笑练习法	衣冠整洁地端坐镜子前，以轻松愉悦的心情，调整呼吸至自然顺畅，然后静心3秒钟，开始微笑——双唇轻闭，嘴角微微翘起，面部肌肉舒展开；同时注意眼神的配合，做到眉目舒展。 反复多次进行练习，时间、长度因人而异。销售员也可播放节奏轻快的背景音乐，以达到更好的效果
模拟微笑练习法	轻合双唇；两手食指伸出，指尖对接，其余四指并拢，放在嘴前15~20厘米处；将两手食指尖以缓慢的速度分别向左右移动，使之拉开5~10厘米的距离，与此同时，嘴唇随着两手食指的移动同时加大唇角的展开度，并在意念中形成美丽的微笑，且保持微笑停留数秒钟；将两食指缓慢匀速地向中间靠拢，直至相接，与此同时，微笑的唇角要缓缓同步收回。如此反复练习20~30次。 在运用此种练习方法时，应将微笑缓缓展开、收住，切忌突然大笑或停止微笑
情绪诱导法	通过寻求外界诱导、刺激，以引起情绪的愉悦和兴奋，从而唤起微笑。例如，翻看以往的照片、录像，回想过去的幸福生活；阅读喜欢的书目，联想幸福的未来；播放喜欢的、温馨的音乐，以期在欣赏中引发微笑。如果有条件的话，销售员也可以用摄像机记录下来
唤醒记忆法	唤醒记忆法也被称为"情绪记忆法"，就是将自己过去那些最愉快、喜悦的景象从记忆中唤醒，使这些情绪重新袭上心头，从而引发惬意微笑的方法
观摩欣赏法	可以几个人凑在一起，互相观摩、议论交流、鼓励，相互分享、开心微笑；也可在平时留心观察他人的微笑，将别人微笑的画面封存在记忆中，时时模仿
含箸法	含箸法是一种日式练习法，也是商务礼仪中经常使用的练习方法。具体做法是选用一根洁净、光滑的圆柱形筷子横放在嘴中，用牙轻轻咬住；然后对着镜子，试着摆出普通话"一"音的口型，认真观察微笑状态。销售员在练习时应尽力抬高嘴角两端，下唇与上唇迅速并拢，且不要露出牙齿。如此反复几次，直到感觉自然为止。 含箸法的缺点是无法观察到双唇轻闭时的微笑状态
意念法	意念法适用于有微笑基础，或善于微笑的人。这种方法无须使用镜子或其他的道具，可以随时、随地地进行练习，具体做法是用意念控制情绪，驱动双唇，从而达到最佳的微笑状态
理智法	坚信"客户是上帝"、"客户至上"的理念；善于控制自己的情绪，学会过滤烦恼，将生活中不愉快的事情过滤掉，避免在客户面前表露出来

续表

训练方法	详细做法
心神合一微笑法	此种微笑方法应发自内心，不仅嘴唇要动，同时眼神也要含笑，即口眼结合。具体做法是将一张厚纸遮住鼻子以下的部位，然后对着镜子练习微笑的眼神，直到看到眼神中含笑为止。 反复练习，仔细体会，力求在不对着镜子的情况下也能自然地表现出来

练习微笑的方法很多，只要坚持练习，就能达到良好的效果。若将几种方法配合使用，如将对镜法、意念法和记忆提取法配合使用，则能达到最佳的效果。

第4节 塑造不卑不亢的气场

自测题

1. 在与客户接触时，你是怀着为客户解决问题的心态，还是在潜意识里觉得低客户一等呢？你认为不同心理分别会对销售结果产生怎样的影响呢？

_____

_____

2. 当客户提出一些过分的要求时，你会为了赢得客户的好感，而违反自身的原则和公司的规定接受吗？

_____

_____

3. 在遇到小客户或者不断讲价的客户时，你是如何做的？是否会表现出不耐烦的情绪呢？

_____

_____

案例分享

琼斯准备约见一位客户，在电话里，这位客户同琼斯把约见地点定在办公室里。琼斯十分守约，按照规定的时间来到了客户的办公室。但是，当琼斯前脚刚迈进办公室，客户就傲慢地向琼斯打手势："你先等我一下，散会后我们再谈。"说完就去开会了，把琼斯一个人留在这里。

琼斯整整等了一个小时，客户才开完会回到了办公室，他见到琼斯并没有道歉，而是不屑地告诉琼斯："我只有15分钟的时间，很忙，有什么事情你就快说吧！"说完，向桌子后面的椅子上一靠，并跷起了二郎腿。

看到客户的举动，琼斯虽然心中不满，但是他暗暗下定决心，一定要将客户的嚣张气焰打下去。

于是，琼斯笑着告诉客户："张部长，您开了这么长时间的会议，肯定很累了。我们先不谈生意，您先喝杯水休息一下。"接着，琼斯给客户接了杯水送了过去，但是当水端到客户的面前时，琼斯并没有递到客户手里，而是停在了客户头顶的上方，示意客户站起来接过水杯。

看到琼斯这样的举动，客户坐不住了，急忙把腿放下，站起准备接过水杯。在客户伸手准备接水杯时，琼斯并没有将水递给客户，而是一字一顿地对客户说："您贵为部长，我相信您一定比我更知道待人接物的方法。"听到琼斯这样说，客户抬头看了琼斯一眼，伸出双手接过琼斯递过来的水杯，并向其表示了感谢。

紧接着，客户非常有礼貌地对琼斯说："我很欣赏像你这样的人，你给我上了一堂重要的课，我们坐下来谈吧！"

接下来的时间里，琼斯整整同客户聊了一个小时。双方不仅成为长久的合作伙伴，而且还成为很好的朋友。

深度剖析

琼斯在嚣张的客户面前表现出了一种不卑不亢的气场，不仅没有被客户厌恶，反而令客户不敢小瞧自己，从而使双方站在一个平等的位置上交流，进而实现成功合作。由此可见，一味地讨好客户、过度热情并不是赢得客户信任和好感的法宝，塑造不卑不亢的气场才能赢得客户的尊重。

不卑不亢是一个人内心强大的表现，做销售这一行，不卑不亢是赢得客户尊重的关键。因为销售员需要不断与客户接触，销售员的修养、人生观、自信心等都会通过其一举一动反映出来。

事实上，销售员向客户销售的目的是帮助客户节省时间，改变生活、工作方式，为客户解决问题。销售员在服务客户时，如果能秉持这样的心态，便能将不卑不亢的气场由内而外地表现出来，从而感染客户，掌控整个销售局面。

那么，销售员应该如何塑造不卑不亢的气场呢？

方法一　正确看待自卑

自卑是销售从业者的大忌。若销售员一旦遇到客户拒绝或不如人时，便心灰意冷，失去拼搏的勇气，就会影响销售能力的发挥。事实上，很多销售的失败并不是客户方面的原因，而是由于销售员怀着自惭形秽的自卑情绪，在遭到客户拒绝之前就进行了自我否定。

那么，哪些方法有助于销售员正确看待自卑呢？

- 提供真正满足客户需求的产品，切实做好售前、售中及售后相关工作。
- 不把自己放在低人一等的位置上，争做客户问题的出谋划策者。
- 有自己的做事原则，坚决不做违反原则的事情。

方法二　自信而不自负

不卑不亢是销售员在销售过程中赢得客户尊重的根本，也是一切行动的源动力。一名优秀的销售员，除了需要对自己充满自信，还要对公司以及公司的产品充满自信，如此才能感染客户，增强彼此的信任感。

然而凡事都有个度，过分自信，反而会走上另一个极端——自负。

针对这种情况，销售员可以选择以下方法远离自负。

- 不因客户利润小而表现得不在乎。
- 不因销售业绩高而表现得自满。
- 销售过程不可意气用事。
- 面对客户不可过于自以为是。

无论同何种类型的客户接触，在待人接物时，销售员都应塑造不卑不亢的气场，如此才能赢得客户的尊重和青睐，在销售领域获得成功。

方法三　为自己的职业角色正确定位

销售是一门挑战性极强、非常能够锻炼人的职业，许多企业家、成功人士都是销售员出身的。而且，销售员与客户之间的关系并非是奴仆关系，而是帮助客户处理问题、节省时间、改变生活方式的协助者。

在认清职业角色定位的前提下，销售员才能够落落大方、从容不迫地面对客户的目光，用不卑不亢的气质赢得客户的尊重。

方法四　塑造坚强的性格

有自卑倾向的销售员，可以通过锻炼、自我教育等方法塑造坚强的性格。具体塑造方法有以下 3 种。

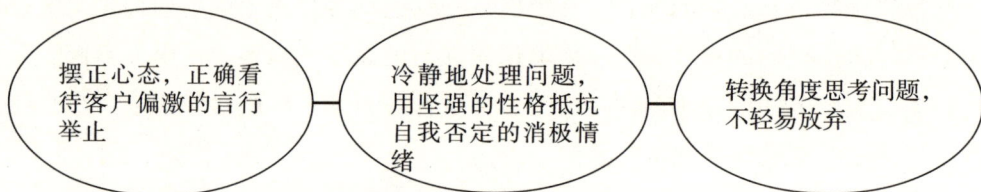

```
┌──────────────┐  ┌──────────────┐  ┌──────────────┐
│ 摆正心态，正确看 │  │ 冷静地处理问题， │  │ 转换角度思考问题，│
│ 待客户偏激的言行 │  │ 用坚强的性格抵抗 │  │ 不轻易放弃     │
│ 举止        │  │ 自我否定的消极情 │  │           │
│            │  │ 绪        │  │           │
└──────────────┘  └──────────────┘  └──────────────┘
```

方法五　用干练的外在形象为气场加分

在销售过程中，销售员的外在形象是一个十分重要的因素。对于销售员来说，想要有效地推销自己，进而成功地销售产品，首要任务就是提升个人形象，用整洁、得体、干练的外在形象赢得客户的信任与好感。

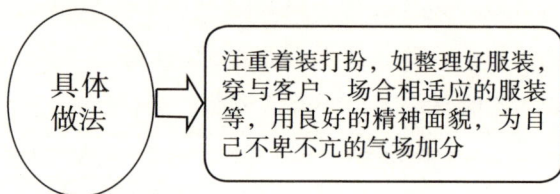

```
┌────────┐      ┌──────────────────────┐
│ 具体    │ ⇨   │ 注重着装打扮，如整理好服装，│
│ 做法    │      │ 穿与客户、场合相适应的服装 │
└────────┘      │ 等，用良好的精神面貌，为自 │
                │ 己不卑不亢的气场加分      │
                └──────────────────────┘
```

方法六　有"骨气"地销售

有些销售员会在潜意识里觉得比客户低一等，认为向客户推销是在向其乞讨生意，客户购买产品是看得起自己。在这种心理的促使下，销售员往往会陷入极端被动的状态，常常错失销售良机。

那么，有哪些方法可以增强销售员的气场呢？

● 在客户提出一些会对公司或者销售员产生不良影响的要求时，应毫不犹豫地表明态度，不可为了完成销售工作而没有原则地讨好客户。

● 面对客户的负面评价时，坚信自己的产品和服务具有独特的优点，能够给客户带来一定的收益和价值，客户用钱购买产品是在做等价交换。

● 不趾高气扬，也不低声下气，而是作为客户的朋友，为客户出谋划策。

第5节　让举止和手势稳健优雅

自测题

1. 在销售过程中，你是否注意并重视过自己与客户接触时的行为举止？你认为哪些举止和手势是优雅稳健的？

_____

_____

2. 你认为与客户相处时的举止都有哪些？你是如何在销售过程中正确运用它们的呢？

_____

_____

3. 你认为什么样的手势能够体现出一个人的稳健优雅？你是否清楚这些手势所代表的意思和详细的做法呢？

_____

_____

案例分享

　　周羧是一家劳保用品公司的销售员。这天，他约见了一家正在四处寻找物美价廉劳保用品的公司。周羧穿着黑色的西装、白色的衬衣，看起来很讲究。

　　周羧在进行了简短的自我介绍后，表示自己公司的产品价格比市场价平均低了15%，而且质量绝对有保证，如果三个月内出现问题，公司将无条件退换货。

　　客户听了周羧的介绍，表示十分满意，并示意周羧坐下来详谈。周羧看到客户这么主动，便感觉胸有成竹了，于是得意地跷起二郎腿，并随意晃动起来。

　　接着，周羧又点上了一根烟，旁若无人地抽起来。而客户的办公室是无烟办公室，因此也没有烟灰缸，周羧就随意地将烟灰弹在了地上，并在介绍产品的过程中不时用夹着半截烟的手指着客户。

当周羧结束滔滔不绝的介绍后，客户皱着眉说："说实话，你的产品确实无可挑剔，而且还有15%的优惠。如果我们需要的话，日后再和你联系，今天就先到这里吧！"

听到客户的话，周羧的脸上露出了无法置信的表情，他停止了腿的抖动，呆在了那里。很明显，他已经失去了与客户合作的机会。

深度剖析

周羧在与客户接触时不注意举止和手势，跷起二郎腿并抖动双腿，随地弹烟灰，用夹着烟的手指指着客户等行为极不礼貌，即使产品具有显著的优势，最终却因此失去了与客户合作的机会。销售产品首先要销售自己，只有在客户面前表现出优雅、有修养的形象时，客户才会愿意同你合作。

常言道："站如松，坐如钟，行如风，卧如弓"，行为举止是一个人性格、修养的外在体现。销售员的举止和手势是销售礼仪的重要组成部分，直接影响到客户对销售员的观感和评价。如果销售员在销售过程中不注重这些方面，轻则会留给客户不好的印象，重则会对销售业绩产生一定的影响。

一 站姿

站立是一种本能，站姿则是一个人站立的姿势。站姿又名"立姿"、"站相"，不但是最基本的姿势，而且还是个人礼仪的核心。对于每个追求优雅礼仪的销售员来说，站立姿势是所有仪态的核心，如果站姿不够标准，其他姿势根本谈不上优美。什么样的站姿才符合销售礼仪标准呢？

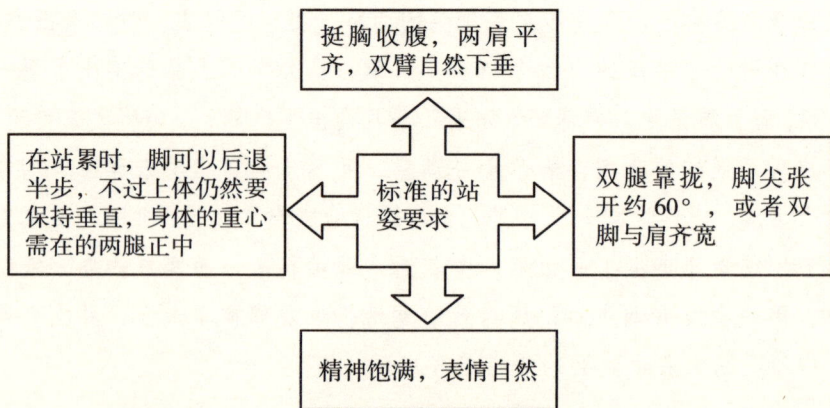

挺胸收腹，两肩平齐，双臂自然下垂

在站累时，脚可以后退半步，不过上体仍然要保持垂直，身体的重心需在的两腿正中　　←　标准的站姿要求　→　双腿靠拢，脚尖张开约60°，或者双脚与肩齐宽

精神饱满，表情自然

　　由于销售员在会见客户时会遇到各种不同的情况，除了标准站姿，不同情况下对销售员的站姿要求自然不同。为了更好地体现站姿，销售员可以提前了解客户，并对着穿衣镜进行练习，只要动作不过分做作，自然能找到最适合自己的优雅站姿。

不同情况的分类	对应站姿
站立时	如果空着手，双手在体前交叉或者右手放在左手上；如果背有背包，可利用背包摆出优雅姿势，如一手插口袋，或者一手轻推皮包等
与人谈话时	面向对方站立，并保持一定的距离，太远或者太近都是不礼貌的。站立姿势要正，可以稍微弯腰，不过不能出现两腿分开距离过大、倚墙靠柱、手扶椅背等不雅姿态
向长辈、朋友或者同事等做自我介绍时	无论握手还是鞠躬，双足应并立，且相距 10 厘米左右，同时膝盖挺直
等车或者等人时	两脚的位置可以一前一后，并保持 45° 角
销售员为女士时	主要站姿为前腹式，双腿基本并拢，脚位需要与穿戴的服装相适应，若穿紧身裙时，脚跟靠紧，脚掌分开呈 "V" 或者 "Y" 状；若穿礼服或者旗袍时，最好一只脚略前，一只脚略后，两脚应前后距离 5 公分，将身体重心放在其中一只脚上，两腿贴近，双手叠放在下腹部
销售员为男士时	站姿要稳健，双脚叉开与肩同宽，可采取双手相握、叠放胸前式站姿，或者采用将双手背于身后并相握的后背式站姿

二　坐姿

　　坐姿是人们在销售交际中采用最多的姿势。坐姿首先要坐得舒适自然，其次才是端庄大方。坐姿整体上分为入座、坐定和离座三种情况。

　　那么，究竟怎样才是"坐有坐相"呢?

| 入座 | ➡ | 讲究顺序，礼让尊长；注意方位，从左入座；背对座椅，落座无声 |

⬇

| 坐定 | ➡ | 上体挺直，头部端正；双目平视，两肩齐平；下颌微收，双手自然搭放 | —坐定后— |

| 男士 | ➡ | 双膝并拢或者微微分开，并可视情况向一侧倾斜，两脚自然着地。就座时不要满座，而是正襟危坐，双目正视对方，面带微笑，以表示对客户的尊重 |

| 女士 | ➡ | 腰背挺直，手臂放松，双腿并拢，目视于人。双手可轻搭在沙发或者扶手上，不过手心不可向上，可双手交叉，放在双腿上，也可以将左手掌搭在腿上，右手掌搭在左手背上 |

⬇

| 离座 | ➡ | 离座同就座一样，同样需要注意先后顺序。离座礼仪为起身轻稳，自左离开，站好再走 |

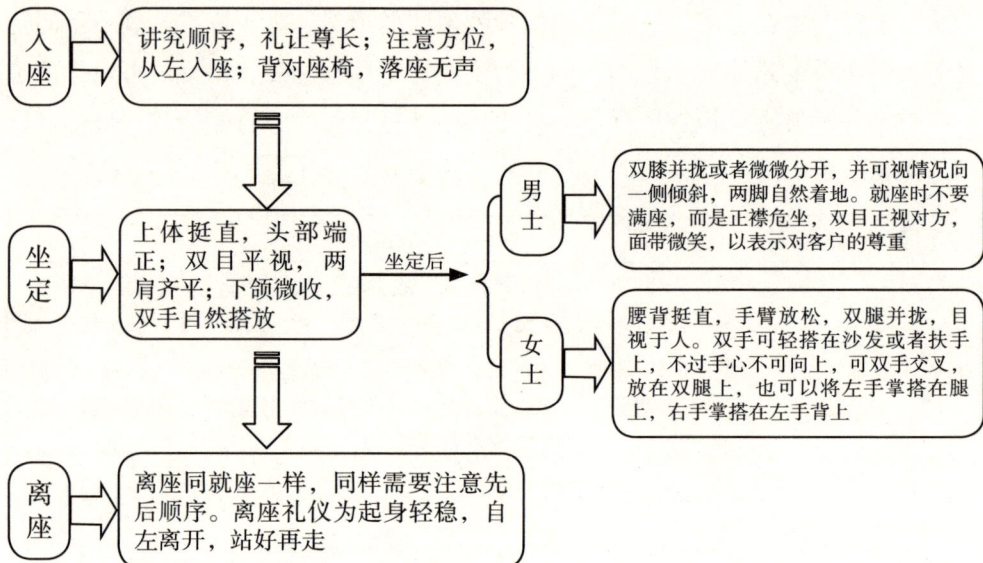

销售员由于时常与客户相处，对于自己的坐姿应该有所禁忌，否则不良的坐姿将很可能给客户留下漫不经心、狂妄自大、缺乏耐心等不良印象。

那么，对于销售员来说，哪些坐姿需要避免呢?

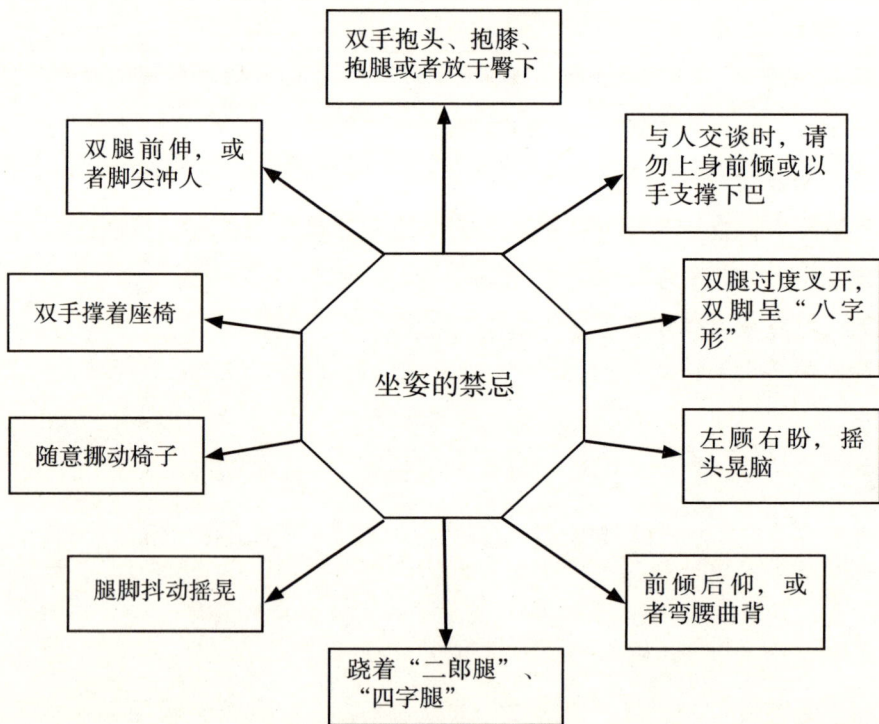

坐姿的禁忌

- 双手抱头、抱膝、抱腿或者放于臀下
- 与人交谈时，请勿上身前倾或以手支撑下巴
- 双腿前伸，或者脚尖冲人
- 双腿过度叉开，双脚呈"八字形"
- 双手撑着座椅
- 左顾右盼，摇头晃脑
- 随意挪动椅子
- 前倾后仰，或者弯腰曲背
- 腿脚抖动摇晃
- 跷着"二郎腿"、"四字腿"

坐姿同站姿一样,需要根据不同的情况,与环境、场合相适应;若在公共场合,就不要趴在桌子上,半坐在桌子上或者椅背上等。

三　行姿

行姿也称走姿,指一个人在行走的过程中展现的姿态。好的行走姿势可以帮助销售员吸引客户,有助于培养和建立销售员的自信心,也能锻炼销售员的综合素质,有助于销售员的自我提升。

事实上,行姿分为步态和步子两个方面,如果想以完美的走姿赢得客户好感,首先要具备正确、标准的步态和步子。

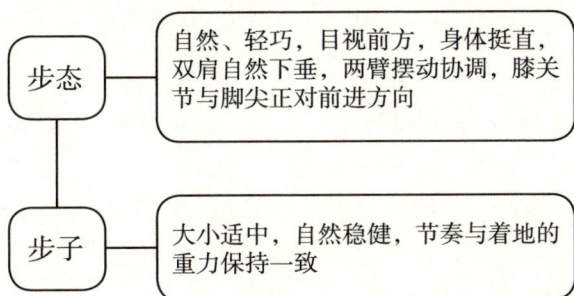

步态　── 自然、轻巧,目视前方,身体挺直,双肩自然下垂,两臂摆动协调,膝关节与脚尖正对前进方向

步子　── 大小适中,自然稳健,节奏与着地的重力保持一致

其实每个人都会行走,那么如何行走,才能体现出自身的素质,让一个人看起来更高雅呢?作为销售员,在销售过程中如何行走才能更好地凸显自身的优雅呢?这当然不可缺少以下5大要点。

● 上体伸展。上体笔直稍向前倾,下巴前伸,高抬头,两肩向后舒展。

● 伸直膝盖。展开膝盖,并伸直膝盖,然后大步伐行走。

● 脚跟先着地。前脚着地时,脚跟先着地,身体重心落在脚跟上,然后,身体重心由脚掌向前脚尖方向“滚转”,最后到达脚尖。

● 摆胳膊。右脚向前迈出,左手向前摆。特别是当膝盖伸直,脚向前方迈出时,胳膊应与脚的动作相适应,自然摆出。

● 有精神。走路不要弯腰或者无精打采,否则将难以给客户留下良好的印象。

走姿是销售员在销售过程中最常见的动作,销售员的走路样子千姿百态,有些销售员在走路时步伐矫健、轻松灵活,能够留给客户沉着、庄重、斯文之感,但是也有些销售员不重视步态美,行走时弯腰驼背、低头无神,给客户一种倦怠疲惫、老态龙钟的感觉,以致影响到销售结果。那么销售员在走路时应该注意哪些事项呢?

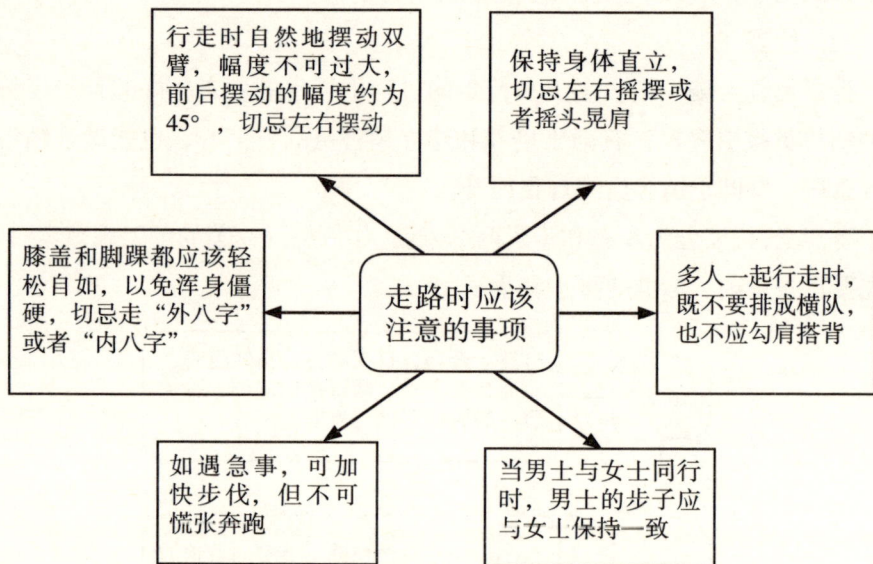

行走时自然地摆动双臂，幅度不可过大，前后摆动的幅度约为45°，切忌左右摆动

保持身体直立，切忌左右摇摆或者摇头晃肩

膝盖和脚踝都应该轻松自如，以免浑身僵硬，切忌走"外八字"或者"内八字"

走路时应该注意的事项

多人一起行走时，既不要排成横队，也不应勾肩搭背

如遇急事，可加快步伐，但不可慌张奔跑

当男士与女士同行时，男士的步子应与女士保持一致

下面，我们根据不雅走姿总结出了七句口诀，以便销售员记忆。

不雅行姿有：

● 方向不定，忽左忽右。

● 瞻前顾后，左观右看。

● 速度不均，忽快忽慢。

● 声响过大，妨碍他人。

● 八字步态，实不雅观。

● 多人行走，勾肩搭背。

● 奔跑跳跃，大声喊叫。

总之，行走的姿态千变万化，没有固定的模式，可以轻盈矫健，可以精神抖擞，只要能够在交际场合表现出自己个性且协调的走姿，就是稳健优雅的。

四 蹲姿

蹲姿也就是人们蹲下时的姿态。在销售过程中，如果帮助客户捡拾物品时，将不可避免地会用到蹲姿。

蹲姿一般有 3 种分类。

● 单膝点地式。下蹲后一腿弯曲，另一条腿跪着。

● 双腿交叉式。下蹲时双腿交叉在一起。

● 双腿高低式。下蹲后双腿一高一低，互为倚靠。

蹲姿同站姿、坐姿一样，也是有禁忌的，如果不加注意，就可能导致尴尬的局面。尤其是女性销售员，则需要更加注意。

● 面对他人下蹲。

● "洗手间"蹲姿——双腿平行叉开下蹲。

除了举止，手势作为一种交流符号，在销售中具有同样重要的意义。手势从古至今都是一种重要的肢体语言，恰当的手势可以提升销售员的个人形象、增添个性魅力。下面我们来认识一下常见的手势语。

文明手势语的种类	代表意思	详细做法	注意事项
直臂式	直臂式一般用于引导动作	手指自然并拢，手掌伸直，屈肘从身前向宾客要去的方向抬起，当摆到肩的高度时停止	在引导客户时，勿用一根手指头作为指向标，这是很不礼貌的动作
横摆式	表示"请进"、"请"的意思	以肘为轴，微弯，保持腕低于肘部，手心向上，五指并拢，手掌自然伸直，从腹部同时向前、向上轻缓地抬起并往一旁摆出。与此同时，头部和上身略微向伸出手的一侧倾斜，另一只手可自然下垂	一定要微笑，并让客户感受到自己得到了尊重和欢迎
双臂横摆式	对众多客户表示"里边请"的意思	可用两臂同时进行，较横摆式来说，双臂横摆式的动作要稍大些，只要两肘微屈，上抬，向两侧摆出即可	引导方向的一侧手臂应高于另一侧手臂，同时要保持自然伸直，另一侧手臂可弯曲一些
前摆式	当手中拿有东西接待客户时，就可用单手做简单的前摆式动作	以肩关节为轴，手指并拢，手掌伸直，从体侧抬起，手臂微屈，摆到与腰的高度平行时，向右方摆出，动作轻微即可	面带微笑地目视客户
斜摆式	引导客户入座	手从一侧抬起，当与腰部平行时，向下摆去，使手臂成一斜线	不可忽视细节动作
回应式	向客户表示友好	当客户向销售员伸出手时，与客户伸出的手相握	应及时予以回应，避免熟视无睹或漫不经心
手掌式	对客户的尊重，以及诚恳的合作欲望	掌心向上	指小的东西或细微之处，用食指指出，且手掌朝上较好

续表

文明手势语的种类	代表意思	详细做法	注意事项
拳头式	表示隐忍、愤怒、进攻，或自卫	紧握拳头	最好避免在客户面前做出这种手势
	赞许、鼓励、祝贺、欢迎	鼓掌	不可过于用力或声音过大
手指式	表示夸奖	向客户伸出拇指	切莫在客户面前伸出中指、小指，或做出用手指点、摆弄手指等动作，否则会使魅力大减
	表示贬低	伸出小指	
	表示侮辱	伸出中指	
	含有教训人的意思	用手指指点	
	给人无聊的感觉	反复摆弄手指、活动关节，或是手指动来动去	
抱头式	本意是放松，在销售过程中表示目中无人	用单手或者双手抱在脑后	避免在客户面前表露出来
举手式	表示问候、致敬、感谢	举起手臂，掌心向外，面对客户，指尖朝向上方	不可忘记伸开手掌
握手式	表示欢迎、告别、慰问、感激、歉意等	伸出右手与人相握	一般握上3~5秒就行了，左手、双手相握都不宜使用

第6节 让幽默产生影响力

自测题

测试题目	选择项目	答案（多选）	得分
1. 你认为下列哪些类型属于幽默的类型	A. 轻松自嘲式 B. 装傻充愣式 C. 思维逆转式 D. 直接式		
2. 销售员在销售中运用幽默时，需要遵循的原则有哪些	A. 不嘲弄他人 B. 把握幽默时机 C. 找准幽默话题 D. 区分幽默场合		
3. 为了达到更好的效果，你认为下列哪些是销售员需要运用的幽默技巧呢	A. 巧用反话 B. 以进为退 C. 善用夸张 D. 反差对比		

答案：1.A、B、C；2.A、B、C、D；3.A、C、D。

得分规则：答对一个选项得10分，共100分。

参考解析：如果你得了0~60分，表明你对幽默方法不了解，或者没有对幽默的影响力予以足够的重视；如果你得了60~85分，表明你可能偶尔使用过幽默方法，但是效果并不理想；如果你得了85~100分，表明你对幽默的方法有着深入的了解，并能灵活运用，助自己一臂之力。

案例分享

理财销售员高欢通过朋友介绍，通过电话联络上了一位客户。这位客户是一家叫做"泰远"旅店的老板，由于旅店坐落在风景名胜区内，与高欢公司相距很远，所以双方一直通过电话沟通。在电话中，旅店老板表示对高欢销售的证券理财产品十分感兴趣，但是由于不能当面核实一些事情，单子迟迟没有签下。

为了尽早与客户达成合作，高欢决定亲自去拜访客户。

当高欢见到客户,并向客户介绍完产品之后,对方表示"这件事情我还要同我太太商量一下"。高欢在听到客户的托词后愣了一秒钟,很快,他想到这家旅馆的名字叫做"泰远",与"太远"同音。于是,高欢笑着对客户说:"来到贵店'太远',如果是'太近'的话,多来几次也无妨!可是偏偏我离这里很远……"

听了高欢的这番话,客户忍俊不禁,随即哈哈大笑。紧接着,客户一改之前的态度,表示不用同太太商量,直接同意了购买证券。

深度剖析

高欢在面临销售僵局时反应灵活,结合客户的旅店名称,恰当地使用幽默摆脱了尴尬困境。销售员在实际的销售工作中,常遇到突如其来的变化,所谓"计划赶不上变化",如果能够灵活运用幽默,则可巧妙地化险为夷。

美国心理学家赫布·特鲁曾说:"幽默可以润滑人际关系,消除紧张,减轻人的压力,使生活更有乐趣。"幽默作为一种交流工具,是客我双方建立信任、消除隔阂、创造交流机会的最佳策略,在帮助销售员向客户转达善意信息的同时,能让客户更加深刻地理解销售员的诚意。在销售中适时运用幽默,销售员就可巧妙地摆脱尴尬、冷场的局面,对销售起到推动作用。

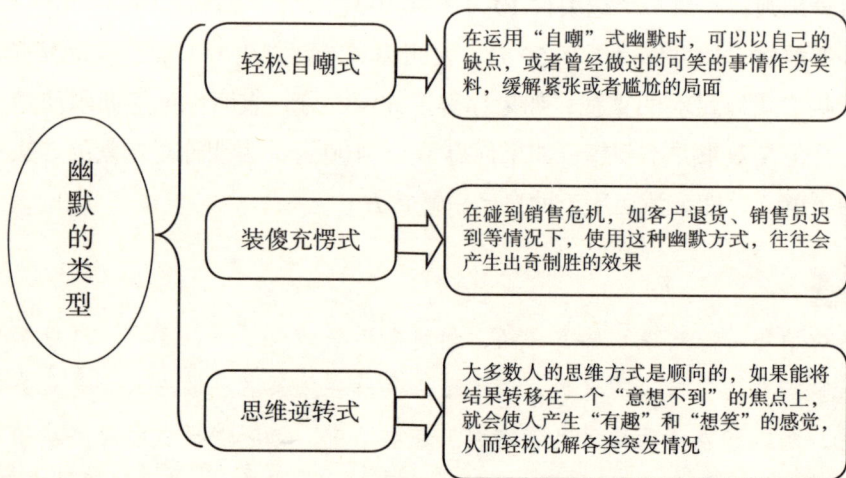

幽默的类型

- 轻松自嘲式 → 在运用"自嘲"式幽默时,可以以自己的缺点,或者曾经做过的可笑的事情作为笑料,缓解紧张或者尴尬的局面
- 装傻充愣式 → 在碰到销售危机,如客户退货、销售员迟到等情况下,使用这种幽默方式,往往会产生出奇制胜的效果
- 思维逆转式 → 大多数人的思维方式是顺向的,如果能将结果转移在一个"意想不到"的焦点上,就会使人产生"有趣"和"想笑"的感觉,从而轻松化解各类突发情况

幽默是否能够取得预期效果，与销售员是否在沟通过程中寻找富于机智的幽默材料，或是否准备了充足的笑话等关系不大，重要是销售员是否懂得运用幽默原则。

运用幽默的原则	详情
适度幽默	适当讲一些小笑话，能快速降低客户对销售员的敌意，但如果掌握不好分寸，运用过度，则会留给客户轻浮、不可靠的印象
幽默时保持微笑	在使用幽默技巧的过程中，销售员一定要保持微笑，否则很可能被误认为是讽刺
不嘲弄他人	不在客户面前嘲弄其他客户或竞争对手，以防传到当事人耳中，或者留给客户负面印象
自我调侃	在正式场合，使用幽默之前，一定要事先确定幽默的内容是否真的存在笑点，否则只能让气氛更加尴尬
以个人经历为幽默素材	可以讲述发生在办公室里，或者自己做过的幽默事件，以个人经历为素材，可以有效地避免使用客户听过多次的幽默素材
把握好幽默时机	在销售的整个过程中，最适合幽默的时机就是处理异议阶段。当客户的异议很难处理时，销售员可以借助幽默将客户异议轻松带过，从而让客户自觉不再提出此种异议
建立笑话档案	在平时的生活和工作中随手记录下有趣的事情，在调节气氛时可以此为幽默话题
将问题变成机会	运用幽默语言，将客户提出的问题转变成销售的机会
注意幽默内容	可以对一些紧急出现的尴尬场面进行调侃幽默，但是不要拿客户的一些私人问题作为幽默素材；同时措辞要明白清晰，避免引起不必要的误解
幽默话题内容不应冲淡谈话主题	始终明确约见主题，避免转移话题，冲淡谈话主题，从而导致交易失败
区分客户	在幽默前，首先应认真倾听，判断出客户属于哪种类型或者性格的人，分析客户是否喜欢幽默，并确信一定不会激怒对方。如果客户为一本正经、喜欢直截了当的客户，那么就不适合运用幽默
区分场合	如果是在比较严肃的会议或者在商谈比较重要的事情，那么则不宜幽默
找准幽默话题	以免造成冷场和尴尬

通常来讲，具有幽默感的销售员，能够在更短的时间内缩短与客户之间的距离，同时赢得客户的好感和信赖。那么，如何运用幽默技巧，才能达到更好

的效果呢？

- 诙谐适度。适当开一些玩笑，不过应注意把握分寸，不宜过头。
- 巧用反话。在一些销售场合，可以站在客户的立场上正话反说。
- 善用夸张。根据产品特点，巧妙运用夸张，从而激发客户的购买欲望。
- 反差对比。将两种毫不相关的观念或者事物放在一起，以形成强烈的反差。

可以说，幽默是销售成功的金钥匙，具有很强的感染力和吸引力，能够迅速打开客户的心灵之门。不过，在实际销售中，销售员只有把握好幽默的要素，不故作幽默，才能有效避免得不偿失。

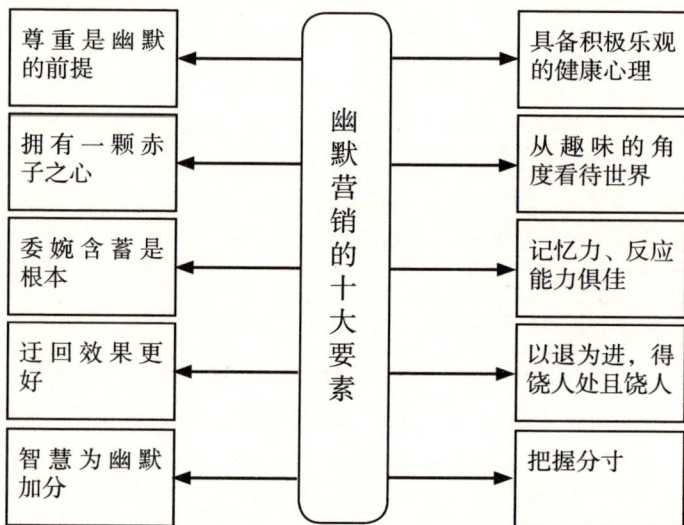

尊重是幽默的前提			具备积极乐观的健康心理
拥有一颗赤子之心			从趣味的角度看待世界
委婉含蓄是根本	幽默营销的十大要素		记忆力、反应能力俱佳
迂回效果更好			以退为进，得饶人处且饶人
智慧为幽默加分			把握分寸

第三部分　谈判篇

与客户进行有效的沟通

第5章　进行有效的产品介绍

第1节　将客户需求与产品卖点相结合

自测题

1. 在向客户介绍产品之前，你是否了解客户的需求？你是从哪些方面来进行了解和判断的？

_____

_____

2. 在销售之前，你是否了解所销售的产品的卖点？你是从哪些方面进行了解的？

_____

_____

3. 在为客户介绍产品时，你是否能够将产品的卖点与客户的需求相结合呢？客户认为产品符合自己的购买标准吗？

_____

_____

案例分享

挖掘机销售员小高了解到客户何经理有购机需求，于是主动与何经理取得了联系。

在与客户见面时，小高起先并没有介绍产品，而是询问了客户目前主要的工程需求。在与客户的沟通中，小高了解到客户购买挖掘机主要是为了做楼房拆除，而且之前没有任何挖掘经验。

于是，小高针对客户需求进行了详细分析：首先，客户的项目主要集中在拆楼方面，挖掘机经常要在瓦砾废墟中进行非地面状态的拆除作业，因此需要底盘宽大、履带很长，并具有良好稳定性的挖掘机；有时会遇到楼层较高的情况，此时就需要挖掘机具备加长臂的功能，而想要挖掘机具备这个功能，就意味着配备稳定，能够支持加长臂远距离操作的功能；此外，由于工期排得较满，挖掘机的质量需要得到保障，多次修复就会延误进度。

在对客户需求进行了分析之后，小高开始了产品介绍。客户听完小高的介绍，对产品十分满意，连连称赞挖掘机就像专门为自己设计生产的。

这时小高并没有向客户提出成交请求，而是为客户提供了挖掘机的检验合格证书以及一些客户使用此款挖掘机之后的意见反馈表。

果然不出小高预料，客户看完这些资料后，随即决定了同小高签单。

深度剖析

小高在约见客户时，没有像普通销售员一样直接向客户进行产品介绍，而是先询问客户的需求情况，然后针对产品进行了详细分析。在做完了这些准备之后，小高将产品的优势与客户的需求结合起来介绍产品，并不忘在最后出示证明产品卖点的证据，充分激发起了客户的购买兴趣，最终成功地签下了订单。

有效的产品介绍包括三个步骤，了解产品→了解客户→产品介绍。由此可见，要想在产品介绍过程中获得成功，首先需要了解产品以及客户的情况，而了解客户，主要是了解客户的需求，在发现客户的需求之后，将客户的需求与产品的卖点结合起来，这样才能促使客户做出购买决定。

销售员在销售中找到客户的需求，就是为了将其与产品的优势结合起来，从而转化为卖点。销售员明确客户的需求时，不仅需要从感性的角度出发，还要兼顾理性分析，在销售过程中需要按照以下几个步骤进行，才能得出最准确的结论。

调查客户信息	大量收集客户信息是定位客户需求的基础，通过各方面的信息，销售员可以从多个角度丰富自身对客户信息的把握，如通过公司已有的客户资料了解客户，或者通过对客户身边的人进行侧面了解
分析客户需求	对于收集到的信息，销售员需要经过细致分析来判断客户需求的变化趋势，以做到比客户更了解他自己
与客户进行沟通	这是定位客户需求的关键，通过与客户的沟通交流，销售员可以得到更多来自客户的正面信息，这些信息能够帮助销售员挖掘和创造客户需求
总结客户需求	经过沟通，销售员对客户的想法已经有了新的认识，此时可以结合之前对客户的了解、分析，及时总结出客户的需求，并通过询问确认客户是否认同
确定客户需求	在对客户进行询问时，客户会对销售员总结出的需求做出肯定或者否定回答，销售员可以据此判断出客户的真正用意，并通过继续沟通不断修正自己之前的定义，从而让客户正面确定自身需求

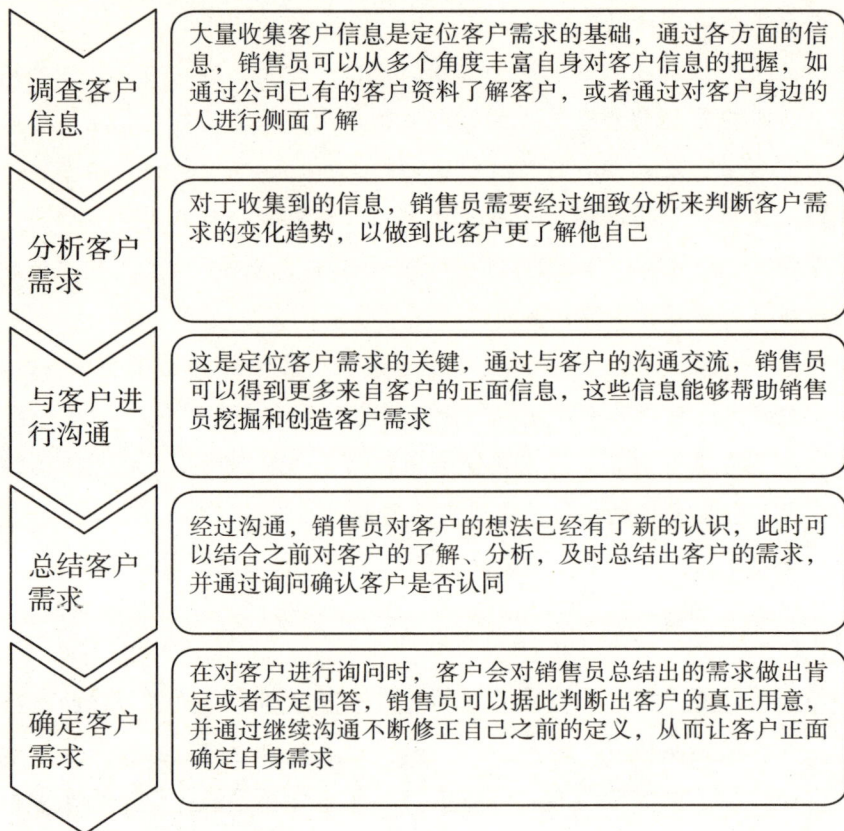

很多客户在挑选产品时常常货比三家，反复比较不同品牌、不同价格的同一类产品，迟迟拿不定主意。如果此时销售员能够找出自身产品的优势，并将产品优势作为产品卖点与客户的需求结合起来，那么自然能让客户相信这是一件值得购买的产品。

一般而言，客户最关心的问题有以下几个。

● 产品带给自己的好处有哪些?

● 这些产品的哪些好处是自己目前需要的?

● 产品的价格、质量、售后服务等如何?

针对这些问题，销售员应该如何做呢?

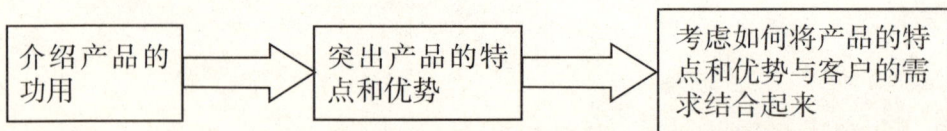

介绍产品的功用	→	突出产品的特点和优势	→	考虑如何将产品的特点和优势与客户的需求结合起来

　　销售员在介绍产品时，最难做到的就是将客户需求与产品卖点结合起来。在将客户需求与产品卖点相结合时，销售员可以运用 FABE 销售法。

　　FABE 销售法的精髓在于：客户看在眼里的往往是 F（Features）：产品特征；专业人员看到的是更深入的 A（Advantages）：优势；销售员则既需要看到 F，也需要看到 A，但更重要的是能够看到 B（Benefit）：益处以及提供给客户促使成交的 E（Evidence）：证据。产品的卖点是产品同客户的接触点，更是产品能够给客户带来的利益点。如果销售员提供给客户的产品不能带来任何益处，那么所谓的"卖点"就是空洞乏味的"坏点"，不能称之为卖点。

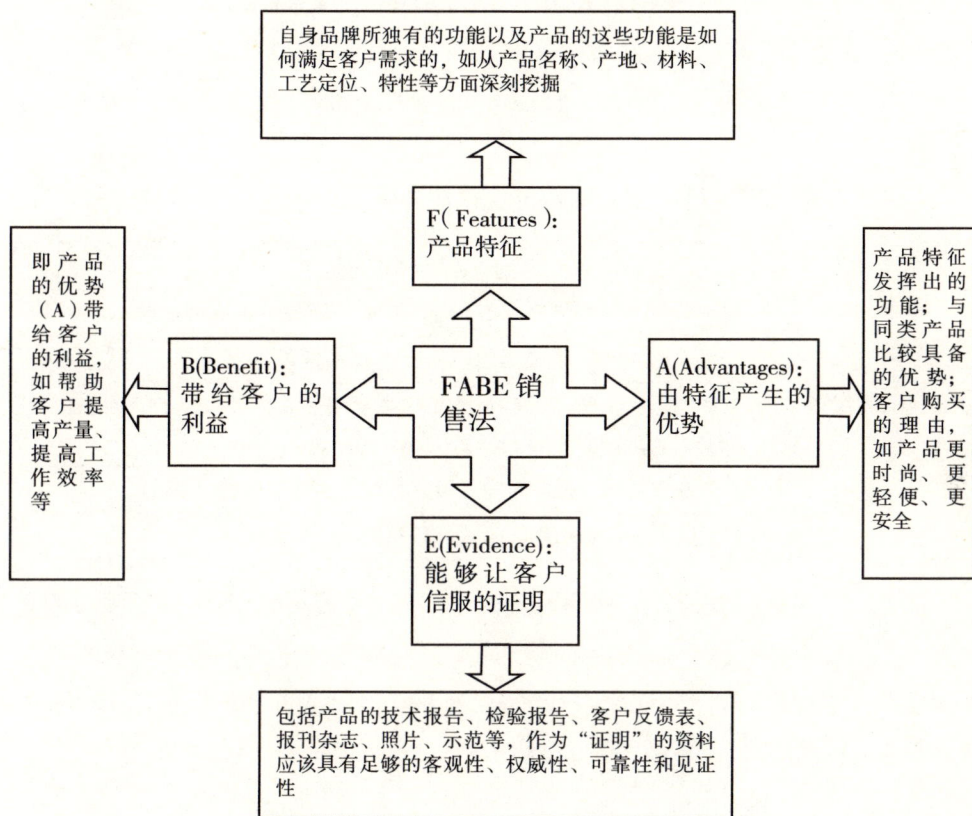

　　FABE 销售法就是在找出客户感兴趣的需求点后，分析产品的哪些优势可以满足客户的需求，并能带给客户一定的利益，最后出示证据，让客户真切地认识到产品确实能够带给客户利益，从而实现产品的成功销售。

　　F、A、B、E 4 个环节是环环相扣的，因为产品首先会具备 F 的属性，从而具有 A 的优点，这样也就可以带给客户 B 的益处，接下来向客户提供 E 的证据时，客户自然会购买产品。

销售员在运用 FABE 销售法时，可以分为 4 个步骤。

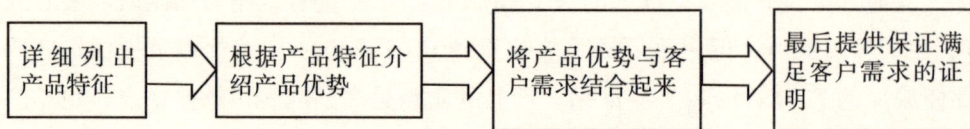

| 详细列出产品特征 | → | 根据产品特征介绍产品优势 | → | 将产品优势与客户需求结合起来 | → | 最后提供保证满足客户需求的证明 |

在了解了产品的卖点后，运用 FABE 法则，销售员才能把最符合客户需求的产品优势推荐给客户。在运用 FABE 法时，通常是按照特点（F）、功能（A）、好处（B）和证据（E）的步骤针对客户的需求进行产品介绍，标准句式为：

"因为（特点）……，从而有（功能）……，对您而言（好处）……，您看（证据）……。"

那么，在实际销售过程中，销售员应该注意哪些事项呢？

注意事项	详细内容
"一个中心"+"两个基本法"	"一个中心"是以客户的利益为中心，并提供足够的证据
	"两个基本法"是灵活运用分析法和观察法
"3+3+3 原则"	3 个提问："请问您购买产品的主要用途是什么？""请问您还有哪些具体要求？""请问您的预算是多少？"
	3 个注意事项：把握时间；投其所好；带给客户意外惊喜
	3 个推销点：如功效、款式、价格等

总之，销售员在进行产品介绍时应先了解客户的需求，即客户最关心的是什么、客户心中存在什么问题。了解产品卖点同样十分重要，因为只有了解了产品卖点，才能针对客户需求推荐产品。当熟悉以上两方面后，运用 FABE 法进行专业、简洁的产品介绍，成交自然水到渠成。

第2节 主动邀请客户试用产品

自测题

请根据自身情况，完成以下自测题，在相应的空格内打"√"。

题目	是	否
1. 你会因担心产品损坏而拒绝客户试用吗		
2. 你会主动让客户试用产品吗		
3. 在客户对试用心存戒备时，你会真诚地告诉客户"不用担心"吗		
4. 你是否能够主动为客户创造试用条件呢		
5. 你是否会在客户试用后，及时了解客户的意见，并进行适当的劝购呢		
6. 客户在试用后表示暂时不购买，你会礼貌地表示"没关系"吗		

参考解析：如果回答"是"的答案居多，表明你已经能够有效地引导客户试用产品，并利用试用的方法达到销售目的。如果回答"否"的答案居多，表明你在邀请客户试用时不能很好地把控局面，或者并不熟悉让客户试用产品的目的和意义。

案例分享

在一个小镇上，有两个报童在售卖同样内容的报纸。因为所在市场相同，两个报童的报纸销量就会出现你多我少的情况。

为了竞争过对手，两个报童都非常努力，他们想尽各种方法提高报纸的销量。

第一个报童是一个十分勤奋的孩子，他每天都以洪亮的声音沿街叫卖，虽然从早喊到晚，但是购买报纸的人并不多。

第二个报童也不甘示弱，他更多地把精力放在了动脑上。除了每天早上沿街叫卖外，他还到一些固定场所，将报纸主动分发给人们，到了傍晚，再将这些报纸收回。刚开始时，这种方法并不理想，甚至还带来了一些损耗，但是很快他就看到了明显的效果。

一个月后，第二个报童的报纸开始卖得越来越好，而且从他这里买报纸的人越来越多，甚至还有人为了买他的报纸在那些固定的场合按时等候。

随着第二个报童的报纸销量逐渐增多，第一个报童不得不另谋生路了。

深度剖析

第二个报童的报纸之所以卖得越来越多，是因为他主动让客户亲自试用、体验产品。在客户试用一段时间，对产品有了直观的认识，并形成依赖感后，他们当然会主动购买产品。

介绍产品是销售的必经阶段，也是客户做出购买决定的关键阶段。"实践是检验真理的唯一标准。"事实同样表明，客户的参与度越高，感受越全面，印象越深刻，则销售成功率越高。

相对于销售员的介绍，客户更愿意相信产品带给自己的真实感受。也就是说，如果销售员能够积极创造出让客户试用产品的机会，引导客户用视觉、嗅觉、味觉、触觉等亲身体会和感受了解到产品能带给自己的好处和利益，那么自然能使成交变得顺理成章。

如果产品并不知名，或者远比那些家喻户晓的产品更具竞争力，但是客户并不了解，这时运用体验式销售法，则能轻松达成销售目的。

针对不同产品让客户体验时，销售员可以让客户：

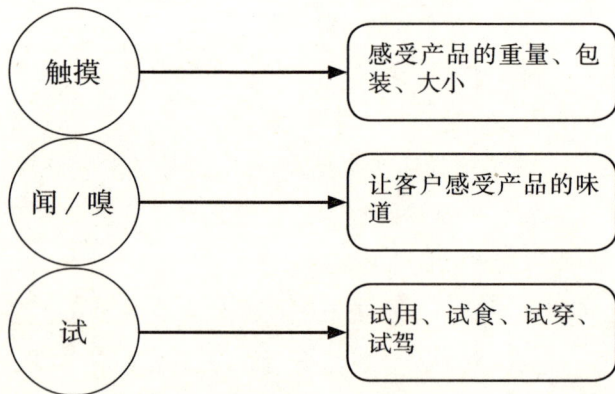

触摸	→ 感受产品的重量、包装、大小
闻／嗅	→ 让客户感受产品的味道
试	→ 试用、试食、试穿、试驾

那么，销售员应该如何邀请客户试用产品呢？我们可以按照以下步骤逐步引

导客户。

步骤一　做好邀请客户试用的准备

客户在试用产品的过程中，很可能会提出一些实际操作问题，这些问题可能是销售员在介绍产品时没有考虑到的。为了避免回答不上客户提问的尴尬处境，销售员最好对自己的产品十分了解，对产品怀着一种欣赏和热爱，并亲自使用过，如此才能像专家一样回答客户的问题，避免客户产生疑虑。

步骤二　打消客户试用前的疑虑

很多时候，在销售员主动邀请客户试用产品时，客户会心存戒备，拒绝体验产品。而想要客户同意试用产品，则需要打消客户试用产品的顾虑。

那么，运用哪些方法可以打消客户试用产品的顾虑呢？

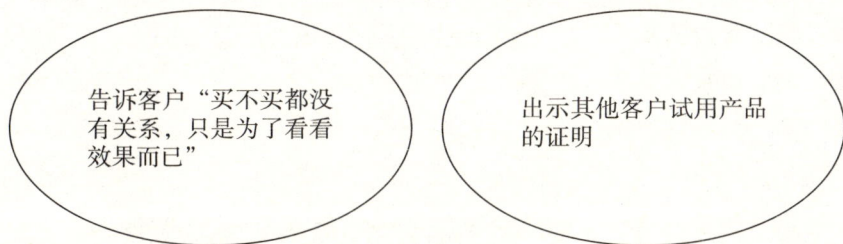

告诉客户"买不买都没有关系，只是为了看看效果而已"

出示其他客户试用产品的证明

步骤三　引导客户参与到体验产品的互动中

通常情况下，销售员单纯地劝说客户体验产品，远远比不上引导的效果好。而引导客户的前提是为客户创造试用产品的条件。

产品的体验按照产品的不同分为两种类型。

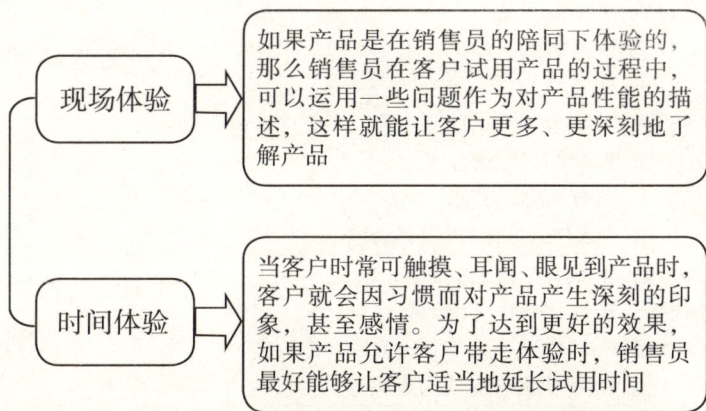

现场体验 ➤ 如果产品是在销售员的陪同下体验的，那么销售员在客户试用产品的过程中，可以运用一些问题作为对产品性能的描述，这样就能让客户更多、更深刻地了解产品

时间体验 ➤ 当客户时常可触摸、耳闻、眼见到产品时，客户就会因习惯而对产品产生深刻的印象，甚至感情。为了达到更好的效果，如果产品允许客户带走体验时，销售员最好能够让客户适当地延长试用时间

步骤四　试用产品后及时了解客户的意见，并进行劝购

邀请客户试用产品的目的是为最终达成成交，如果销售员在试用结束后不了解客户的反映，没有进行及时的劝购，那么这样的客户试用将毫无意义。

● 引导客户说出对产品的不满和建议。

● 询问客户对产品的试用感受。

● 询问客户认为产品的哪些地方符合自己的购买要求。

步骤五　即使客户不购买，销售员也不要表现出不满或埋怨客户

当客户试用完产品后，可能会因种种原因放弃购买。如果这时销售员表现出抱怨和不满，很可能与客户发生争执，对接下来的销售造成阻碍。

那么，销售员的哪些做法会体现出抱怨情绪呢？

● 极力劝说客户："这件产品这么适合您，就不要再考虑了。"

● 强迫客户购买："您已经试用过了，我还怎么卖给别人。"

● 把客户晾在一旁，直接收起产品。

第3节　关于产品介绍的 AIDA 理论

自测题

测试题目	选择项目	答案（多选）	得分
1.AIDA 理论中的四个字母缩写代表了下列哪些内容	A. 引起注意 B. 激发兴趣 C. 刺激购买欲望 D. 促成销售		
2. 你认为下列哪些内容属于 AIDA 销售法 4 阶段	A. 激发客户的购买欲望 B. 吸引客户的注意力 C. 挖掘客户需求 D. 引起客户的兴趣和认同		
3. 在运用 AIDA 销售法介绍产品时，销售员应该注意哪些要点呢	A. 设计好推销的开场白 B. 用比较法突出产品优点 C. 可尝试"示范"法激发客户兴趣 D. 帮助客户确认购买决定		

答案： 1.A、B、C、D；2.A、B、D；3.A、C、D。

得分规则： 答对一个选项得 10 分，共 100 分。

参考解析： 如果你得了 0~60 分，表明你对 AIDA 理论不了解，可能从来没有运用过；如果你得了 60~80 分，表明你可能使用过此种方法，但是还没有完整的思路和运用方法；如果你得了 80~100 分，表明你对 AIDA 销售法有深入的了解，而且能够在实际工作中灵活运用，不过想要成为优秀的销售员，还需要继续努力。

案例分享

霍白是一家酒厂的销售员。为了赢得好的销售业绩，霍白想出了一个好方法：在流动人员密集的地方搭建一个小小的舞台，霍白胸前挂着写有"厂家推销员"的大牌子站在台子上，同时双手挥舞着五颜六色、亮闪闪的长丝带，并不断吆喝着。晃动的气球和吆喝声很快吸引了人们的注意力，很多人纷纷来到舞台前面。

走近时，人们发现舞台旁边的柜子上立着一个漂亮的宣传卡，上面用醒目的彩字写着"丁氏抗衰老酒——献给具有营养学知识的朋友们"，落款是"××葡萄酒厂"。

客户看着这些宣传卡，不明所以，纷纷向霍白询问缘由。于是霍白认为机会来了，就大声宣传着富有 SOD 营养液的"丁氏抗衰老酒"的功效和作用，引起了人们浓厚的兴趣。

接下来，霍白强调，这种酒是送给中老年人的最好礼物，不仅包装大气、精美，还具有延年益寿的作用。霍白的这一宣传点让很多重视孝顺和亲情的客户产生了购买欲，认为购买这种产品送给父母、亲友、老师都十分合适。

接下来，在霍白促销、优惠的诱惑下，人们纷纷解囊，争相购买。

深度剖析

霍白此次的销售运用的就是 AIDA 理论，一开始使用亮闪闪的长丝带引起客户注意，然后通过介绍诱发客户兴趣，紧接着突出产品的优势引起客户的购买欲望，最终用促销、优惠的诱惑促使客户购买。他在销售过程中不仅使客户得到了使用价值的满足，也得到了心理上的满足——具有营养学知识。

AIDA 理论是国际推销专家海英兹·姆·戈德曼总结的推销模式,也称为"爱达"公式。这种模式的魅力在于能够吸引客户的注意,并诱导客户的兴趣和刺激客户的购买兴趣。

AIDA 销售法的具体含义是指,销售员要设法将客户的注意力吸引或转移到产品上来,以使客户对销售员所推销的产品产生兴趣,继而刺激客户的购买欲望,并促使客户进行购买,从而最终达成交易。

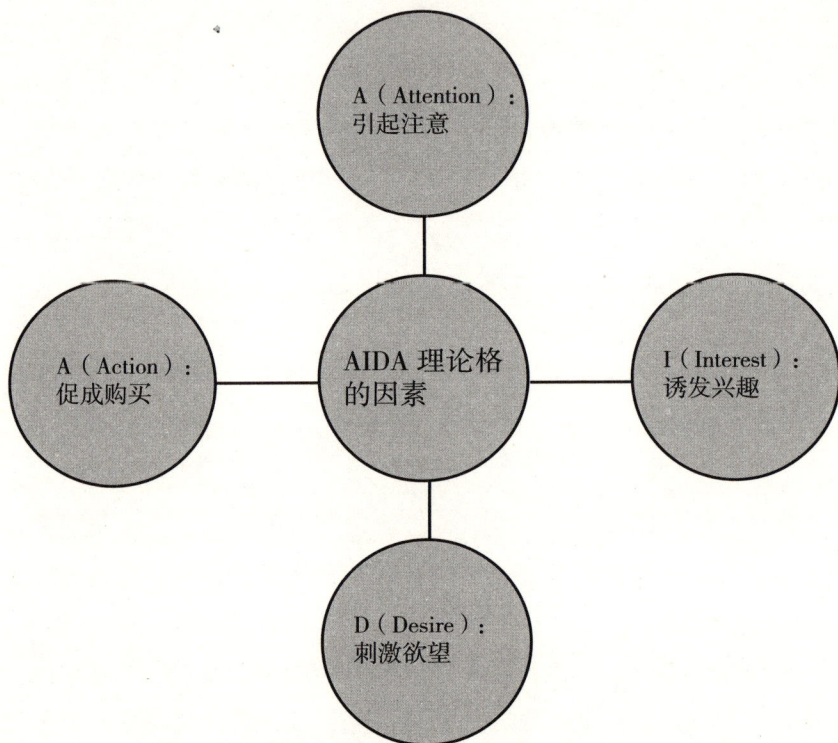

A(Attention):
引起注意

A(Action):
促成购买

AIDA 理论格
的因素

I(Interest):
诱发兴趣

D(Desire):
刺激欲望

AIDA 销售法有以下 4 个阶段。

阶段一 吸引客户的注意力

在对客户进行推销时,销售员首先要引起客户的注意,即将客户的注意力集中到销售员所说的每一句话和每一个动作上。

很多时候,客户表面上看起来十分专注地在倾听销售员介绍产品,事实上另有所思。那么,销售员如何才能集中客户的注意力呢?

保持与客户目光接触 ⟹ 用眼睛真诚地看着客户，设法使客户从你的眼神中感受到真诚，只要客户能够感受到，那么就不会转移注意力

利用"实物"或者"证物" ⟹ 如果有展示样品的条件，在推销时一定不要忘了展示样品并让客户亲身感受样品

让客户参与推销过程 ⟹ 让客户参与推销过程有两种方法，一种是向客户提问题，并且所提的问题必须是客户容易回答、容易发挥的，而不仅仅是让客户回答"是"或者"不"的问题；另一种是在自然的情况下，促使客户做些简单的事情，如让客户读出标价上的价格、写下产品的型号等

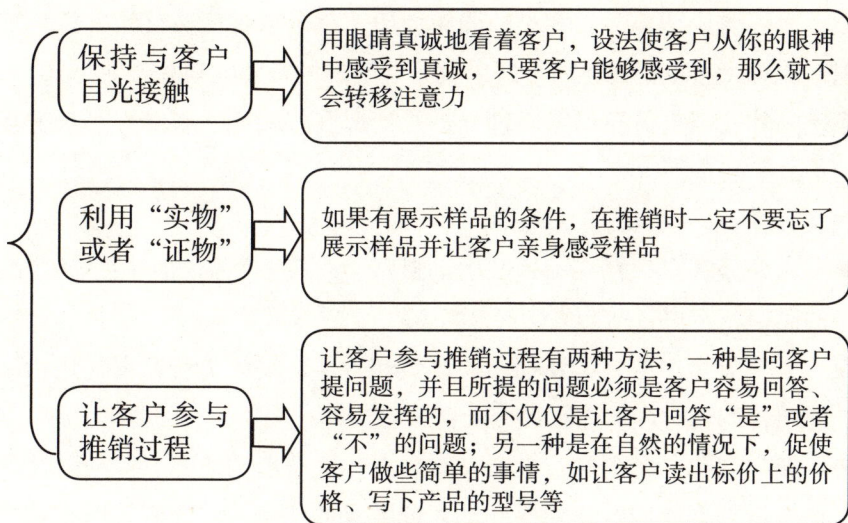

阶段二　引起客户的兴趣和认同

如果客户能饶有兴趣地倾听销售员做介绍，那么可以证明一点，客户已认同了销售员所推销的产品或服务。这也标志着销售员的推销进程向成功迈进了一步。

那么，销售员在对产品或服务进行介绍时，应该注意哪些事项呢？

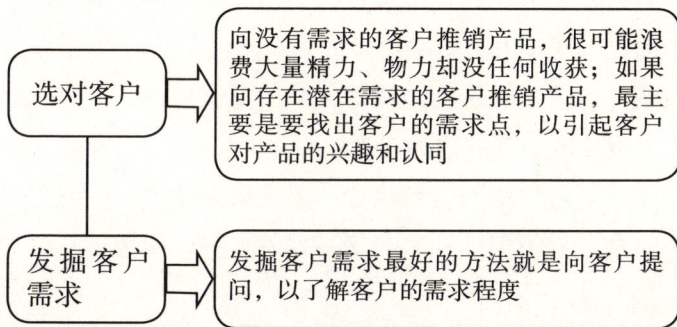

选对客户 ⟹ 向没有需求的客户推销产品，很可能浪费大量精力、物力却没任何收获；如果向存在潜在需求的客户推销产品，最主要是要找出客户的需求点，以引起客户对产品的兴趣和认同

发掘客户需求 ⟹ 发掘客户需求最好的方法就是向客户提问，以了解客户的需求程度

此阶段的"引起客户的兴趣和认同"与第一阶段的"集中客户的注意力"相互依赖。只有先集中客户的注意力，才能引起客户的兴趣，客户产生了兴趣，注意力自然就越来越集中。

阶段三　激发客户的购买欲望

当客户觉得购买产品所获得的利益大于付出的代价时，自然会产生"购买

欲望"。而想要成功地激发客户的购买欲望，就要求销售员首先具备丰富的产品知识：即对产品独特优势的了解以及了解客户的行业规矩和作业方式。

除此之外，销售员还可以通过分析并把握客户的一些本能需要来进行激发客户购买欲望的步骤。

激发客户购买欲望的方法包括：

● 大部分客户都存在一种欲增进财富、健康和幸福的本能，如产品能满足客户的愿望，客户自然会去购买。

● 大多数客户希望受到别人的尊敬和赞美，销售员若在销售化妆品、服装时，能结合产品对客户进行赞美，自然能获得成功。

● 客户在购买东西时，也会有对名人、优秀者的羡慕、追随以及模仿的本能，销售员如果能向客户列举此类人群购买的实例，将能有效地激发客户的购买欲望。

● 人们都对未知事物或者新事物有着强烈的兴趣，如果产品具有某种独特的优势，销售员可以就此激发客户的购买欲望。

● 大多数人都不希望输给别人，尤其是竞争对手。由此，销售员可以收集客户的竞争对手已经购买产品的证据，向客户展示出来。

阶段四　促使客户采取购买行动

销售的最终目的是促使客户购买产品，也是成交的最后阶段。在此阶段，销售员可以运用以下几种方法推进销售进程。

● 假设成交。假设客户已经成交，从而在言行举止上暗示客户，增强客户的自信心，并促使客户采取购买行动。

● 诱导提问。可以询问客户诸如"您需要多少"、"您需要什么颜色"之类的问题，这些问题不但能让客户轻易作答，同时也能逐步诱导客户采取购买行动。

● 让客户自己作决定。对于一些小问题，可以为客户提供多种可行的解决方案，并让客户亲自做出最终决定。

● "威胁"一下客户也无妨。如利用限时、限量、涨价、促销等方法暗示客户赶快采取行动，否则就可能失去本来可以获得的利益。

● 讲故事法。可以将过去销售成功的案例当做故事素材讲给客户听，让客户了解到其他客户一开始同自己有着同样的疑虑，但是在使用了一段时间之后，不但解决了疑虑，而且还收益良多。值得注意的是，销售员所讲的故事必须有根有据，不能凭空捏造。

AIDA 模式代表了传统推销过程中的 4 个发展阶段，这 4 个方面之间相互关联，缺一不可。在运用 AIDA 理论介绍产品时，销售员还应注意以下几点。

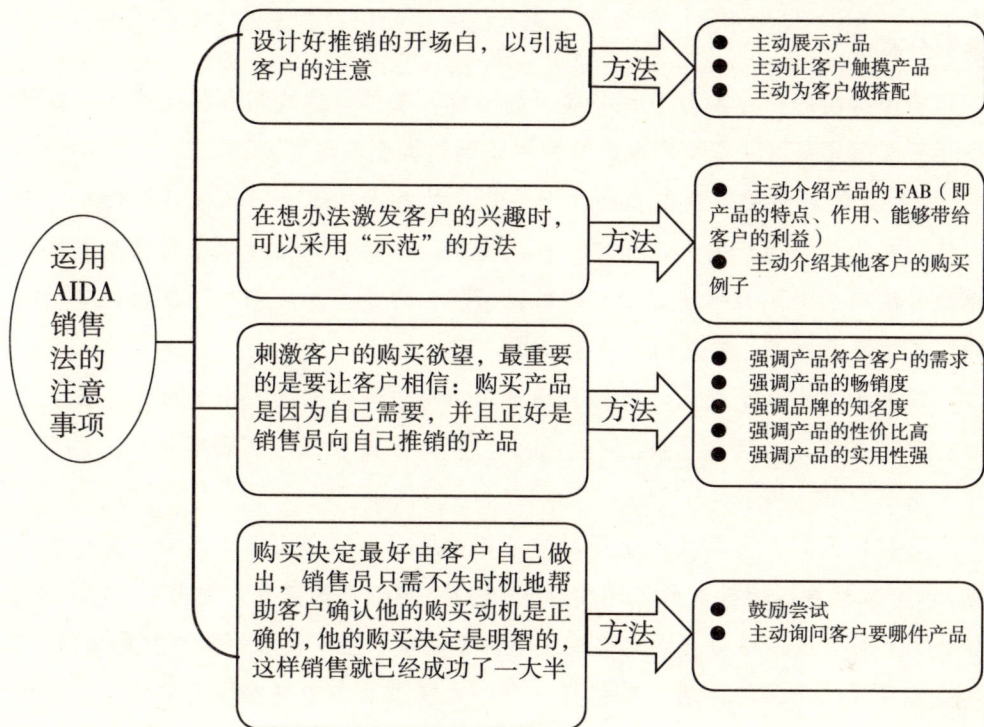

运用 AIDA 销售法的注意事项

设计好推销的开场白，以引起客户的注意 → 方法 →
● 主动展示产品
● 主动让客户触摸产品
● 主动为客户做搭配

在想办法激发客户的兴趣时，可以采用"示范"的方法 → 方法 →
● 主动介绍产品的 FAB（即产品的特点、作用、能够带给客户的利益）
● 主动介绍其他客户的购买例子

刺激客户的购买欲望，最重要的是要让客户相信：购买产品是因为自己需要，并且正好是销售员向自己推销的产品 → 方法 →
● 强调产品符合客户的需求
● 强调产品的畅销度
● 强调品牌的知名度
● 强调产品的性价比高
● 强调产品的实用性强

购买决定最好由客户自己做出，销售员只需不失时机地帮助客户确认他的购买动机是正确的，他的购买决定是明智的，这样销售就已经成功了一大半 → 方法 →
● 鼓励尝试
● 主动询问客户要哪件产品

第4节　用事实证明产品的品质

自测题

1. 在向客户销售产品时，如果客户对产品的质量和使用效果表示怀疑，你会用事实证明产品的品质吗？你是如何说服客户的？

_____

_____

2. 在用事实证明产品的品质时，你会根据不同的产品，采用不同的推销方法吗？你是如何进行分类的？

_____

_____

案例分享

曾伟所在的企业参与了一个项目的招标，曾伟为这次招标的负责人。几轮谈判下来，只剩下一家生产电制冷中央空调的 A 企业与其角逐。

A 企业的产品使用的是招标文书中规定的标准技术——双螺杆压缩机，而曾伟所在的企业生产的产品为单螺杆压缩机。尽管在竞标过程中曾伟反复强调单螺杆压缩机的综合性能好于双螺杆压缩机，但是招标方仍然不相信，他们更倾向于按照招标书的要求向 A 企业订货。

眼见形势不利于自己，曾伟当场请求招标方到他们的一个样板工厂参观之后再定夺，就算是给自己最后一个机会。招标方被曾伟的执著感动了，同意了他的请求。

当招标方的负责人来到现场时，曾伟向他们详细介绍了单螺旋压缩机的优点，并与双螺旋压缩机进行了详细对比。这时，招标方的负责人提出了一些问题，他认为双螺旋压缩机将会比单螺旋压缩机更能减小空调转动的噪声和震动问题。

为了证明产品的品质，曾伟将一个一元硬币立在中央空调的主机上，空调启动时，硬币丝毫未动，使招标方消除了内心的顾虑。

由于曾伟所在的企业产品价格要比 A 企业便宜 5%，所以在看到曾伟公司单螺旋压缩机低噪音、几乎无震动的事实后，招标方决定选择曾伟所在的企业为中标方。

深度剖析

曾伟在竞争处于劣势的情况下，运用事实证明产品的方法，让客户亲眼见到其所销售的产品的效用、优点及特性，从而成功地使自己转败为胜。在销售过程中，有时同空泛的语言介绍相比，客户会更相信亲眼看到的直观事实。

在销售过程中，用事实证明产品的品质，才能有效地唤起客户的注意力，使客户对产品产生兴趣，坚定购买决心。那么，有哪些方法能够用事实说话，向客户展示出产品的实力呢？最常用、效果最好的方法是演示法。

演示法又称直观示范法，是销售员运用非语言形式，通过实际操作产品或辅助产品，让客户通过视觉、听觉、味觉、嗅觉和触觉直接感受产品信息，最终促使客户购买的方法。

在推销过程中，演示法的作用是非常大的。销售员在向客户推销的过程中，不仅要向其介绍产品的优点，还要运用演示或示范的方法证明这些优点，以让客户能够亲眼目睹或亲身感受到购买产品给其带来的好处和利益。

在运用演示法时，根据演示对象，即推销工具的类别，主要可分为产品演示法，证明演示法，文字、图片演示法，音像、影视演示法等几种类型。

类别一 产品演示法

产品演示法是指销售员通过直接演示产品本身，来达到劝说客户购买产品的目的。具体做法是销售员通过对产品进行现场展示、操作表演等方式，将产品的性能、特点、使用方法等表现出来，让客户对产品有一个直观的了解。

为了有效运用产品演示法，销售员需要注意以下问题。

问题种类	原因	详细做法
根据产品的特点选择演示方式和演示地点	产品的性质和特点各不相同	对有形产品进行实际操作表演
		对无形产品可以进行辅助性演示，如借助辅助物品，利用各种形象化手段将无形产品变得实体化
		对体积小、携带方便的产品进行室内演示
		对携带困难的产品则需与客户约定，另行安排具体时间和地点进行现场演示，如邀请客户参观生产现场、产品展览会等
熟练操作演示	在演示过程中出现操作不当或者不熟练的情况，就会引起客户对产品质量的怀疑，从而对销售员以及产品失去信任	积累操作经验，以便应对各种突发情况
		在向客户操作前，了解客户可能提出的操作问题，提前做好回答准备
		重复练习操作，使操作过程一气呵成

问题种类	原因	详细做法
操作演示具有针对性	不同的客户对于产品的关注点可能有所不同	如果客户是第一次接触产品，销售员不能因为自己对产品十分了解而忽略了客户的感受
		如果客户比较关心产品质量，则演示速度不宜过快，要让客户看得清、听得懂，对产品有一个认识的过程
		如果客户比较关心产品的价格和服务，那么销售员在演示的同时要注意说明产品的功能、性价比、售后服务等内容
演示速度适当	边演示边介绍，可以制造良好的销售氛围	演示新产品时，速度要放慢
		对于老产品或者技术含量不高、操作简单的产品，操作速度可以适当加快
		针对销售要点和难点控制演示速度，以将演示和介绍结合起来
鼓励、协助客户参与演示	销售是一个双方沟通的过程，销售员和客户是销售活动的主体	如果产品无法交给客户亲自试用，或者客户不会操作产品时，销售员除了亲手为客户演示，还应该邀请客户做助手，鼓励客户参与演示
		如果客户可以亲自参与演示，那么销售员最好能一边关注客户的操作，一边告知客户操作要点

类别二　证明演示法

证明演示法是指销售员通过演示有关的证明资料，或者进行破坏性和戏剧性的表演，来劝说客户购买产品。证明演示法成功的关键在于取信于客户，而销售员能够拿出有效的产品证明则是有效说服客户的关键。

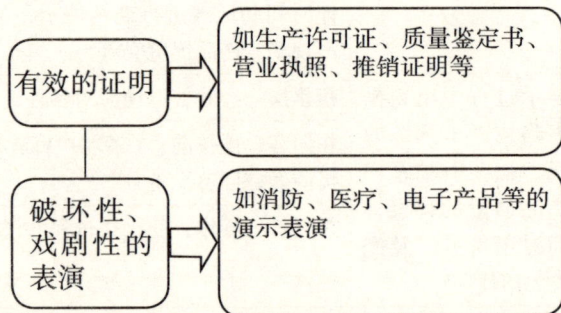

有效的证明 ➡ 如生产许可证、质量鉴定书、营业执照、推销证明等

破坏性、戏剧性的表演 ➡ 如消防、医疗、电子产品等的演示表演

在运用证明演示法时，销售员应当注意以下 3 点。

● 准备充分的证明资料和证明表演。

● 演示的推销证明资料必须真实可靠。

● 选择适当的时机和方法进行证明演示。

类别三 文字、图片演示法

文字、图片演示法是销售员通过展示与产品有关的文字、图片资料等来劝说客户购买的销售方法。在不能或不便直接演示产品的情况下，销售员就可以通过这一方法来介绍、推销产品。

这种图文并茂、生动形象的推销方法，不仅容易被客户接受，而且还会对客户产生强大的感染力。因为文字、图片演示法既可以准确可靠，又方便省力，此外还能生动形象地向客户介绍产品、传递销售信息。

在使用文字、图片演示法时，销售员需要注意的问题有以下几种。

问题类别	原因
根据销售目的的实际需要，收集整理有关的文字、图片资料	文字、图片资料作为销售过程中的一种推销工具，应该同销售目的保持一致
文字、图片结合演示，做到图文并茂	文字、图片都是视觉信息媒介，两者关系十分密切，在演示过程中，二者相互配合，才易于被客户接受
坚持真实原则	在演示过程中，销售员要遵守真实原则，不能展示虚假或者非法的资料

类别四 音像、影视演示法

随着现代科技的逐渐发达，音像、影视演示法已经越来越多地被运用在现代销售中。

音像、影视演示法是指销售员利用录音、录像、光盘等现代工具进行演示，以达到劝说客户购买产品目的的销售方法。这种方法具有很强的说服力和感染力，可以制造让客户身临其境的感觉，能够有力地消除客户异议，提高销售成功率。

适用产品类型	具体详述
电子产品	如电视、电脑、手机等
保健类产品	如为产品推销拍摄的健康系列讲座以及电视直销、消费向导等
化妆品	为推销产品拍摄的影视广告，其中包括产品的使用方法、效果等
服装类	通过音像、影视等宣传产品的小片，达到吸引客户的目的，如播放服装的模特走秀、生产过程、质检报告等

第5节 尝试进行组合式产品推荐

自测题

测试题目	选择项目	答案（多选）	得分
1. 销售员在进行组合式推荐时，都包括对哪些方面的组合	A. 深度 B. 长度 C. 宽度 D 关联度		
2. 下列哪些为组合式产品推荐的方法	A. 直接推荐法 B. 最佳组合法 C. 优惠组合法 D. "二选一"推荐法		
3. 组合式产品推荐会对销售产生哪些帮助作用	A. 帮助销售员掌握主动权 B. 满足客户的优惠心理 C. 提高销售率 D. 实现客户利益的最大化		

答案： 1.A、B、C、D；2.A、B、C；3.B、C、D。

得分规则： 答对一个选项得 10 分，共 100 分。

参考解析： 如果你得了 0~60 分，表明你对组合式产品推荐销售法的认识不足；如果你得了 60~85 分，表明你对组合式产品推荐法有些了解，但是还不能运用在实际销售中；如果你得了 85~100 分，表明你已经对组合式产品推荐法有了深入的了解，而且可以根据不同的客户情况采用不同的推荐方法。

案例分享

王茜是一家美容店的销售员。一天，一位满脸长满痘痘的女士走进店中，王茜赶忙迎了上来。经过询问，王茜得知这位女士是从朋友那里听说店里的产品祛痘效果不错，所以打算购买一瓶精华液，看看效果。而且这位女士之前使用过许多牌子的祛痘产品，但是情况都没得到改善。

转了一圈后，客户找到了朋友介绍的精华液，准备付款。

　　这时，王茜告诉客户："根据您的情况，如果没有之前的护肤步骤而只用精华液，不仅不利于吸收，而且还可能导致相反的效果。"

　　听到王茜的话，客户惊奇地问："精华液不是祛痘产品中效果最好的吗，怎么会达不到好的祛痘效果呢？"

　　这时王茜拿出一张祛痘产品使用流程演示单给客户看："您知道，什么事情都讲究循序渐进，祛痘同样如此。按照正常的清洁顺序，您首先应该使用洁面乳彻底清洁您的面部污垢，然后涂上祛痘水，这时再涂抹精华液，接下来涂上祛痘乳，这样全面作用于痘痘，才能达到最好的祛痘效果。如果您在没有洁面或不能使用配套产品的情况下仅使用精华液，可能影响产品的吸收。"

　　在说完这番话之后，王茜顺势拿给客户一套祛痘产品，为客户详细介绍了一番。接下来，王茜又拿来了一个计算器，一边计算一边告诉客户："您看，这套产品如果单买的话，洁面乳的价格是××元……这样加起来是286元。而如果购买一整套的话，价格是198元，相当于为您省下了一瓶精华液的价格，十分划算。"

　　客户逐个看了产品的单价，然后对王茜说："既然这样的话，那我就购买一套试试吧。"

深度剖析

　　王茜本来只能销售出一瓶精华液，但是她利用组合式产品推荐法，销售出去一套祛痘产品，提高了销售率。在向客户进行组合式产品推荐的过程中，王茜使用了最佳组合法与优惠组合法，逐步进行引导，从而顺利说服了客户。

　　在推销活动中，只有小部分的客户是事先已经计划好购买某种产品的，绝大多数客户都是临时产生购买冲动，并做出购买决定的。针对此种情况，如果销售员能够通过交谈、询问来影响客户，并对产品的特征、性能等方面向客户进行详细的说明，将能引导客户从单一的购买转向组合式购买，在满足客户优惠心理的同时，大大提高销售率。

　　产品的组合包括所有产品线和产品项目。

| 产品项目 | ➤ | 即产品大类中各种不同品种、规格、质量的特定产品。企业产品目录中列出的每一个具体的品种就是一个产品项目 |
| 产品线 | ➤ | 产品线是许多产品项目的集合，位于同一产品线上的产品具有功能相似、用户相同、分销渠道相同、消费连带等特点 |

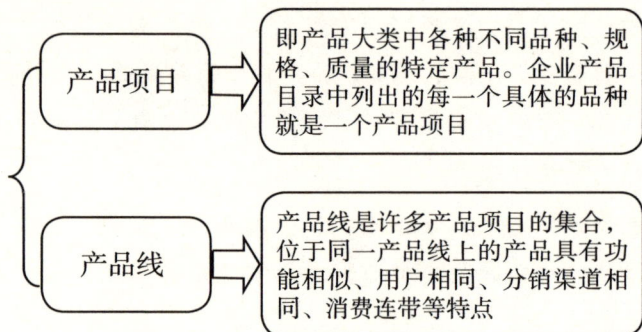

产品系列组合具体指企业生产经营的全部产品线、产品项目的组合方式，即产品组合的宽度、长度、深度和关联度。

产品组合的分类	具体内容	结合举例
产品组合的宽度	企业生产经营的产品线的多少	如一家公司生产清洁剂、牙膏、肥皂、洗发水和沐浴露，有5条产品线，那么其产品组合的宽度为5
产品组合的深度	产品线中每一个产品有多少品种	如一家生产牙膏的企业线下的产品项目有3种，A牙膏是其中一种，而A牙膏有3种规格和2种配方，那么A牙膏的深度就是6
产品组合的长度	指一个企业的产品项目总数	如一家企业有洗发膏、护发素2条产品线，而洗发膏、护发素分别有5种配方，那么这个产品组合的长度就是10
产品组合的关联度	各产品在最终用途、生产条件、分销渠道和其他方面相关联的程度	

产品系列之间的组合是存在某种联系的，即各种产品系列之间在最终用途、生产条件、销售渠道或者其他方面都存在某种联系，一般来说，这些联系有以下几种。

● 产品满足同样的需求。

● 产品互为补充，或者可以一起使用。

● 产品的销售是同一主题。

● 产品通过同一家中间商进行销售。

产品组合是各种产品系列的组合，包括厂家生产的所有产品系列以及准备经销的所有产品系列，也是指一个企业所经营的全部产品组合方式。

在众多产品组合中，销售员应结合每个客户的不同以及情况需求，进行有效的产品组合推荐，并把握适当的时机促进交易。

下面是一些实用的产品组合推荐方法，销售员在具体销售中可以根据具体情况灵活运用。

方法一　直接建议法

当客户，特别是老客户已经认可产品和服务，并且已经了解到产品的价值时，此时可以用假设成交法，直接推荐客户购买。

在推荐的过程中，销售员不用询问客户"是否需要"，而是直接以假设客户已经决定购买的口吻做出推荐即可。

方法二　最佳组合法

当客户对产品 A 产生购买需求时，销售员可以趁机向客户进行特定产品组合推荐，同时明确告诉客户这样搭配要比单一购买更实惠，或者更具有某些好处，是最佳的购买组合，从而以推荐式的方法在无形中引导客户进行消费。如客户在购买洗发水时，销售员可以建议客户购买洗发水＋护发素，这样将能获得更好的洗发效果。

方法三　优惠组合法

优惠推荐是销售员在客户购买的过程中向客户做出优惠推荐，如第二件半价、两件以上 7 折优惠、满 200 元减 20 元，网店中的满 100 元包邮等优惠，从而让客户自主选择的推荐方法。

这种推荐方法看起来是将主动权交到了客户手中，但是不论客户如何组合购买，最终仍然会实现消费。所以，事实上主动权仍然在销售员这里。

第6节　让客户感到物有所值

自测题

请根据自身情况，完成以下自测题，在相应的空格内打"√"。

题目	是	否
1. 在客户表示产品价格偏高时，你是否会凸显产品优势，让客户认为产品的价格和价值成正比呢		
2. 你会让客户知道你的产品的某些特点是其他产品所不具备的吗		
3. 在介绍产品之后，你能够给客户一种这个产品"简直就是为您量身定做"的感觉吗		
4. 你是否能够了解客户的需求，并让客户认为产品的价值已经超过预期了呢		
5. 你是否很少遇到客户要求降价，或者主动降价的情况		
6. 你是否会主动增加附加服务，带给客户意外的惊喜呢		

参考解析： 回答"是"的答案居多，表明你已经掌握了凸显产品价值、增加产品价值、将产品价值同客户需求结合起来的方法，并能在实际工作中灵活运用；回答"否"的答案居多，表明你在客户认为产品低于自己预期或价格偏高时不能灵活应对。

案例分享

美登制图公司是一家中小型印刷企业，在吉姆·多纳休担任总裁之前，美登公司和众多同行一样，通过不断提高印刷质量、改善设备以及与客户建立长期关系来维护销售规模。

美登公司在激烈的竞争中举步维艰地坚持了很多年。1988年，美登公司争取到了一份为美国一家大型食品商印刷10万份促销宣传单的合同，并且要求宣传单必须赶在劳动节前分发到经销商手中。

节后一天，多纳休来到一家杂货店，准备看看自己公司印刷的宣传单。但是，他找了很多家经销商，他们都表示没有收到宣传单。

经过调查，多纳休明白了原因所在：由于客户的宣传单订购过多，加之没有人监管，大部分宣传单都躺在了仓库里，或者被扔进了垃圾箱。

针对这种情况，多纳休马上找到客户，根据调查结果与客户商定出了问题的解决方案。为了使客户所有的促销宣传活动都能执行到位，美登公司将在承接印刷宣传品的同时，负责对所需宣传品的数量进行统计，并根据统计数量进行印刷，同时负责分发到所有的经销商手中。

依靠这一方案，这家食品公司解决了之前被割裂的促销系统，减少了不必要的成本浪费。而美登公司依靠为客户提供物有所值的产品价值，也已经跃身成为实力雄厚的知名公司。

深度剖析

多纳休获得更多客户的原因很简单，他主动为客户提供了额外的附加服务，帮助客户减少了不必要的成本浪费。在激烈的竞争中，谁能提供给客户更多的价值，让客户的收益超出预期更多，那么谁就会吸引到更多的客户。如果多纳休像其他制图公司一样，只做好分内的事情，那么将很难得到发展。

客户感到物有所值，是指客户从某一特定产品或者服务中获得的一组利益，与其在评估、获得和使用该产品或者服务时引起的预计费用之间的差额。

客户在购买产品时，一定会考虑这些产品或者服务是否能够带给自己预期的效果和利益，而销售员认为的那些可以为客户带来价值的优势最终未必会使客户感到满意。也就是说，客户经过感知和评价后，认为产品以及服务创造出的价值能够高于自己的付出和期望值，那么他们将会感到满意，继而主动购买产品。

客户分类	客户感觉	客户反应
A 类——价格高于价值	认为产品不值标示的价格，和其他便宜的同类产品相比没有太大差别	不会购买产品
B 类——价格等于或者低于价值	认为产品确实不错，但价格过高，买不起	不会购买产品
C 类——与需求不吻合	认为产品确实不错，但是价格远远超出了购买预算	放弃购买

由此可见，如果能让客户意识到产品价格低于或等于其价值，客户自然会

产生购买愿望。那么，销售员如何向客户介绍产品，才能让客户感到物有所值呢？

我们可以运用 FAB 法则进行介绍。FAB 法则可以帮助销售员更好地展示产品，向客户介绍产品如何满足客户的需求，如何给客户带来利益，从而让客户感到产品的价值大于预期，从而达成成交的销售过程。

销售员在向一个客户运用 FAB 介绍法之前，询问客户的需求是必不可少的环节。因为在明确客户的需求之下，销售员才能让销售变得更具针对性。

在确认客户的需求后，销售员就可以针对客户的需求，通过对产品特点的讲解，使客户清晰直观地认识到产品的优势，从而让客户直观地感受到产品带给他的益处。

FAB 销售的顺序是：

产品是 F 的	→	有 A 的作用	→	能让您使用时获得 B 的益处

按照由浅入深的顺序，销售员从客户利益出发，重点阐述产品带给客户的好处，客户不但能更容易地听懂，而且也将更容易接受。

为了更好地凸显产品物有所值，在使用 FAB 销售法时有以下几点值得注意。

FAB 销售法注意事项	内容详述
区分产品的特点和益处	产品的特点指关于产品的具体事实，如产品的功能特点、产品的具体构成等
	产品的益处是指产品特点给客户带来的价值
运用比较法	深入了解产品及产品相关方面，针对市场上的同类产品比较分析，凸显产品的优势，让客户认识到产品的价值所在，从而心甘情愿地购买产品
将"说"与"做"有效结合	"说"是运用形象的语言来向客户描述产品，"做"是通过体验或者感受来向客户展示产品的价值，"说"＋"做"的介绍方法将能更形象、直观地打动客户
抓住客户利益的关键点	客户利益的关键点，也就是"能够带给客户的好处"，客户最关心的利益点通常有如下几种：产品能够带来什么好处；这些好处哪些是现在需要的；产品的价格如何……销售员分清"卖点"和"利益关键点"，并运用察言观色法抓住"利益关键点"进行产品介绍，才能达到成功销售的目的

　　如果想让客户感到物有所值，销售员在面对客户时就不只要考虑产品的质量和价格，更要在产品的特点和利益点上多下工夫，只有将二者有机地联系在一起，客户才会认为产品正是自己所需要的。

　　此外，销售员还可以为客户提供附加价值，如增加额外的服务，或赠送样品、打折等，目的在于增加一种产品或服务在客户心目中超过预期的价值。

第6章 用客户喜欢的方式谈判

第1节 寻找共同话题

自测题

测试题目	选择项目	答案（不定项选择）	得分
1. 在与陌生客户初次见面时，你通常的交谈重点是什么	A. 自我介绍并陈述此次约见的目的 B. 介绍产品的好处 C. 尽量让客户感到好奇 D. 寻找与客户的共同话题		
2. 你认为哪些方法能够让你在短时间内赢得客户的好感	A. 态度 B. 声音 C. 道德与价值观 D. 是否与自己有共同话题		
3. 你是如何寻找与客户的共同话题的	A. 事前了解 B. 观察了解 C. 加强学习 D. 关心客户的需求		
4. 通常情况下，客户感兴趣的话题都有哪些呢	A. 客户的工作 B. 客户所在的行业 C. 客户的健康情况 D. 时事热点		

答案：1.D；2.D；3.A、B、C、D；4.A、B、C、D。

得分规则：答对一个选项得 10 分，共 100 分。

参考解析：如果你得了 0~60 分，表明你在面对客户时不能寻找到与客户的共同话题，时常出现冷场情况；如果你得了 60~85 分，表明你根据自己以往以及同事、上司的经验，你可能会掌握一定的寻找共同话题的方法，但是却不能熟练运用；如果你得了85~100分，表明你已经掌握了寻找与客户的共同话题的方法，并能在面对不同的客户、环境时灵活运用，熟练应对不同的突发状况。

案例分享

亨利·迪巴诺是一家面包销售负责人。迪巴诺的面包因为质优价廉，故而远近闻名，十分畅销。

但是，令亨利烦恼的是，位于总部最近的一家超级大饭店却对它无动于衷。于是，亨利决心要敲开这家饭店的大门。

在部门里的几位销售员拜访无果后，亨利决定亲自出马。他每个星期都会拜访大堂经理一次，甚至还以客人的身份住进饭店，把迪巴诺面包免费分给这家饭店的员工。

但是过了几个月，这家饭店的职员仍旧对迪巴诺面包不冷不热，饭店经理也没有任何要订购面包的意思。

亨利是一个意志坚强的人，面对这种冷遇，他认真总结了教训，决定改变策略，开始从饭店经理感兴趣的话题入手。

功夫不负有心人，经过调查，亨利了解到，这家饭店的经理是美国饭店协会的会长，对协会里面的事情十分热心。凡是协会召开会议，无论在什么地方举行，饭店经理都会如期而至。

在掌握了这些情况后，亨利便来到图书馆查阅该协会的相关资料。在做足充分准备之后，亨利再次拜访了这家饭店的经理。这次，亨利只字未提销售面包的事情，而是以协会为话题，与饭店经理进行交谈。

事实证明，这次谈话十分投机，饭店经理两眼放光、兴趣甚浓，侃侃而谈，更是把亨利当成了知音。

几天之后，饭店经理给亨利打来电话，让他将面包样品以及价格表送过去，并表示之后希望能够长期合作。

深度剖析

刚开始亨利向饭店经理正面销售面包，但是尝试了许多方法，一个面包也没有推销出去。经过分析，亨利改变了战略，寻找客户感兴趣的话题，并使之成为双方的共同话题，最终在客户将其当做知音后，成功地销售出去了面包。

销售大师杰弗里·H.基特玛在谈论寻找与客户的共同话题时说过这样的话："如果你找到了与潜在客户的共同点，他们就会喜欢你、信任你，并且购买你的产品。"一开始就像背课文一样向客户介绍产品，在双方没有找到彼此间的共同话题时，销售注定是不会成功的。

因为客户一般是不会在短时间内对销售员的产品或者企业产生兴趣的，如果销售员想要在销售中达到自己的目的，首先要赢得客户的好感、获得客户的认同。而要做到这一点，销售员首先应以客户关心、感兴趣的事情为话题，然后再伺机引出销售目的。

那么，销售员如何寻找客户感兴趣的共同话题呢？

方法一　从关心客户需求入手

如果销售员完全站在自己的立场上思考问题，根本不去考虑客户是否对产品信息感兴趣，并试图迅速将产品信息灌输到客户的头脑中，这种忽略与客户沟通的方法将很难使交谈进行下去。

若销售员想要避免此种情况，其实十分简单，最佳方法就是从关心客户的需求入手，找到与客户的共同话题。

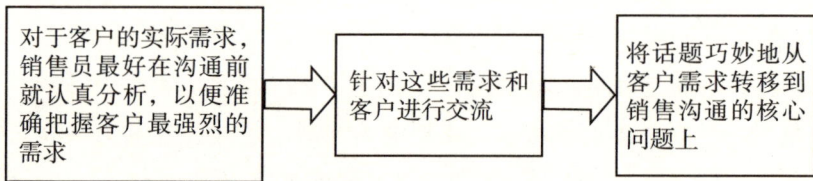

对于客户的实际需求，销售员最好在沟通前就认真分析，以便准确把握客户最强烈的需求	→ 针对这些需求和客户进行交流	→ 将话题巧妙地从客户需求转移到销售沟通的核心问题上

方法二　寻找客户感兴趣的话题

如何才能找到客户感兴趣的话题呢？销售员首先要了解客户普遍感兴趣的话题有哪些。

客户感兴趣的话题	详细内容
客户的工作	客户在工作上曾经取得的成就、未来可能达到的美好前途等
客户所在的行业	行业的现状 / 客户进入行业的经历 / 行业存在的优劣势
客户的健康状况	客户身体的现状以及保养情况等

续表

客户感兴趣的话题	详细内容
客户的家庭	客户的孩子、父母的信息，例如孩子的年龄、上学情况、父母的身体状况等
客户的爱好	客户喜欢的运动、娱乐休闲方式等
客户的往事	同客户一起怀旧，如谈论客户的故乡，或者令其回味的往事等
社会热点	谈论时下大众比较关心的焦点问题，如房地产是否涨价、燃油费是否增加、如何节约能源等
时事新闻	每天早上迅速阅读、浏览报纸和网页，在与客户沟通时，可以将其拿来作为同客户交谈的话题

在寻找共同话题时，针对"寻"、"找"二字，销售员可以运用以下方法。

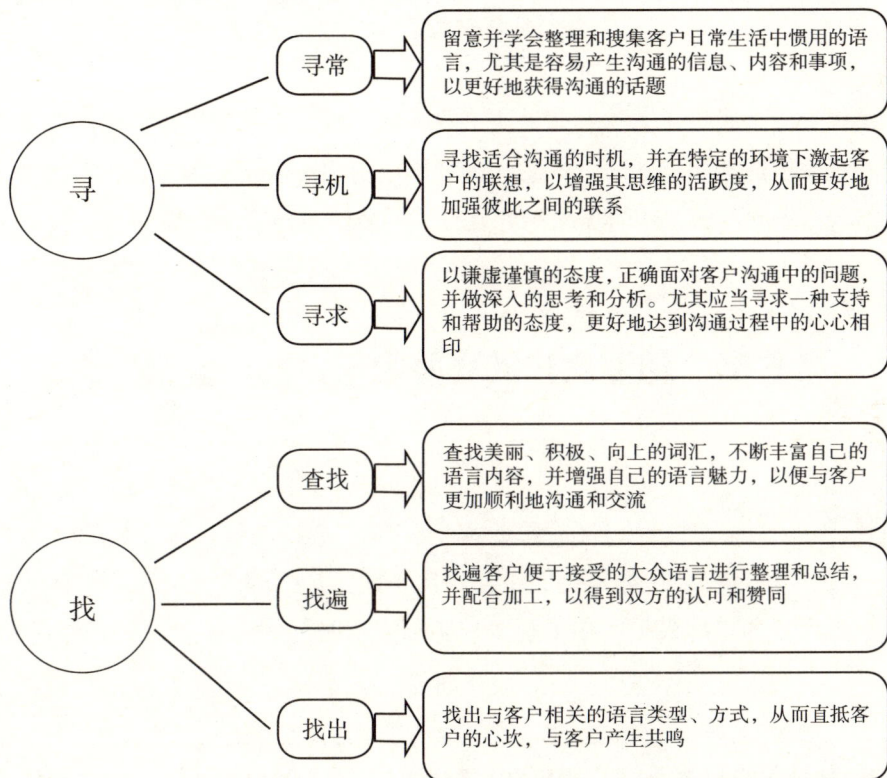

销售经验表明，不同的客户对不同的话题的反应是不尽相同的，有了好的话题，并不等于能够顺利地交流下去。如有些客户喜欢别人谈论自己的家庭，而有些客户就十分忌讳；有的客户事业不景气，这个时候最好能够避免此类话

题……可见，销售员在了解了常见的谈论话题后，还要根据不同的客户进行筛选。

在寻找客户感兴趣的话题时，销售员可以使用以下技巧。

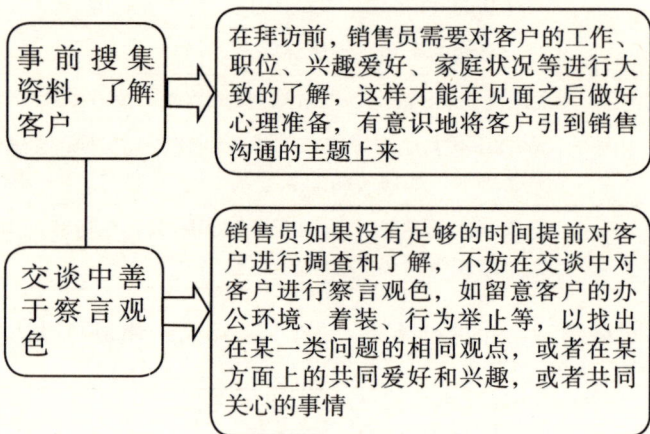

| 事前搜集资料，了解客户 | 在拜访前，销售员需要对客户的工作、职位、兴趣爱好、家庭状况等进行大致的了解，这样才能在见面之后做好心理准备，有意识地将客户引到销售沟通的主题上来 |
| 交谈中善于察言观色 | 销售员如果没有足够的时间提前对客户进行调查和了解，不妨在交谈中对客户进行察言观色，如留意客户的办公环境、着装、行为举止等，以找出在某一类问题的相同观点，或者在某方面上的共同爱好和兴趣，或者共同关心的事情 |

销售中的沟通是互动的，如果谈论的话题只有销售员感兴趣，将不利于调动客户的交谈热情和积极性，以致无法达到预期的沟通效果。为了防止在交谈的过程中出现冷场的局面，销售员应培养几种兴趣爱好，并广泛涉猎各方面的知识。

第2节 根据客户的实际需求为客户提供建议

自测题

1. 在销售过程中，你是否能主动根据不同客户的需求，为客户提供一些建议，从而促使客户购买呢？在了解客户实际需求时，你通常会采用哪些方法？

_____

_____

2. 你认为自己在为客户提供建议时，能否得到客户的认同？你是如何介绍产品的？

_____

_____

案例分享

一次，一位中年男子到电话营业厅缴纳话费，销售员李娜热情地迎接了客户。看到客户一个月要缴纳四五百元花费，李娜便和客户聊了起来。

通过聊天，李娜了解到，客户经常出差，且出差地点并不固定，基本上90%的话费都是长途漫游费。于是李娜不失时机地为客户推荐了一款适合他的手机套餐："您可以购买一个3G卡，这样您不管到哪里出差，接电话都是免费的，同时全国打电话一个价，没有漫游费。"

听到李娜这样说，客户惊喜地说道："还有这种卡，我怎么从来没有听说过啊？"

李娜表示，3G卡是公司新推出的，刚实行没有多长时间。

接下来，客户又提出了新的问题："可是我是做业务的，不能更改手机号啊？如果一改，好多客户都联系不上我了，这可怎么办呢？"

李娜笑着回答："这个您完全不用担心，这个可以不用换号码，具体情况由客户自己决定，像您这种情况，直接更改套餐就行了。"

看到客户疑惑的表情，李娜又拿出宣传此款3G卡的宣传单，逐条、详细地为客户介绍了一遍。在确定客户明白此款3G卡后，李娜告诉客户："您来得特别巧，我们现在有存话费送话费和存话费送手机活动，像您每个月要充这么多话费，不如一次性充进去，这样使用更方便。您可以根据自己的实际情况，选择一个套餐。"

听完李娜的话，客户当即表示："这样确实很划算，我的手机是之前的老款式，不能用微信之类的软件，正好可以换一款手机。"

李娜一边将更改套餐表递给客户，一边告诉客户："如今您要改的套餐每分钟打电话为0.20元，而且全国接听免费，为您省去了一半的费用，这样您每个月的电话费就会在200元左右。我建议您可以选择××款手机，只要预存2899元，每月承诺最低消费186元，使用两年后，就相当于0元购机了，而且还省去了您换号码的麻烦，多合适啊！而且这款手机还能为您提供诸如导航、斗地主、MSN、邮箱等多款软件，您觉得如何？"

客户听后满怀欣喜，当即就选定了预存话费、0元购机的业务套餐。

深度剖析

　　李娜在为客户提供建议时根据客户的实际需求，不但满足了客户的多种需求、为客户节省了一半的手机话费，还满足了客户准备换手机的愿望，说到、做到客户心坎里，客户当然满心欢喜，难以拒绝了。

　　销售是用产品和服务满足客户的需求，需求是一切销售的前提。清楚不同客户的不同需求，并站在客户的角度为客户提供建议，这样的销售才有望获得成功。

　　为了提供给客户更切合其需要的产品，销售员首先需要对客户需求进行了解、分析。PAPPEALS分析法就是一种了解客户需求，确定产品市场定位的工具，从8个方面对产品进行了客户需求定位和产品定位。

　　下面，根据PAPPEALS方法，我们来看一下客户在购买产品时是如何考虑的？

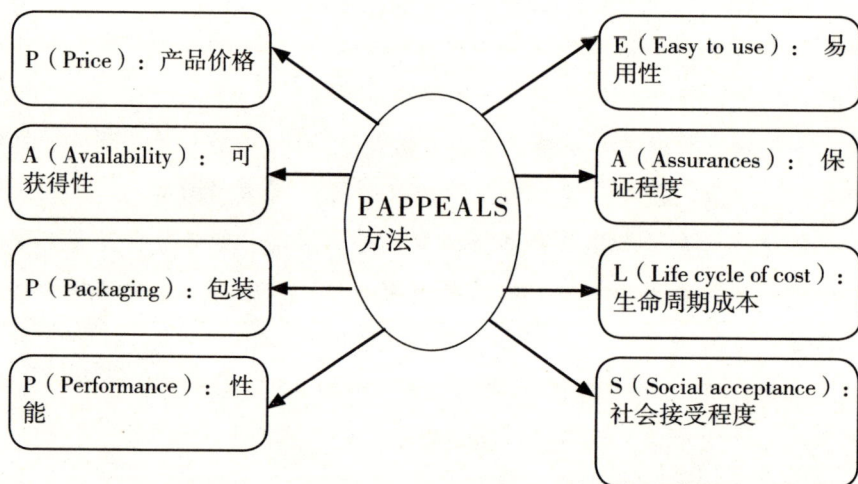

P（Price）：产品价格		E（Easy to use）：易用性
A（Availability）：可获得性	PAPPEALS 方法	A（Assurances）：保证程度
P（Packaging）：包装		L（Life cycle of cost）：生命周期成本
P（Performance）：性能		S（Social acceptance）：社会接受程度

　　PAPPEALS中的每个要素都考虑到了客户在购买产品时的实际需求。

客户PAPPEALS要素	客户PAPPEALS要素概述
P 价格	反映了客户为一个满意的产品希望支付的价格。销售员为客户提供建议时，要从实际和感觉两方面考虑客户按照此价格购买产品可能得到的价值，如技术、低成本制造、加工材料、人力成本、自动化管理、可生产性等

续表

客户 PAPPEALS 要素	客户 PAPPEALS 要素概述
A 保证	反映了在可靠性、安全性和质量方面的保证。销售员为客户提供建议时，要考虑在可预测的环境下如何评价整个产品的性能可靠性，如保修、鉴定、强度等
P 性能	描述了客户期望产品所具备的功能和特性。销售员在为客户提供建议时，要从客户所期望的功能和特性方面考虑产品实际的情况以及可以感知的性能，如产品是否能够达到客户的期望和效果，是否能在速度、功率、容量等方面表现出优越的性能
P 包装	描述了客户期望的设计质量、性能和外观等视觉特征。销售员在为客户提供建议时，要考虑客户对外形、颜色等方面的要求
E 易用	描述了客户的易用属性。销售员在为客户提供建议时，要考虑客户对产品在舒适性、实用性等方面的意见
A 可获得性	描述了客户在购买过程中是否快速、高效。销售员在为客户提供建议时，要考虑整个购买过程的效率，包括售前技术支持和演示、购买时间、客户定制能力、交付时间等
L 生命周期成本	描述了客户在使用产品时的整个生命周期的成本。销售员在为客户提供建议时，需要考虑客户对安装成本、培训、服务、供应等方面的需求
S 社会接受程度	描述了影响客户决定购买的其他因素。销售员在为客户提供建议时，要考虑口头言论、第三方专家评价、社会认可程度、产品质量责任等对客户购买产品所起的促进作用

在了解了 PAPPEALS 分析法包含的内容后，我们可以按照以下使用步骤为客户提供满足其实际需求的有效建议。

步骤一 了解客户的实际需求

可以通过调查、询问等方法定义 PAPPEALS 法 8 个要素中关键的客户需求。

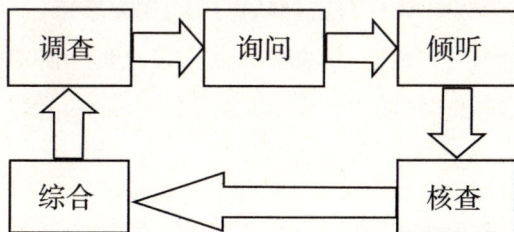

在了解客户的实际需求时，销售员也可以通过让客户填写表格的直观方式

获取资料。

客户需求分析表	
填表人： 日期：	
客户姓名	
客户性别	
客户地址	
联系方式	
职业特点	
性格喜好	
客户（客户企业）目前面临的突出问题	
客户的预算	
对物流方面的特别要求	
销售员的看法及建议	

步骤二 将客户的实际需求进行排序

销售员可以将第一步中定义的客户需求按照以下 3 类进行排序，找出客户最关心以及最希望解决的问题。

——基本需求。即一位客户购买某个产品最基本的要求，如果这些需求没有得到满足，那么客户将不会考虑购买产品。

——让客户更满意的需求。这是在基本需求之外，产品能够向客户提供的差异化和附加价值。

——更有吸引力的需求。更有吸引力的需求向客户提供了基本需求和让客户满意的需求所不能满足的独一无二的或者额外的利益和价值。

步骤三 结合 PAPPEALS 方法分析客户的实际需求

销售员可以结合 PAPPEALS 方法了解到的客户实际需求信息以及客户对各个维度的需求侧重，画出相应的雷达图，并建立针对每一位客户的产品对应框架。

P 包装
视觉评估 / 捆绑

A 可获得性
客户整个购买经历，包括购买渠道

P 性能
客户需要产品拥有什么样的功能和性能

P 价格
客户希望为自己寻求的价值支付的钱数

E 易用
客户期望的产品易用性的构成，如安装、管理等

S 社会接受程度
什么"形象"可以促使客户购买产品以及客户是如何购买产品的

A 保证
客户希望产品 / 服务可以为自己带来什么保证

L 生命周期成本
什么样的周期成本会影响客户购买产品

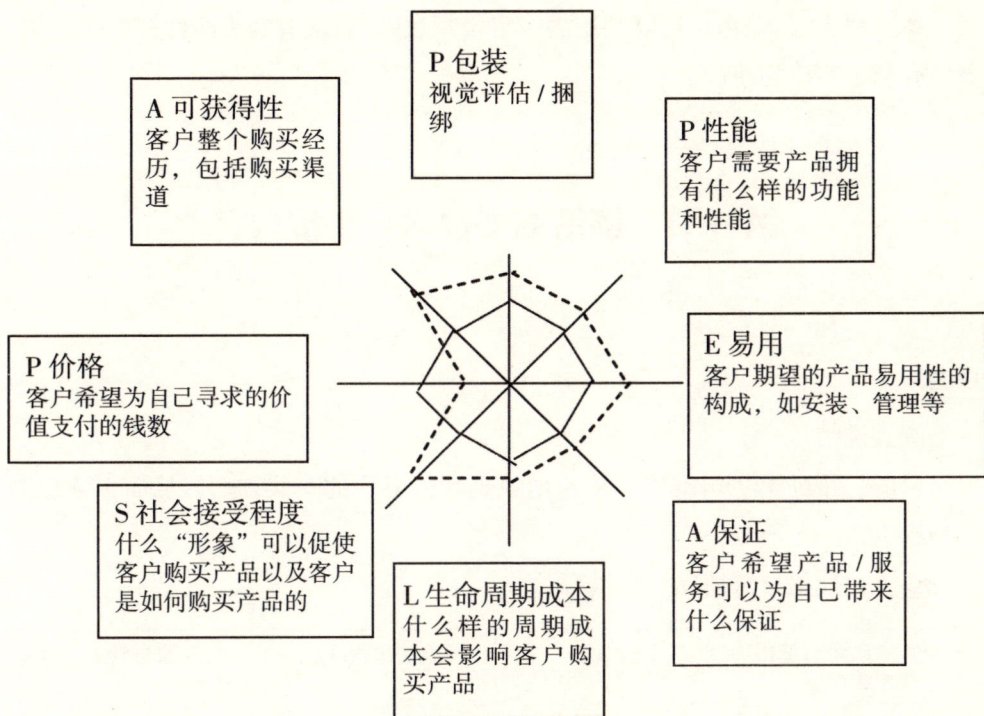

步骤四 提供建议

根据公司的战略目标和市场策略，针对通过客户需求分析制定出的产品框架，为客户提供最切合的购买建议。

以下是常用的为客户提供建议的方法，销售员可以根据自身的需求灵活选择。

● 二选一法。销售员在为客户圈定选择范围的前提下，提供两个可选择的产品建议。

● 欲擒故纵法。销售员在让客户认识到产品的"限时"、"限量"、"稀缺"等特点后，为客户提供意见，并故意表现得不急于成交，留给客户充足的思考时间。

● 分析法。销售员可以根据事实，特别是依据一些数据为客户分析产品及其需求并提供建议。

● 佐证法。销售员可以为客户提供其他客户的购买及获益的证明，并站在客户的角度为其提供建议，以触动客户的购买欲望。

● 利诱法。销售员可以利用满一定金额送赠品，或者购买两件打折的方法，提出有利于客户的建议。

第3节　谈话时多提客户少提自己

自测题

测试说明

目的：帮助销售员准确、快速地找到客户喜欢的交谈方式，从而保证双方的顺利沟通。

要求：根据自身情况如实填写。

围绕客户谈话时值得注意的事项	掌握情况		掌握程度			改进计划
谈话中从来不用带有个人偏好的词语	□是	□否	□1	□3	□5	
在介绍产品时能够结合客户的需求	□是	□否	□1	□3	□5	
介绍时能够充分考虑到客户各方面的需求	□是	□否	□1	□3	□5	
在列举实例时，能够同客户的情况联系起来	□是	□否	□1	□3	□5	

参考解析：

在"掌握程度"一栏中，"1"表示没有掌握；"3"表示部分掌握；"5"表示已经充分掌握。如果你在"掌握情况"一栏中选择"否"，则不需要在"掌握程度"一栏中做出选择。在填写完题目后，根据自身情况制订出改进计划。

案例分享

赵晴是商场某知名品牌男装的销售员，这天一开门，就来了一位年轻小姐。看到有顾客，赵晴赶忙迎了上去："您好，很高兴为您服务！请问有什么可以帮您的吗？"

客户摆摆手说："我先自己看看，等有不明白的地方再问你。"

听到客户这样说，赵晴很不高兴，刚表现在脸上的热情顿时烟消云散，她冷冷地说："那好吧。"就回到柜台里。

顾客转了一圈，停留在一款领带前认真打量。一会儿，她扭头问赵晴："这款是新出的款式吗？"

听到询问，赵晴慢慢从柜台里走到顾客面前看了看："嗯，是新品，这款领带的销量很好，我也非常喜欢这个颜色和款式。您觉得怎么样啊？"

客户又看了一下："我觉得不错，就是不知道我男朋友戴起来好不好看？"

这时赵晴将领带从展示柜里拿出来，戴在自己脖子上为顾客展示效果："您看，只要他穿休闲、浅色的西装，就像我这样的衣服，搭配起来效果就很好。"

看着赵晴的西装，客户呆了一下，"浅色、休闲的西装？我男朋友好像没有这样的衣服，他的衣服都比较正式。"

听到客户的回答，赵晴快速将脖子上的领带解下来，从玻璃展柜里拿出另一条领带："这款怎么样，很多人都喜欢这款呢，刚上货的时候我就给我老爸和老公各买了一条，搭配起正式西装的效果绝对超乎你的想象。"

"这……我还是再看看吧。"说完，客户就去了别家。

赵晴看着客户的背影，自言自语道："这个人真难待候，到底要买什么样的款式啊！"

深度剖析

赵晴在向客户推荐产品时总以自我为中心，在没有明确客户真正需求的情况下就根据自己的想法向客户推荐，如"我觉得还不错"、"就像我这样的衣服，搭配起来就不错"、"刚上货的时候我就给我老爸和老公各买了一条"，结果不但无法说到客户的心坎里，反而引起了客户的反感。

在销售中，客户最关心的是自己的利益，而销售员需要关心的是公司和个人的利益，这两者在本质上是一致的。也就是说，在客户的利益得到保障的前提下，公司的利益才能实现。在认清客户重要性的前提下，销售员应本着以客户为中心的原则，多询问客户，挖掘客户真实的需求，针对客户的需求再推荐产品。

但很多销售员常常自认为很专业，处处以自我为中心，这只会招来客户的反感，从而使沟通无法进行下去。出现这样的问题，最主要的根源还是客户感觉到自己没有受到销售员的关注。

优秀的销售员都会理解客户的需求，并力求在与客户的相处中给予足够的关注。所以，为做好销售铺垫，以下会让客户感觉没有受到关注的举动值得销售员注意。

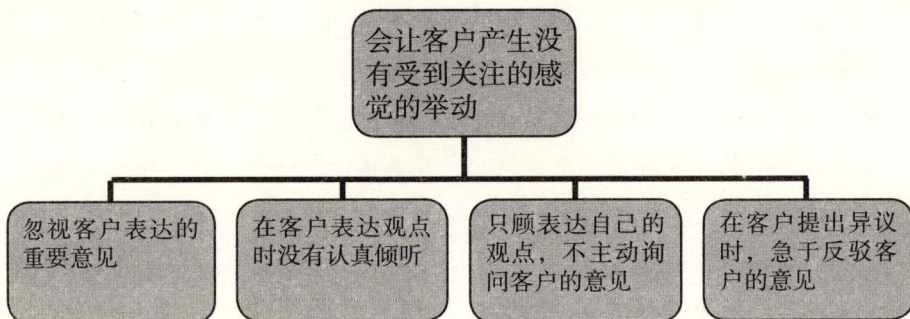

会让客户产生没有受到关注的感觉的举动

- 忽视客户表达的重要意见
- 在客户表达观点时没有认真倾听
- 只顾表达自己的观点，不主动询问客户的意见
- 在客户提出异议时，急于反驳客户的意见

销售沟通的主角只有一个，那就是客户，销售员能否找到客户的兴趣点进行交谈，或找到客户的需求点进行介绍，都在一定程度上决定了销售的成败。因此，优秀的销售员自始至终都能围绕客户展开谈话。在围绕客户进行谈话时，以下几方面尤其值得注意。

方面一　谈话中尽量少用带有个人偏好的词语

不管销售员多认可产品，如果不能让客户认识和感受到，都是没有意义的，对销售不会起到丝毫推动作用。在与客户交谈时，"我觉得"、"我认为"等带有明显个人偏好的词语最好避免使用，而是多询问客户的意见，如"您需要什么价位的产品？""您觉得产品如何？""您还有其他需要吗？"让谈话始终围绕客户进行。

方面二　在介绍产品时结合客户的需求

销售员向客户介绍产品的特点和优势，是销售过程中十分必要的环节。但经调查发现，很多销售员在向客户介绍产品时总是一股脑儿地为客户讲述产品的所有特点，致使产品无特点，不能给客户留下深刻印象。究其原因，是没有将客户需求同产品介绍联系起来。

```
                    ┌─────────────┐              ┌──────────────────────┐
                    │ 不根据客户关 │  具体做法    │ 销售员在没有确定客户最关心的 │
         ┌─────────│ 心的问题有针 │────────────│ 产品特点之前，就开始根据自己 │
  ╭──────╮         │ 对性地介绍   │              │ 的想法介绍产品，以致出现了牛 │
 ╱ 介绍产品 ╲       └─────────────┘              │ 头不对马嘴的情况       │
│ 不结合客  │                                    └──────────────────────┘
│ 户需求的  │       ┌─────────────┐              ┌──────────────────────┐
│ 具体原因  │       │             │  具体做法    │ 销售员在介绍产品时没有重点， │
 ╲        ╱────────│ 尝试"一锅端"│────────────│ 缺乏逻辑，无法突出产品的优势 │
  ╰──────╯         │             │              └──────────────────────┘
                    └─────────────┘
```

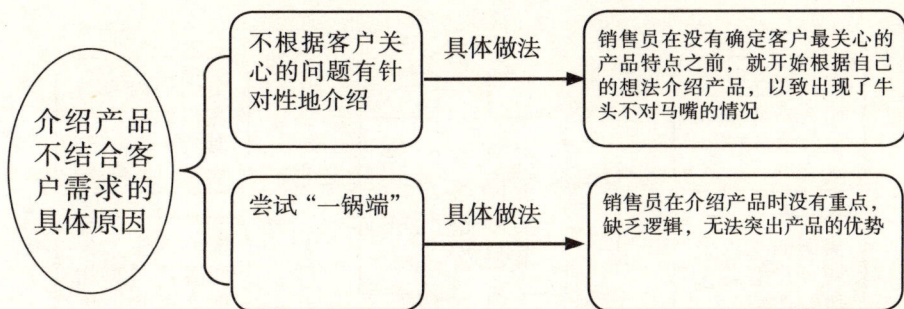

很多时候，客户不是不需要购买产品，而是销售员在介绍时，没有结合客户的自身利益点介绍产品本身的优势，没有明确产品能够满足客户需求的特点。为了不脱离客户介绍产品，销售员可依照下列步骤向客户推荐产品。

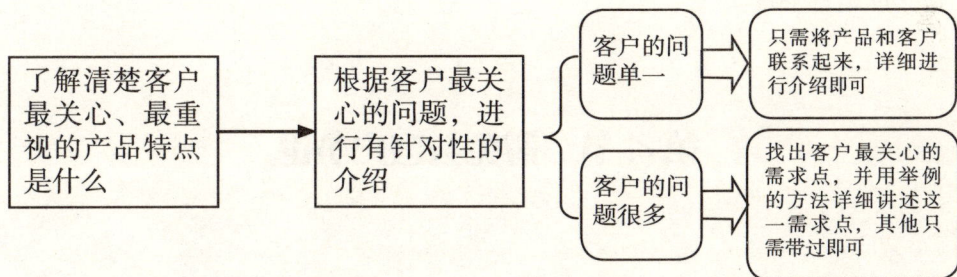

```
┌──────────┐      ┌──────────┐      ┌────────┐    ┌──────────────┐
│ 了解清楚客户 │      │ 根据客户最关 │      │ 客户的问题 │    │ 只需将产品和客户 │
│ 最关心、最重 │──────│ 心的问题，进 │──────│ 单一     │───│ 联系起来，详细进 │
│ 视的产品特点 │      │ 行有针对性的 │      └────────┘    │ 行介绍即可      │
│ 是什么    │      │ 介绍      │                    └──────────────┘
└──────────┘      └──────────┘      ┌────────┐    ┌──────────────┐
                                     │ 客户的问题 │    │ 找出客户最关心的 │
                                     │ 很多     │───│ 需求点，并用举例 │
                                     └────────┘    │ 的方法详细讲述这 │
                                                    │ 一需求点，其他只 │
                                                    │ 需带过即可      │
                                                    └──────────────┘
```

方面三 充分考虑客户的需求

有些客户的需求不是单方面的，这些客户可能关注产品性能、使用方法、美观、售后、价格等多方面因素。很多时候，产品不能同时满足客户的所有需求，销售员此时可通过询问、向客户提建议等方法帮客户做选择，从而处处显示出对客户的关心。

方面四 在列举实例时，同客户的实际情况联系起来

销售员有时会以自己或身边人、名人实例来证明产品优势，这样的举例同样不能脱离客户，否则将无法让客户产生共鸣，达到说服客户的目的。

那么，销售员如何才能在列举实例时，同客户的实际情况联系起来呢？

实例的主人公同客户年龄相仿

实例的主人公同客户有着类似的喜好

将列举的例子同客户的实际情况联系起来

实例的内容与客户的经历相似

实例的主人公和客户对事物的态度和评价接近

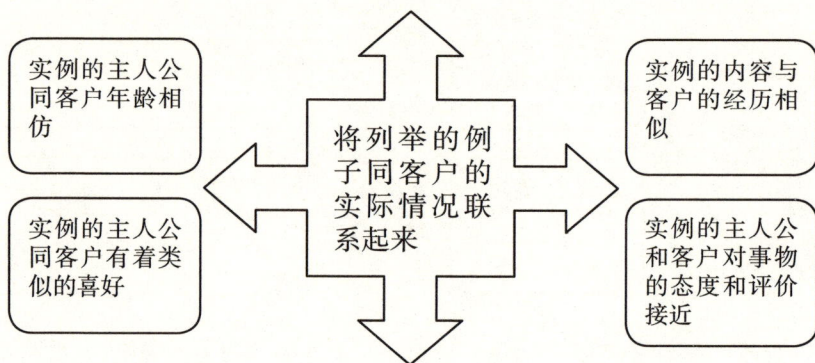

总之，销售员在与客户沟通时，如果能够以满足客户利益点为最终的目标，让客户始终有一种被关注的感觉，就能让客户感受到被重视，体现出"客户是上帝"的销售宗旨。

第4节　避免与客户争论

自测题

1. 如果客户提出的意见片面、没有依据，你将如何解决？你认为与客户争论能够达到理想的效果吗？

_____

_____

2. 在销售过程中，为避免与客户争论，你曾使用过哪些自己认为不错的应对方法？

_____

_____

案例分享

刘著找到已经联系多次的客户，以确定其具体的购买日期。

　　在见到客户时，刘著问："您已经看过我们公司生产的健身器材，我想知道，您觉得满意吗？"客户想了一会儿表示："功能是挺好的，只是这种健身器材太占地方，摆在家里恐怕有点不合适。"

　　听了客户的回答，刘著十分生气，他反问客户："可是您在试用时不是觉得挺适合的吗？"

　　客户摇摇头说："不行，如果买回去，我家客厅就没地方活动了。"

　　这时，刘著直接反驳客户："才几天啊，您怎么突然变卦了？您不是非常想买这台健身器材吗？"

　　听到刘著质问，客户也变得不满起来："我现在就是不想买了，可以跑步的路那么宽，这不用你操心。"

　　"可外面环境污染太严重了，我觉得您十分需要这台健身器材。"刘著穷追不舍。

　　"哼，你这是什么道理，非要别人买你的东西吗？我现在明确地告诉你，我是不会购买健身器材的。"客户果断地拒绝了刘著。

　　在气急之下，刘著对着客户大声喊了声"什么人啊"，就头也不回地走了。

深度剖析

　　刘著在客户提出异议时没有帮客户解决问题，而是直接反驳客户，并与客户争论，从而加重了客户的不满，最终导致销售失败。可见，与客户争论是销售员的大忌。

　　"客户并非永远是对的，但是与客户争论则永远是错的。"这句商业格言已被无数次证实，尤其是当销售员推广新产品或与客户的关系紧张时，这是一条必须谨记的法则。

　　如果销售员想将自己的思想灌输给客户，靠争辩是不能达成的。如果销售员能够树立良好的心态，将客户的反对意见当成对自己的锻炼，极尽所能地满足客户的需求，努力提升客户的满意度，才有机会与客户实现合作，提高业绩。

　　那么，在客户表示不满、提出异议时，销售员应如何避免与客户发生争论呢？我们可以尝试运用 LSCIA 模型正确有效地处理客户的抱怨和不满。

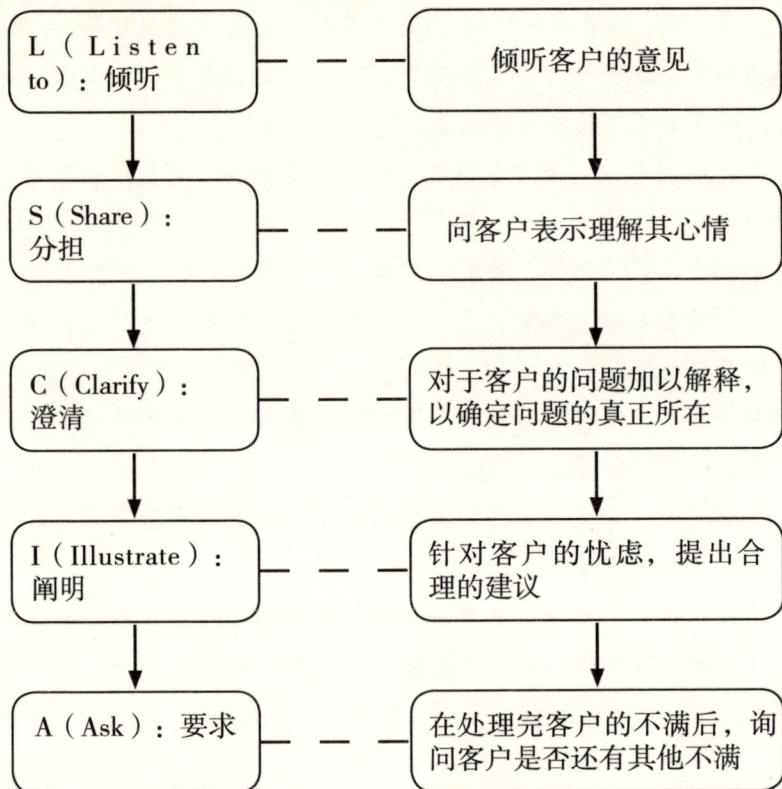

L（Listen to）：倾听	----	倾听客户的意见
S（Share）：分担	----	向客户表示理解其心情
C（Clarify）：澄清	----	对于客户的问题加以解释，以确定问题的真正所在
I（Illustrate）：阐明	----	针对客户的忧虑，提出合理的建议
A（Ask）：要求	----	在处理完客户的不满后，询问客户是否还有其他不满

步骤一　倾听

倾听是解决问题的前提。当客户对产品或服务提出不满，反映产品或者服务存在问题时，销售员首先要学会倾听。

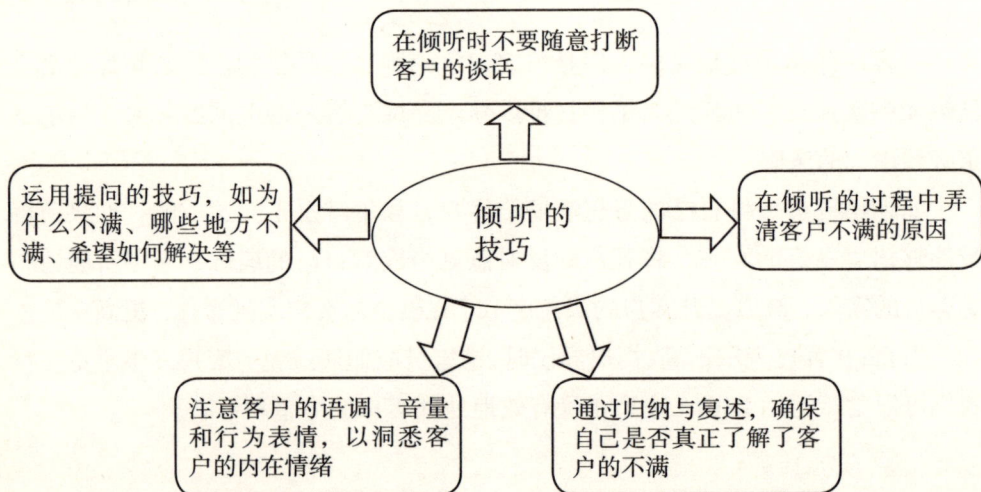

倾听的技巧

- 在倾听时不要随意打断客户的谈话
- 运用提问的技巧，如为什么不满、哪些地方不满、希望如何解决等
- 在倾听的过程中弄清客户不满的原因
- 注意客户的语调、音量和行为表情，以洞悉客户的内在情绪
- 通过归纳与复述，确保自己是否真正了解了客户的不满

步骤二　分担

如果销售员基本弄清了问题的本质和原因，可采用分担的方式让客户感受到被重视，如对客户的想法和做法表示理解："这我十分理解"；告诉客户其想法和做法是十分普遍的，大多数客户都会出现这样的担心："您说得有道理，很多客户最初像您一样，都会产生这样的想法和担忧"。总之，不管产品或者服务是否真如客户所说，反驳客户或与客户争论都是不可取的。

步骤三　澄清

如果通过上面两个步骤已经基本了解了客户产生不满的本质及动向，此时应再次确定客户产生不满的原因，并以最快的速度帮助客户解决问题，必要时可予以精神和物质补偿。

步骤四　阐明

如果客户的忧虑是由主观思想引起的，则可针对客户的担忧提出合理的建议。如果客户提出的问题确实存在，一时又无法得到合理解决，最好诚实地告诉客户情况有点特别，但会尽力帮客户解决。对于难以解决的问题，销售员不可忘记与客户约定回复的时间。

步骤五　要求

在解决客户的问题后，并不代表可以向客户提出成交请求。如果能够继续询问客户："您还有什么不明白的地方/还有什么其他要求"，并递上自己的名片，客户将感到备受尊重，很可能成为你的忠实支持者。

销售员在按照 LSCIA 模型处理客户的不满和抱怨时，运用以下原则，则可有效避免与客户发生争论。

原则一　以诚相待

处理客户不满的目的是为获得客户的理解和再度信任，如果销售员在处理客户抱怨时缺少诚意，与客户发生争执，客户很可能会大肆宣传销售员的服务不周，从而使销售遭遇致命障碍。如果销售员不能做到此点，通过以下方法，就能很好地让客户感受到你的真诚。

以诚相待的方法

- 将心比心，站在客户的角度思考问题
- 做事有原则，对客户做出的承诺务必兑现
- 有耐心，避免表现出急躁和不耐烦的情绪

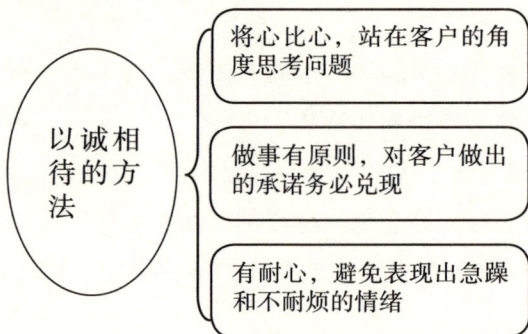

原则二　对客户的不满情绪做出积极反应

大多数销售员都知道同客户争论有百害而无一利，但在实际销售中，仍然有很多销售员难以控制情绪，不可避免地与客户发生争执。

其实，客户没有义务花费时间和精力去配合销售员展开任何工作，他们可以完全按照自己的意志和情绪发表观点，也可自由选择认同还是反对销售员的观点和行为。所以，如果客户表现出不满情绪，销售员能控制情绪，迅速做出积极反应，便能有效地避免争论。

在消除客户的不满情绪时，迅速和积极是两大关键因素。

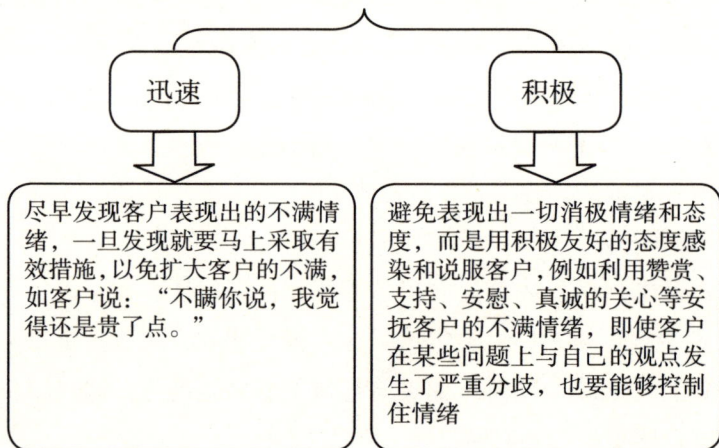

迅速

尽早发现客户表现出的不满情绪，一旦发现就要马上采取有效措施，以免扩大客户的不满，如客户说："不瞒你说，我觉得还是贵了点。"

积极

避免表现出一切消极情绪和态度，而是用积极友好的态度感染和说服客户，例如利用赞赏、支持、安慰、真诚的关心等安抚客户的不满情绪，即使客户在某些问题上与自己的观点发生了严重分歧，也要能够控制住情绪

原则三　虚心接受客户提出的意见

对于客户的不满和意见，虚心接受会达到比争论更好的效果。而如果在客户没有表达完意见时就开始反驳客户，往往会使问题变得更加复杂。

那么，哪些方法可以帮销售员虚心接受客户提出的意见呢？

虚 心 接
受 客 户
意 见 的
方法

即使客户提出的意见是错误和缺乏依据的，也应避免直接反驳客户，此时不妨使用"是的……但是……"句式委婉地表达自己的想法

适当降低自己，以更好地突出客户，如赞美客户学识渊博、阅历丰富等

第5节　为客户着想，努力实现与客户的双赢

自测题

1. 在实施双赢计划前，你是否已经明确自己和客户的利益？这会给销售带来哪些方面的影响？

_____

_____

2. 在达成协议的过程中，客户提出不同的意见时，你是如何调整协议内容的？

_____

_____

3. 在实现与客户的双赢时，你是否是有计划地推进销售进程的？请简要叙述步骤。

_____

_____

案例分享

艾伦是一家公司的经理。一次，公司准备扩大营业规模，建造一个兼营唱

歌的跳舞场，这件事情就交给了艾伦负责，而且前提是尽量节省经费。

于是艾伦找到一个建筑行业的新手，说了自己的要求，这个建筑商答应了，但也提出了一些要求，那就是建成后，允许建筑商带别的客户来参观，同时要对建筑商所在的公司进行宣传。艾伦认为建筑商的要求会给公司造成一定的影响，就拒绝了。

不久，艾伦听到一个令他震惊的消息：自己的竞争对手鲍勃和那位建筑商达成了协议，而且签约的价格要比自己开出的价格低 10%，最不可理解的是，建筑商竟然还负责整个工程的精装修。

艾伦实在想不通，竞争对手究竟是用什么方法将价格压得这么低的。经过侧面调查，艾伦终于明白，原来建筑商在竞争对手那里也提出了同自己一样的条件，但竞争对手却爽快答应了。因为竞争对手认为建筑商在带客户群来参观的行为，也是在帮助自己扩大客户量；同时，竞争对手为了将自己设计的建筑完美地呈现在客户面前，自然主动提出免费进行装修了。

深度剖析

艾伦为了自己的利益不愿同建筑商签约，因此失去了极好的合作机会。而他的竞争对手深谙双赢的道理，不仅满足了建筑商的要求，为自己节省了一大笔钱，而且在建筑商带客户参观时，也为自己赢得了更多的客户。

任何销售都以双赢为前提，销售的过程实际上就是销售员和客户不断进行沟通，创造价值的过程，双方在寻求自身利益最大化的同时，也在满足着对方利益最大化的需要。

销售员在充分体现并努力达到与客户的双赢时，不妨尝试运用 PRAM 销售模式予以实现。

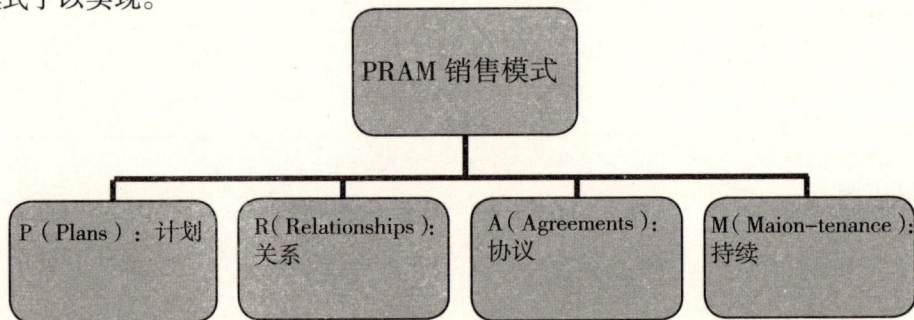

```
                    ┌──────────────────┐
                    │   PRAM 销售模式    │
                    └──────────────────┘
                             │
        ┌────────────┬───────┴────────┬────────────┐
  ┌──────────┐ ┌──────────────┐ ┌──────────────┐ ┌──────────────────┐
  │ P（Plans）│ │R（Relationships）│ │A（Agreements）│ │M（Maion-tenance）│
  │ ：计划    │ │：关系         │ │：协议         │ │：持续             │
  └──────────┘ └──────────────┘ └──────────────┘ └──────────────────┘
```

PRAM 销售模式也称为双赢销售模式，因为销售员在与客户接触前，首先要问问自己能为客户带来什么利益；其次，销售员必须清楚客户是向销售员购买东西，而不是向公司购买，而且客户总是乐意向自己了解并信赖的销售员购买产品，所以花些时间同那些客户建立良好关系是十分必要的；再次，销售员要确定自己使用的销售法则——双赢，即自己和客户都能从交易中获得自身所需要的；最后，销售员不要忘记持续使用 PRAM 原则，如给予带来新客户的老客户相应的回报，让他们体会到付出的收获。

PRAM 的销售模式整体上分为 4 个步骤。

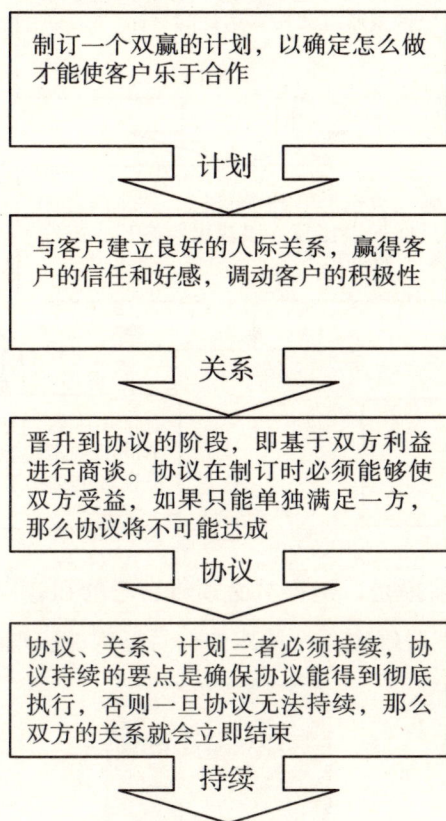

制订一个双赢的计划，以确定怎么做才能使客户乐于合作

计划

与客户建立良好的人际关系，赢得客户的信任和好感，调动客户的积极性

关系

晋升到协议的阶段，即基于双方利益进行商谈。协议在制订时必须能够使双方受益，如果只能单独满足一方，那么协议将不可能达成

协议

协议、关系、计划三者必须持续，协议持续的要点是确保协议能得到彻底执行，否则一旦协议无法持续，那么双方的关系就会立即结束

持续

计划、关系、协议、持续 4 个步骤逐层推进，一旦其中的一个步骤无法实现，接下来的步骤自然无法实现。其中能否与客户保持良好的关系是这 4 个步骤实现的关键。在了解了 PRAM 的整体步骤后，我们接下来了解一下销售模式的详细实施步骤。

步骤一 制订一个双赢的计划

双赢式交易，就是让客户像销售员一样看待销售工作，从而使买卖双方为彼此达成一致而努力。

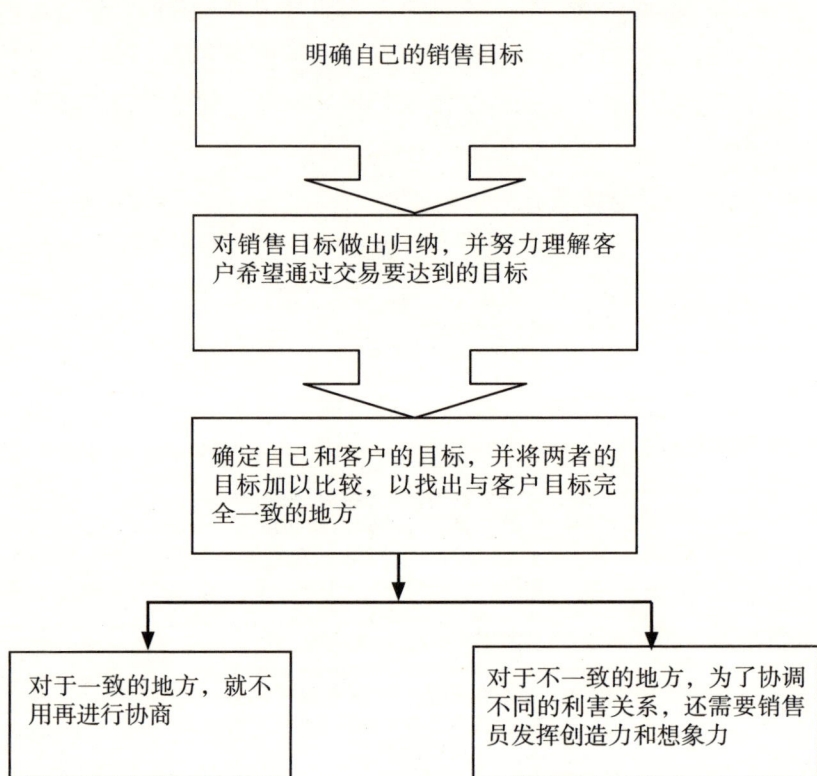

```
┌─────────────────────────────────────────┐
│           明确自己的销售目标                │
└─────────────────────────────────────────┘
                    ↓
┌─────────────────────────────────────────┐
│  对销售目标做出归纳，并努力理解客           │
│  户希望通过交易要达到的目标                 │
└─────────────────────────────────────────┘
                    ↓
┌─────────────────────────────────────────┐
│  确定自己和客户的目标，并将两者的           │
│  目标加以比较，以找出与客户目标完           │
│  全一致的地方                              │
└─────────────────────────────────────────┘
          ↓                      ↓
┌──────────────────┐   ┌──────────────────┐
│ 对于一致的地方，就  │   │ 对于不一致的地方，为了协调 │
│ 不用再进行协商     │   │ 不同的利害关系，还需要销售 │
│                  │   │ 员发挥创造力和想象力      │
└──────────────────┘   └──────────────────┘
```

制订双赢计划的前提是，销售员必须将自己的和客户的目标进行对比，并将此作为制约条件，然后确定一个使双方的目标都能实现的计划。

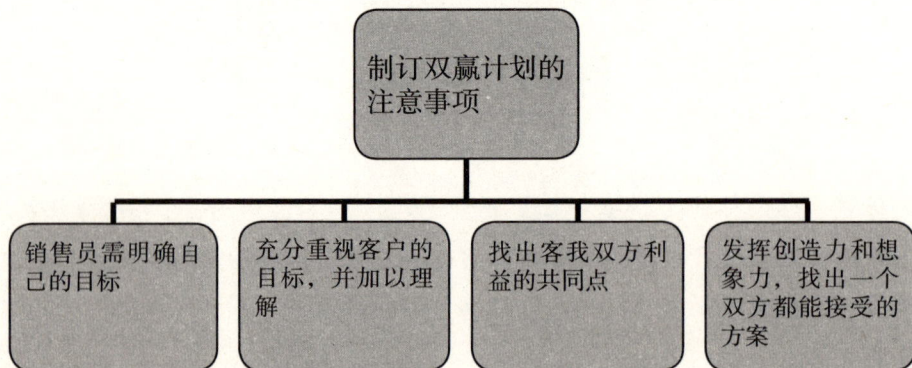

```
              ┌──────────────┐
              │ 制订双赢计划的 │
              │ 注意事项      │
              └──────────────┘
    ┌──────────┬──────┴──────┬──────────┐
┌────────┐ ┌────────┐ ┌────────┐ ┌────────┐
│销售员需明确自│ │充分重视客户的│ │找出客我双方利│ │发挥创造力和想│
│己的目标    │ │目标，并加以理│ │益的共同点  │ │象力，找出一个│
│          │ │解        │ │          │ │双方都能接受的│
│          │ │          │ │          │ │方案      │
└────────┘ └────────┘ └────────┘ └────────┘
```

步骤二　建立起双赢关系

人们更倾向于和信任的人打交道，对于不信任的人心怀芥蒂。如果销售员能赢得客户的信任和好感，客户就会乐于、放心地从销售员这里购买东西。

进一步说，双赢关系是建立一种客我双方都希望对方处于良好协商环境中的关系。当双方建立起双赢关系，彼此不仅能融洽协商，而且从心里期待合作成功。

那么，如何才能建立起双赢关系呢？

第一步：事先了解客户信息，并根据客户情况制定出可能遇到的问题的应对措施和销售计划。

第二步：根据销售计划逐步发展与客户的关系。

第三步：寻找方法，培养相互间的信任感。

第四步：加强同客户之间的联络；寻找双方之间的共同话题；一旦向客户许下承诺，就尽自己所能去完成。

第五步：当充分形成双赢的关系后，再提及销售事宜。

步骤三　建立双赢协议

双赢协议是指协调双方目标，使销售员和客户都能接受的协议。由于双赢协议涉及双方利害关系，自然应确定双方在协议中应承担的责任。

在建立双赢协议时，销售员可以参考如下方法。

①核实客户目标

建立双赢协议很重要的一个步骤是与客户沟通交流，并从客户的回答中来核实其目标。

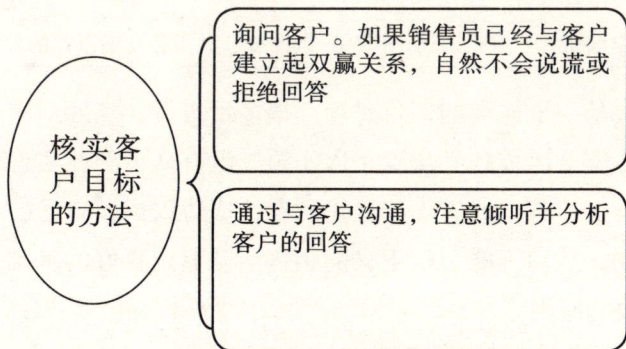

核实客户目标的方法

- 询问客户。如果销售员已经与客户建立起双赢关系，自然不会说谎或拒绝回答
- 通过与客户沟通，注意倾听并分析客户的回答

②将自身的目标与客户的目标进行对比

在确定双方的目标一致性时，可以按照如下步骤。

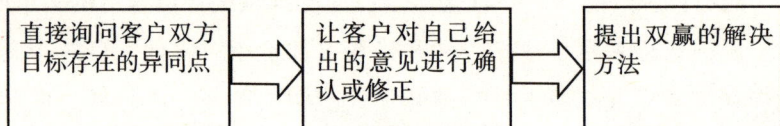

| 直接询问客户双方目标存在的异同点 | ⟹ | 让客户对自己给出的意见进行确认或修正 | ⟹ | 提出双赢的解决方法 |

客户在销售中将不可避免地提出与销售员不同的想法和意见，销售员忽视客户意见，或省去讨论、交换意见等协调环节的做法，都将成为双赢销售的阻碍。

③达成协议

在解决所有问题以及成功协调双方之间的目标后，就意味着双方真正达成了协议。这时销售员需要将协议的内容正确、完整地记录下来。

步骤四　保持双赢式维持

达成协议并不意味着销售结束，重要的是协议要具备可执行性。在达成协议并记录下协议之后，就意味着已经存在客户必须实行的协议约定，在客户忘记或故意不兑现约定的情况下，催促客户兑现约定，就成为销售员的责任。

双赢式维持包括两方面：约定维持和关系维护。

双赢式维持的方法	详细方法
约定维持	对客户遵守协议约定的行为给予及时、良好的激励，如亲自拜访客户，写信、打电话致以问候，对客户表示感谢
	销售员也应履行自己承担的职责，如果销售员无法遵守承诺，那么也没有理由要求客户遵守
关系维护	定期对客户进行回访、追踪，以保持、巩固和发展以往的关系

双赢销售法是一个连续的销售过程。很多销售员在实际运用时，会将双赢销售法的4个步骤分离成独立步骤予以实施，没有认识到要实现下个步骤，首先应顺利实现前一步骤；或者不能认识到在达成协议后，自己的行动会给客户带来很大的影响，从而不能为接下来的销售活动奠定良好的基础等，这些都可能成为销售失败的原因。

第四部分 成交篇

顺利实现成交的方法

第7章 提出成交前需要明确或解决的问题

第1节 找到并消除成交的障碍因素

自测题

1. 在销售遇到失败时，你是否知道自己失败的原因？你是从哪些方面找出原因的？

_____

_____

2. 你会在销售中关注并分析影响成交的因素吗？你是从哪些方面、运用哪些方法找到这些障碍因素的？

_____

_____

3. 当清楚了影响客户成交的障碍因素时，你会及时消除这些因素吗？具体是如何应对的呢？

_____

_____

案例分享

办公用品公司的销售员王润两周前找到了一家新公司合作，这家公司刚刚成立，按照常理来说需要购买不少办公设备，但是在王润与其沟通后，客户却表示什么也不购买。

王润知道，客户拒绝购买，肯定存在一定的成交障碍。

　　在接下里的沟通过程中，王润仔细地观察着客户的一举一动，他发现在自己介绍产品时，客户时而望向窗外，时而翻看电脑。通过客户的动作，王润判断客户可能不关心谈论的话题。

　　接下来，王润从客户的言语中寻找到了客户感兴趣的话题，并极力使自己表现得像一个合格的听众。果然，没多久，王润就和客户熟络起来。

　　在聊天中，王润了解到客户的公司只有一台打印机，员工在上班时将第二天需要的资料从电脑上传给客户，而客户在下班之后加班加点地为员工打印文件。听到这些，王润趁机询问客户："有没有想过运用提高工作效率的方法呢？"

　　客户边摇头边说："现在哪有什么提高工作效率的方法，还是脚踏实地为好。"

　　王润看着客户，半开玩笑地说："如果我有能提高员工工作效率的方法，您愿意尝试吗？"

　　"那好吧，咱们都这么熟了，你说说看吧。"客户示意王润说下去。

　　王润故意卖了个关子："其实您可以增加一些办公设备，这样可以节省许多时间。"

　　听到王润的建议，客户脸上露出难为情的神色，他告诉王润："不瞒你说，这个方法我曾经也想过，但是公司刚成立，资金确实十分紧张，哪有资金购买那么多办公设备啊！"

　　听了客户的难处，王润表示十分认同，他想了一会儿，告诉客户："这样吧，您可以去银行办张信用卡，然后我给您办理分期付款，并且免息，这样就两全其美了。"

　　客户想了一下，高兴地说："好吧，既然你这么有诚意，我先买5台吧！"

深度剖析

　　王润起初同客户沟通时并没注意影响客户成交的障碍因素，迟迟无法实现成交。在后来的沟通中，王润先通过观察客户举止找到了影响成交的因素，然后运用谈论共同话题、分期付款等方法消除了成交障碍，最终赢得了销售的成功。

　　有些客户之所以拒绝销售员，并不是因为没有购买需求，而是客户自己并不清楚其需求，或不愿主动说出自己的情况。对于客户来说，这是一种购买障碍；对销售员来说，这是一种成交障碍。如果想要实现成交，就必须想办法打破障碍。客户产生购买障碍的原因有很多，大致可以分为以下几种。

原因一 对销售员不信任

销售员的表现和素质对客户购物的心理有很大的影响，即使客户起初并不排斥参与到销售沟通中来，但当销售员表现不佳时，他们也会很快产生疑虑，从而拒绝继续同销售员沟通。

所以，销售员在每次销售之前，最好审视一下自己的表现，或征询老客户，或询问一下周围同事的意见，弄清楚自己的行为举止是否存在令客户产生疑虑的地方。

● 你是否对本次销售没有信心，甚至在与客户沟通之前就产生了打退堂鼓的心理？

● 你是否害怕听到来自客户的拒绝和意见？

● 你是否在介绍时语气不够坚定，神态不够自然？

● 你是否表现得迫不及待，使客户产生了"可能是一种陷阱"的想法？

原因二 客户自身的问题

当然，除了来自销售员的问题，客户的一些疑虑也可能同他们自身的某些客观因素有关。

● 客户的性格优柔寡断，在购买时很难做出成交决定。

● 客户曾经使用过性能不好的产品，他们对你推销的产品有所怀疑。

● 客户有过被销售员欺骗的经历，以致对销售员产生了抵触心理。

这些情况经常存在，是阻碍客户成交的重要原因。

原因一和原因二表明了客户对销售员产生强烈的戒备心理的原因，他们对销售员的目的存在质疑。客户的这些疑虑具体表现如下。

（1）通过排斥性语言说明

这类客户通常会直接表达自己的想法："我们这里不欢迎任何销售活动。"或者用特殊的语气表示质疑："你们是推销优惠卡的？真奇怪，刚走一个销售员，转眼又来了一个！"

（2）通过动作表现

一些比较有修养的客户可能碍于面子，不直接说明，但是通过他们的一些身体动作，我们同样可以洞悉他们的内心想法。

客户心存戒备的动作表现为：

- 双手一直不停地摆弄一件东西。
- 摆弄衣扣或袖口。
- 跷起二郎腿，并时不时地欠欠身。
- 身体挺直，双手紧紧环抱在胸前。
- 故意找其他事情做，如看报纸、擦皮鞋、看电脑等。

（3）通过表情和神态表现

当客户的眼睛从上到下一直不太友好地打量你或不断东张西望时，表示他们的警惕性和戒备心理很强。此时，客户还可能双唇紧闭、身体后倾，这表示客户不想继续交谈或不愿透露信息。

客户具有以上表现，通常是对销售员的目的充满质疑。在一些客户看来，销售员推销的目的就是想方设法将自己口袋里的钱装进他们的口袋。

那么，如何才能打消客户的戒备心理呢？

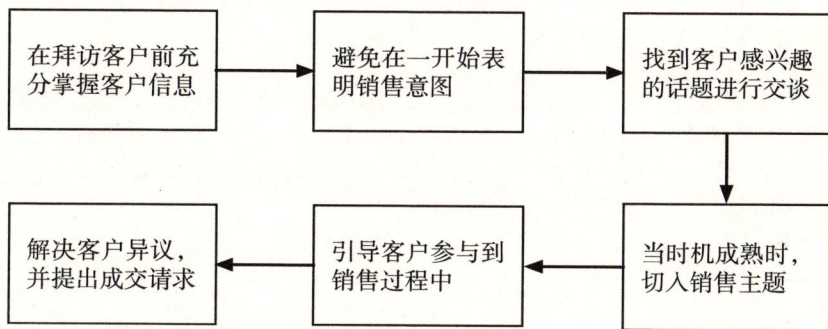

```
┌─────────────┐     ┌─────────────┐     ┌─────────────┐
│在拜访客户前充 │ ──> │避免在一开始表 │ ──> │找到客户感兴趣 │
│分掌握客户信息 │     │明销售意图    │     │的话题进行交谈 │
└─────────────┘     └─────────────┘     └─────────────┘
                                              │
                                              ▼
┌─────────────┐     ┌─────────────┐     ┌─────────────┐
│解决客户异议， │ <── │引导客户参与到 │ <── │当时机成熟时， │
│并提出成交请求 │     │销售过程中    │     │切入销售主题  │
└─────────────┘     └─────────────┘     └─────────────┘
```

原因三　对产品本身有误解

客户一开始并不排斥推销和销售员，而在销售员介绍产品时，通常会表现出怀疑态度，这很有可能是客户对产品本身存在误解。客户对产品存在误解的原因大致有以下几种。

- 客户很可能曾经使用过同类劣质产品。
- 客户对销售员所销售的产品不够了解。
- 销售员在介绍产品时的表达不够恰当。

在实际销售过程中，销售员会发现客户很容易对产品产生疑虑。当客户对产品产生疑虑时，并不代表客户已经放弃购买，而是蕴藏着成交的契机。

客户曾经使用过劣质产品	— — —	表明客户对此类产品存在需求，只要能证明推销的产品性能优越，便可打消客户的疑虑
不了解产品	— — —	客户对产品存在的问题表示怀疑，表示客户对产品具有一定的兴趣，当客户了解了产品后，疑虑自然会消失
道听途说	— — —	客户曾经听到了有关产品的负面信息，这表示客户已经对产品有所了解，只要能够证明这些消息的错误和片面性，便可消除客户的疑虑

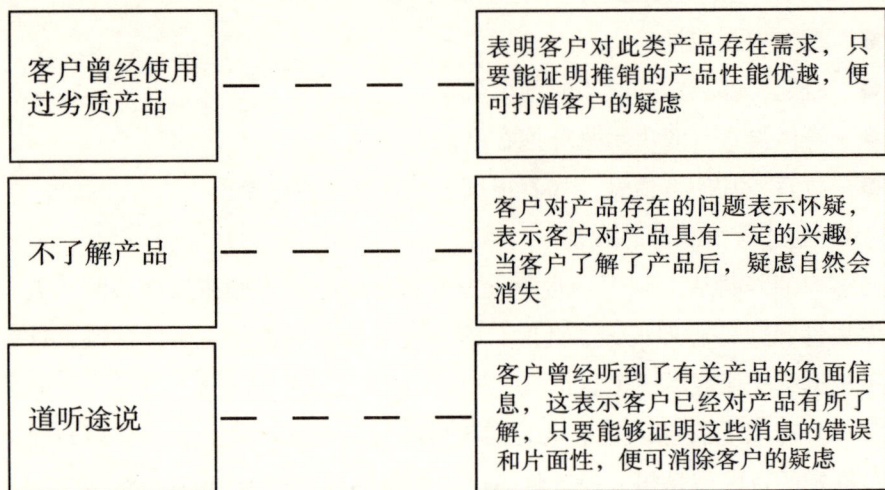

客户误解的程度各不相同，可能有些客户对产品的误解程度很深，急于让这类客户改变观点是不可能的，最好按照如下步骤逐步消除客户的疑虑。

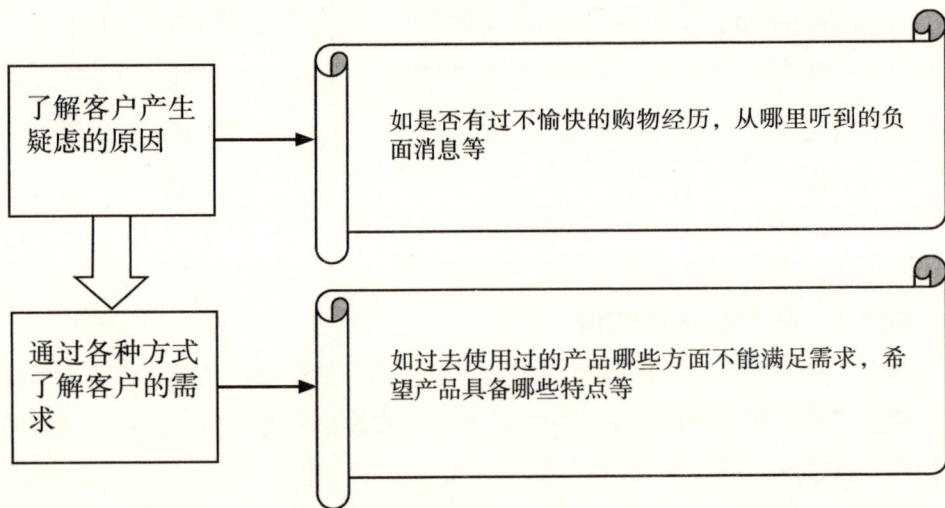

了解客户产生疑虑的原因	如是否有过不愉快的购物经历，从哪里听到的负面消息等
通过各种方式了解客户的需求	如过去使用过的产品哪些方面不能满足需求，希望产品具备哪些特点等

只有对以上信息进行充分了解，销售员才能针对具体问题采取相应技巧，从而最终化解客户对产品的误解，达到销售目的。

原因四　对企业不信任

产品品牌和企业信誉对于客户是否购买产品也起着决定性影响，客户在购买产品时常会担心企业的品牌和信誉达不到某些要求。面对客户的担心，销售员除了需要企业营销宣传的配合，销售员的个人形象同样会影响客户对企业的信心。

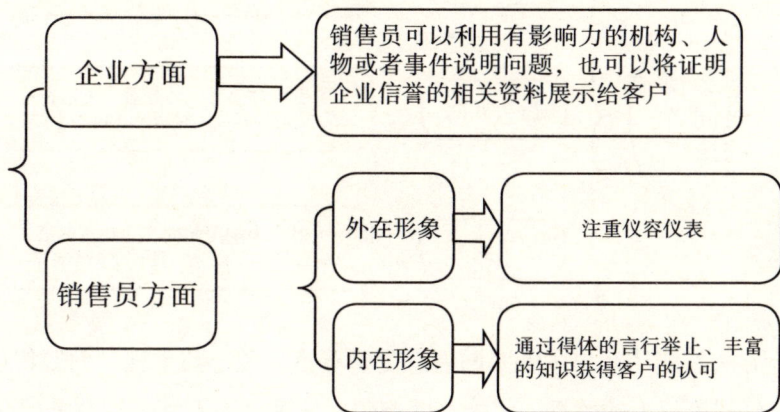

```
                    ┌────────────────────────────────────┐
        ┌──────────┐│销售员可以利用有影响力的机构、人  │
        │ 企业方面 │──▶│物或者事件说明问题，也可以将证明  │
        └──────────┘│企业信誉的相关资料展示给客户        │
    ┌                └────────────────────────────────────┘
    │
    │               ┌──────────┐        ┌────────────────────┐
    │               │ 外在形象 │───▶│   注重仪容仪表    │
    │  ┌──────────┐│          │        └────────────────────┘
    └──│ 销售员方面│┤
       └──────────┘│          │        ┌────────────────────┐
                    │ 内在形象 │───▶│通过得体的言行举止、丰富│
                    └──────────┘        │的知识获得客户的认可│
                                         └────────────────────┘
```

原因五 第三人参与

有时客户也会因第三人的意见改变主意，这可能是客户本身意见不坚定，也有可能第三人才是真正的购买决策者。第三人虽然不具有购买决策权，但具有极强的购买否决权，对客户的购买会产生很大的影响。

那么，如何消除这种成交障碍呢？

（1）观察分析，角色判断

如果客户为多人，销售员要首先判断谁是陪同者，谁是决策者。除了从侧面了解消息，最好、最有效的方法就是观察法。

决策者一般表现为：

● 一般会先出声询问有关产品的情况。

● 话语不多，当销售员介绍产品时听得十分仔细。

● 一般决定着大的购买方向，而第三者决定着购买细节。

● 不时地征求第三人的意见。

（2）一视同仁，热情对待

在判断出谁是决策者之后，销售员应对陪同者一视同仁地热情对待，切不可表现出眼中只有决策者，而将陪同者晾在一边的情况。

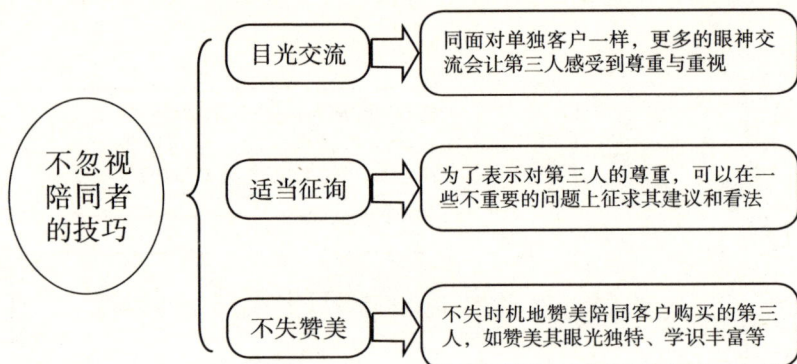

以上方法都能让客户中的陪同者感受到尊重、关心与重视。而销售员在销售前期培养好同第三人的关系，将能有效避免后期第三人不配合导致的成交障碍。

（3）巧用关系，相互施压

有的陪同者会为朋友推荐产品，当销售员觉得有利于销售时，可以向客户施压，让第三者与你站在一起。此外，如果客户挑选到十分喜爱的产品，销售员也要适时对第三人进行施压，由于前期已同陪同者处理好了关系，此时陪同者一般不会表示反对。

（4）积极应对，征询建议

销售员如果将自己与陪同者的关系搞得十分对立，将无益于障碍的消除以及销售的推进。在销售中一旦第三人出现消极行为，为增加销售成功率，销售员可通过将第三人拉为"合伙人"的方法来共同为客户推荐产品。

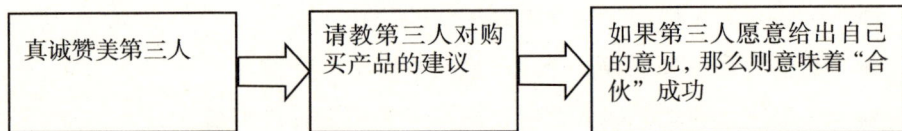

原因六　资金不足

有些客户虽然对产品十分喜欢，却没有足够的支付能力，继而导致销售失败，或者延期购买产品。当客户资金不足时，可以尝试通过以下方法帮助客户实现成交。

● 分期付款。建议并帮助客户办理分期付款，如通过信用卡付款等。

● 欠赊方式。提前调查客户的信用记录，如果客户的资信情况良好，可以以欠赊方式售卖给客户。

● 免费试用。可以先提供给客户免费试用的产品，并明确客户的到账日期，密切关注客户的资金情况。

第2节　了解提出成交的最佳时机

自测题

1. 在向客户销售产品的过程中，你会主动向客户提出成交请求吗？客户在面对你的成交请求时反应如何？

_____

2. 你是否会根据客户发出的成交信号判断最佳成交时机呢？你是如何识别客户发出的成交信号的？

_____

3. 你认为什么时候向客户提出成交请求才最合适？你的做法赢得销售成功的概率有多少？

_____

案例分享

赵华向一家公司经理销售本公司的广告服务。起初，客户对赵华的态度冷淡，一直紧锁眉头。而且，时不时针对产品质量和服务提出一些反对意见。

虽然客户提出了很多反对意见，但是赵华并没表现出不耐烦，而是热情、认真地针对客户的反对意见给予耐心、详细的解答。同时，他还针对市场上同类产品的不足，结合本公司产品在百度上搜索排名前三的事实等，强调了本公司产品的竞争优势。紧接着，赵华又拿出客户满意度反馈表以及产品的良好销量记录，消除了客户对于最关心的售后服务问题的疑议。

在介绍完这些后，赵华仔细观察客户，发现客户对自己不再是一副漠不关心的模样。客户的眼睛不断转动着，继而变得明亮有光。很快，客户就站起来亲自为赵华沏了一杯茶，并示意赵华继续讲下去。

看到客户的这些变化，赵华知道自己说到了客户的心坎上，于是便趁机递上合同。客户看到合同，便快速地签上了大名。

深度剖析

赵华在与客户交谈的过程中，运用对比、观察等方法识别出客户发出的成交信号，并找到了最佳的成交时机，向客户及时提出了成交请求，结果顺利地赢得了销售的成功。

成交是销售活动中的重头戏，如果不能达成成交，整个销售活动就是失败的。销售员向客户提出成交，类似于生活中男生向女生求婚，通常需要选择好时机。所谓好时机，除了需要了解客户的心情，还需要挑选一个好日子……这些都要依靠销售员敏锐的洞察力，关注客户的一举一动。

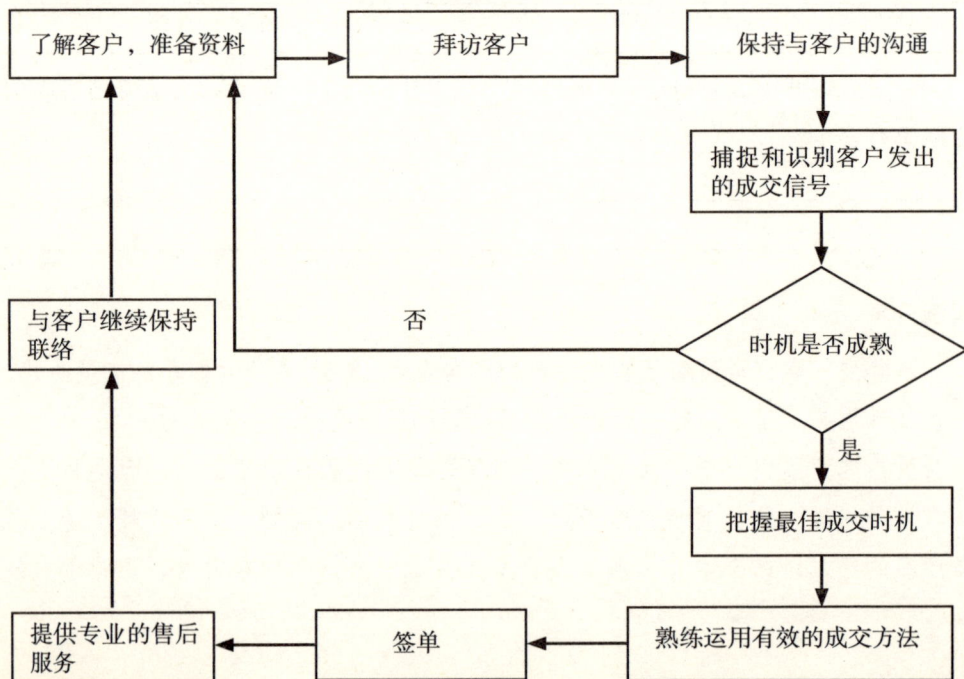

```
┌──────────────┐     ┌──────────┐     ┌──────────────┐
│了解客户，准备资料│ ──▶ │ 拜访客户 │ ──▶ │保持与客户的沟通│
└──────────────┘     └──────────┘     └──────────────┘
       ▲                                      │
       │                                      ▼
       │                              ┌──────────────┐
       │                              │捕捉和识别客户发出│
       │                              │  的成交信号    │
       │                              └──────────────┘
       │                                      │
┌──────────────┐          否                  ▼
│与客户继续保持  │ ◀──────────────────    ◇ 时机是否成熟 ◇
│联络          │                              │
└──────────────┘                            是 │
                                              ▼
                                      ┌──────────────┐
                                      │把握最佳成交时机│
                                      └──────────────┘
                                              │
┌──────────────┐     ┌──────────┐     ┌──────────────┐
│提供专业的售后  │ ◀── │  签单    │ ◀── │熟练运用有效的成交方法│
│服务          │     └──────────┘     └──────────────┘
└──────────────┘
```

在实际销售活动中，成交的时机难以把握，太早容易引起客户反感，造成签约失败；太晚会使客户失去购买欲望，使之前的所有努力白白浪费。

所谓成交与不成交只有 0.01 米的距离。当成交时机到来时，客户会传达一些"信号"，并通过各种方式表露出来，销售员只要留心观察，完全可以把握成交时机。

成交信号是客户通过语言、行为、情感表露出来的购买意图信息，这些信息有些是有意表示的，有些则是无意流露的，销售员只有认真观察，才能准确识别。

客户的成交信号一般分为 3 种，即语言成交信号、表情成交信号和行为成交信号。

成交信号类型一	具体表现
语言信号（话外话、反话、疑问）	疑问：认真、仔细地向销售员询问有关产品的细节，如询问产品细节、价格、售后服务等。这实际上是客户对产品产生强烈兴趣的表现
	话外话：客户已经做好购买的打算，但是并不主动提出成交请求，而是通过旁敲侧击的方法，向销售员表达希望成交的意图。具体表现为把销售员说过的话重复一遍或几遍；对产品给予肯定和称赞
	反话：客户虽然心中对产品十分满意，但是仍然表现出对产品存在诸多不满，从而试图获得更多利益，如要求降价、赠品等。具体表现为与其他产品做比较，并指出产品的种种弊端

当客户开始询问产品的相关问题，并开始积极讨论时，表明客户已产生强烈的购买意向。而当客户询问支付方式、售后服务等方面的问题时，则是马上成交的最好时机。而且，客户提出的问题越多，成交的希望就会越大。

在与客户交谈时，当客户提出反对意见时，有些是成交的信号，有些则不是，如果销售员不加以分辨，将其都看做成交信号，反而会弄巧成拙。那么，如何才能准确识别客户发出的成交信号呢？倾听不失为一种好方法。

倾听的技巧很多，大致包括 7 种。

倾听的技巧	具体做法
充满耐心	避免打断客户的谈话，如果想要澄清某个问题，则需通过"请原谅……"之类的开头语提出异议
善用停顿	在客户结束谈话后，销售员可以稍做停顿，仔细思考之后再回答客户的问题
运用插入语	运用"是的"、"我明白"等插入语，让客户明白自己的讲话得到了销售员的专心倾听及重视
不随意揣测客户的话语内容	在与客户交谈时，销售员最好不要随意揣测客户的话语内容，而是要假设客户所说的都是真的，并在此基础上以坦率的心态与客户展开对话
听其词，会其意	仅听客户说话并不能充分说明自己已经和客户保持了良好的沟通，更重要的是要努力理解客户的话语内涵，读懂客户的内心想法
不匆忙下结论	尽量不在客户结束谈话之前下结论，只有完整听完客户所讲的话后，才能有效得出比较客观、合乎实际的结论
提问	及时向客户提出有意义、可以随时回答的问题，这样才能够更好地增进客户对产品的认识

销售员掌握了以上7种倾听技巧后，就能从客户的谈话中得到更多真正有用的信息，从而更好地识别客户发出的语言成交信号。

成交信号类型二	具体表现
行为信号	身体向前倾，更加靠近销售员
	频频点头
	用手触摸产品
	主动要求销售员出示产品的资料
	重复查看产品的广告和说明书
	向后仰靠在椅背上舒展身体

在识别客户表现出的行为信号时，销售员通常可以用"CHEF"方法。

C——Cheek，表示"脸颊或者下巴"。当客户开始用手摸脸或者下巴时，或者用手托住下巴时，这是一种满足或者喜悦的信号，表明客户已经对产品感兴趣。这时，销售员可以试着向客户提出成交请求。

H——Hand，代表"手"。当客户两只手轻轻地揉搓，或者一只手掌放在另一只手掌上时，也表示客户对产品产生了兴趣。

E——Eye，代表"眼睛"。如果客户的眼睛睁得很大，则表示他在认真倾听。客户倾听的时间越长、越投入，购买的可能性就会越大。

F——Friendly，代表"友善"。如果客户突然变得友善起来，那么这也是客户发出的成交信号。

成交信号类型三	具体表现
表情信号	紧缩的双眉舒展分开并上扬
	眼睛快速转动，好像在思考什么问题
	眼睛好像要闭起来，或者不眨眼睛
	抿嘴唇，好像在思考问题
	神色活跃起来
	随着销售员的话题改变而改变表情
	对待销售员的态度变得更加友好
	客户的视线随着销售员的动作或者指示的物品而移动
	原先做作的微笑变成了自然的微笑

客户通常不会直接说出自己的成交愿望，而是通过不自觉地表露态度和潜在想法，情不自禁地发出一定的购买信号。在识别客户的表情信号时，销售员可以通过观察，根据客户的表情变化、表情与言语是否同步等，判断客户内心真实的想法。

通过技巧、方法识别客户的购买信号后，就要及时、主动地争取在最佳成交时机促成销售。在客户产生购买意图时提出成交请求，是促成成交的最好时机。那么，什么时机才是成交的最佳时机呢？

成交的最佳时机	具体详述
客户心情变愉快时	如果客户开始对销售员变得热情，或者脸上露出了微笑，或者做出了放松性的动作，销售员此时提出成交请求，客户同意的概率就会更大
对产品进行充分介绍和说明后	当做完产品的说明和介绍后，销售员就可以自然地询问客户需要的产品型号、数量或者颜色等，此时提出成交请求就是最好的时机

续表

成交的最佳时机	具体详述
解释完客户提出的反对意见后	当客户提出反对意见后，销售员就会向客户解释说明。在解释完之后，客户表示并无异议，同时没有提出更多的反对意见，此时就是销售员向客户提出成交请求的最佳时机
客户对推销的产品十分感兴趣	客户对产品十分感兴趣，就会产生强烈的购买欲望，销售员在此时向客户提出成交请求，就会帮助客户坚定购买的决心，更快地达成交易
客户转而询问同伴或者其他人的看法时	当客户开始询问同伴或者周围人对产品的看法时，则是提出成交的最佳时机。因为从客户询问其他人的做法来看，表明客户已经在心中认可了产品，对产品整体上感到满意

销售员在适当的成交时机没有提出成交请求，则如同瞄准目标而没有扣动扳机，不可能达到成交目的。据统计，70%的销售员正是因为未能提出成交请求，白白错失了难得的成交机会。因此，销售员在销售过程中要时刻做好准备，以准确识别和接收客户发出的成交信号。客户已经做好成交准备，而销售员却对此无动于衷的做法是最不可取的。

在做好了上面两个步骤后，根据具体情况，销售员就可运用不同的成交方法促成销售了。这些成交方法将在下一章详细说明，在此不再赘述。

第 8 章　经得起考验的成交方法

第 1 节　"非此即彼"成交法

自测题

测试题目	选择项目	答案（多选）	得分
1. 你认为下列哪些提问运用的是"非此即彼"成交法	A. "您是买，还是不买啊？" B. "您要哪个颜色啊？" C. "您看我们是今天给您送货过去，还是明天给您送货过去？" D. "您是要一个，还是要两个呢？"		
2. "非此即彼"成交法在运用的过程中都有哪些优点呢	A. 分解销售目标，减轻客户压力 B. 尽可能多地销售产品 C. 节约时间，缩短销售进程 D. 消除客户的不良情绪		
3. 在哪些情况下运用"非此即彼"成交法，才能达到最好的效果呢	A. 客户对产品很感兴趣时 B. 客户对销售建议没有异议时 C. 可以随时提出来 D. 客户做好购买产品的决定，在细节上存在疑虑时		
4. "非此即彼"成交法在运用时应该注意的问题有哪些呢	A. 只能对熟悉的客户运用 B. 与客户有良好的沟通 C. 询问的内容应该是关于产品细节的 D. 提供的选择方案必须具有针对性		

答案：1.C、D；2.A、C；3.A、B、D；4.B、C、D。

得分规则：答对一个选项得 10 分，共 100 分。

参考解析： 如果你得了 0~60 分，表明你还不了解"非此即彼"成交法，或者不能正确定位"非此即彼"成交法的适用时机和适用范围；如果你得了 60~80 分，表明你虽然了解或者使用过"非此即彼"成交法，但是还没有形成一个完整的体系。如果得了 80~100 分，表明对"非此即彼"成交法有着深入的认识和熟练的运用经验。

案例分享

原一平是日本保险界的销售大师，他总是能轻松说服客户购买产品。

一次，原一平拜访一个五金店老板，为他介绍了很多保险的好处。五金店老板听了之后表示："我知道保险好，但是得等到我的储蓄期满了才能投保，到时投 10 万元、20 万元都没有问题。"

听到客户这样说，原一平紧接着询问："那么，您的储蓄什么时候到期呢？"

"明年 2 月。"客户回答。原一平想了一下，"从现在到明年 2 月，虽然还有好几个月，不过只是一眨眼的工夫。我相信，到时候您肯定会投保。既然这样，那我们提前准备吧。"

原一平一边说着，一边拿起投保申请书，根据客户的名片，填写着客户信息。虽然客户一度想制止他，但是由于刚才已经说过要买，所以只好作罢。

接下来，原一平按照投保申请书上的填写顺序，开始向客户询问问题："您喜欢按月缴纳保险金，还是按年交？"

"按月交吧。"

"那么，受益人如何填写呢？除了您本人之外，写您儿子还是夫人呢？"

"夫人。"

在询问投保金额的问题时，原一平试探性地询问道："您刚才好像是说准备投 20 万元的保险？"

客户慌忙说："我只是说说而已，20 万元太多了，10 万元就够了。"

"以您的财力和身份，投保 20 万元就已经很少了，您现在的意思是只投 10 万元……"

客户想了一下："那就投 20 万元吧。"

"好的。那您看是今天交第一次保金，还是明天我再来收取呢？"

"难道我现在就要交第一次的保金吗？"

"是的，先生。"

"那就今天吧，省得明天再跑一趟。"

就这样，原一平成功地将成交完成了。

深度剖析

　　原一平对客户询问："您喜欢按月缴纳保险金，还是按年交"、"受益人如何填写？除了您本人之外，写您儿子还是夫人"、"您看是今天交第一次保金，还是明天我再来"，运用的都是典型的"非此即彼"成交法，原一平在抛出这些问题时也得到了相应的回答，最终提前与客户签下了保单。

　　"非此即彼"成交法也称为"二选一"成交法，用通俗的话讲，就是给客户在产品上圈定一个范围，然后让客户去选择参考。此种成交法的精髓是让客户在 A 或 B 间做选择，而不是在买与不买间做选择。

　　"非此即彼"成交法是一项能够减轻客户购买压力，容易促成销售、威力强大的销售技巧，因为"非此即彼"成交法给了客户两个选择，而且每个选择都有助于销售员促成交易。

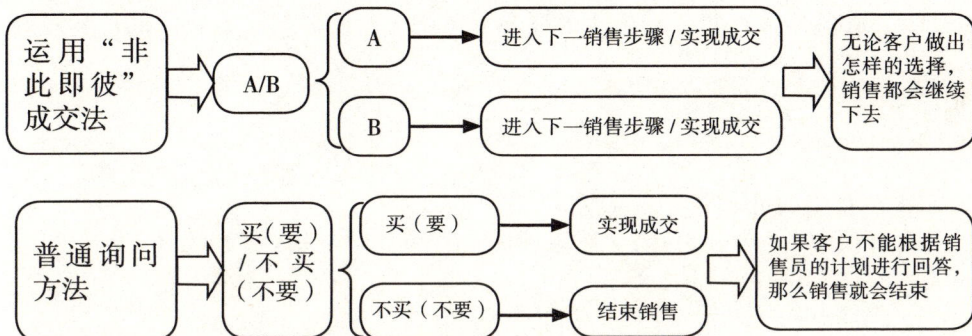

　　"非此即彼"成交法在使用过程中有两个关键点。

　　● 销售员在介绍产品时给客户圈定范围，让客户更好地去选择。

　　● 销售员看似将选择权交给客户，实则不管客户做出何种选择，都在销售员的预期范围内。

如果在无法明确成交时机的情况下贸然向客户提出成交请求，不但不能对成交带来帮助，反而会遭到客户的拒绝，导致销售中断。"非此即彼"成交法则能帮助销售员解决这些问题。在实际运用中，为了达到更好的效果，销售员可以将成交问题分解成一个个小问题，并结合"非此即彼"成交法逐一实现。

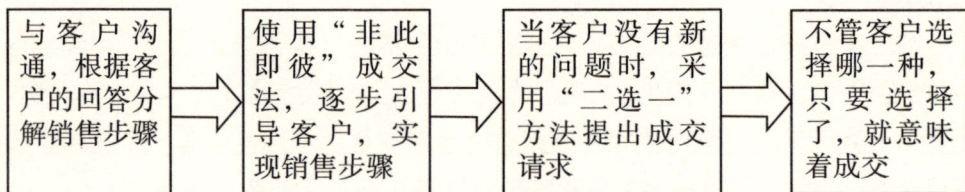

与客户沟通，根据客户的回答分解销售步骤	→	使用"非此即彼"成交法，逐步引导客户，实现销售步骤	→	当客户没有新的问题时，采用"二选一"方法提出成交请求	→	不管客户选择哪一种，只要选择了，就意味着成交

使用"非此即彼"成交法向客户询问，既能给客户提供选择，又能引导客户说出自己想要的答案。让客户自己选择一种方案，看似是把主动权让给了客户，销售员只是配角，只是为客户提供了几种方案，但是不管客户如何选择，都在销售员圈定好的范围内，都是为实现交易做铺垫。

"非此即彼"成交法不仅可以分解销售目标，逐步实现，减轻客户的压力，也可以节约时间，省去了客户思考的时间，适用于性格急躁的客户。

虽然"非此即彼"成交法在销售中能够起到很好的效果，但是如果运用不当，很可能会适得其反。那么，在什么情况下运用"非此即彼"成交法能达到更好的效果呢？

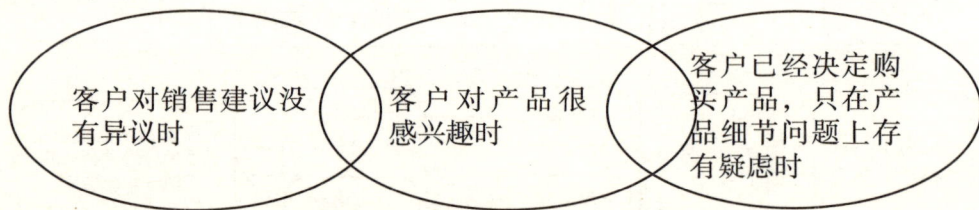

客户对销售建议没有异议时　　客户对产品很感兴趣时　　客户已经决定购买产品，只在产品细节问题上存有疑虑时

当确保运用"非此即彼"成交法可以顺利实现销售时，销售员就可以大胆地使用了，不过，在使用时还需要注意一些问题。

● 销售员给出的选择方案必须具有针对性，以便客户做出选择时能够具体问题具体分析。询问的问题不能脱离产品，最好是关于产品细节的，如"您是喜欢银色还是黑色？""您需要80台，还是100台呢？"

● 销售员需要和客户有良好的沟通，否则在与客户产生分歧时使用，则会起到相反的作用。

第2节 "本·富兰克林"成交法

自测题

测试题目	选择项目	答案（不定项）	得分
1. 在运用"本·富兰克林"成交法时，你认为产品的优势和劣势分别是写在白纸的哪半部分呢	A. 产品优势：左半部分；产品劣势：右半部分 B. 产品优势：右半部分；产品劣势：左半部分 C. 产品优势：上半部分；产品劣势：下半部分 D. 产品优势：下半部分；产品劣势：上半部分		
2. 你认为"本·富兰克林"成交法适用于哪些客户类型呢	A. 犹豫、不知如何决定的客户 B. 理性、分析型客户 C. 性格暴躁型客户 D. 多次接触，已经建立起一定人际关系的客户		
3. 在运用"本·富兰克林"成交法时，下列哪些可能是客户不配合的原因呢	A. 不愿花费大量时间和精力填写具体理由 B. 客户习惯性抵制这样的行为 C. 客户认为价格偏高 D. 客户对销售员存有偏见		
4. 在客户拒绝配合时，销售员可以运用哪种方法说服客户呢	A. 让客户认识到运用"本·富兰克林"成交法是在帮助自己做决定 B. 引导客户说出全部理由 C. 给客户降价 D. 与客户一起衡量得失		

答案：1.A；2.A、B、D；3.A、B、C；4.A、B、D。

得分规则：答对一个选项得 10 分，共 100 分。

参考解析：如果你得了 0~60 分，表明你对"本·富兰克林"成交法缺乏认识，可能在实际工作中从没有运用过；如果你得了 60~80 分，表明你对"本·富兰克林"成交法了解不够深入，而且运用起来逻辑不清；如果你得了80~100分，表明你已经能够灵活运用"本·富兰克林"成交法，并能成功地说服客户。

案例分享

赵鹏是一位广告推广商，他在简单同客户寒暄后，就直接介绍起了产品。但由于赵鹏介绍的内容繁杂，让客户一头雾水。

这时，赵鹏告诉客户："张经理，这样吧，我边介绍产品，边将获得您认同的产品优势写在一张白纸上，让您对产品有一个清晰的认识。"客户默认了赵鹏的做法。

在介绍完产品之后，赵鹏将白纸递给客户："产品只有优势，没有劣势是不可能的。对于您来说，您认为我们的产品存在哪些劣势呢？"客户想了想，随即提出了一些问题。赵鹏趁机在确认客户的意思后，当面将客户提到的产品劣势写在了纸的右半部分，直到客户一时想不出更多的内容才停止记录。

最后，赵鹏将这张写满产品优劣势的白纸重新放到客户面前，并做出分析："张经理，我们先来看左半部分，可以想到的产品优势有12个，而且这已经得到了您的认同，是吗？"客户点了点头。

赵鹏接着叙述："虽然我们的广告有这么多的优势，但是也不是没有缺点。您提到的第一个缺点是价格偏高。其实我们的价格完全是超值的服务，广告为您带来的收益已经远远超过了您的花费。您提到的第二个缺点是制作期过长。从这一点也可以看出我们为客户负责的精神，因为我们花费那么长时间打造一个广告，是为了让广告达到最好的效果，为客户带来更多的销量。接下来，您提到的产品缺点是不知道广告效果如何。我们对产品十分自信，针对您的这个问题，我为您提供先付定金，看到效果后再次付余款的付款方案，让您完全没有后顾之忧。除了您刚才想到的3个产品缺点，您还能想到更多吗？"客户想了一会儿，表示暂时想不到。

此时，赵鹏停顿了一下，为客户做出总结："张经理，刚才咱们已经交流过了，选择我们的广告，您可以得到12项服务和附加值，而缺点只有3个，并且我已经给出了解决方法，您还有什么担心的问题呢？"

听过赵鹏的分析，客户重新拿起写有购买产品优劣势的白纸仔细看了一会儿，最后表示认同赵鹏的观点，并随即做出了购买产品的决定。

深度剖析

起初，赵鹏采用一般惯用的方法向客户介绍产品，由于产品优势过多，导致客户一头雾水。在接下来的过程中，赵鹏将得到客户认同的产品优势写在白纸左边，并将客户提出的产品缺点写在同一张白纸的右边，帮助客户做出了分析，让客户清晰地认识到购买产品的可行性，从而最终与客户达成了合作。因为产品都存在两面性，单纯强调产品优势只会令客户生疑。如果能让客户参与进来，尽可能多地说出一些产品的优势，那么当客户看到产品优势远远大于产品劣势时，自然愿意购买。

"本·富兰克林"成交法又称为理性分析法，是通过帮助客户分析事情的正、反两面，突出购买产品是正确选择的方法。

"本·富兰克林"成交法是由一位名叫本·富兰克林的美国人发明的，他在做事情时经常会取出一张纸，并拿笔在上面画一条线，左边写上作这个决定的好处，右边写上作这个决定的坏处。接下来，他对这些理由认真研究，并通过客观冷静的研究和分析，以便决定要不要做这件事情。

因为客户在购买产品时总是犹豫不决，这时如果销售员能通过一定方式说服客户在纸上画一条线，然后请客户将支持购买的原因写在一栏，将不支持购买的原因写在另一栏，然后根据客户列出的这些原因有针对性地开展销售活动，往往能达到说服客户做出成交决定的目的。

"本·富兰克林"成交法的基本做法是：将一张白纸纵向对折，或用笔从中间画出两栏，呈"T"字形，左边表示肯定，右边表示否定，即把购买某种产品的所有好处按照顺序写在左边一栏，将客户感知到和已经感知到的不利因素写在右边一栏，最后让客户亲自分析总结，以便做出决定。当客户发现产品的优点多于产品的缺点时，自然就会选择购买。

购买产品	
利	弊
1. 产品外观时尚、新颖 2. 产品功能独特 3. 产品可以有效提高生产、工作效率 4. 质量有保证，售后服务良好 5. 产品可以帮助客户节约更多的工作时间 6. 产品可以为客户节省所有的维修费用	1. 价格偏高 2. 运送路程远，运费较高 3. 品牌知名度小
总计 6 项	总计 3 项
6 项有利内容＞3 项不利内容⇒ 做出购买决定	

　　"本·富兰克林"成交法的利弊卡有两种写作方法，一种是客户与销售员彼此各写一份；另一种是销售员写利的一面，客户写弊的一面。

　　通过对解决该问题后所产生的后果优劣势的分析，客户便能一目了然地判断出是否需要购买产品了。

"本·富兰克林"成交法的优点	适用客户类型	打动不同类型客户的原因
看似是代表客户将其评估列出，说服力强	犹豫、不知如何决定的客户	能够有效打动客户的心，帮助客户快速做出成交决定
客观清晰，便于客户进行利弊比较	理性、分析型客户	符合果断型和分析型客户强调理性的特点
在时间和信息有限的情况下，客户没有充足的时间想出太多否定因素，有利于推进销售进程	多次接触，已经建立一些人际关系的客户	更容易坚定此类客户的购买决心

　　并不是所有客户都愿意接受销售员对他们的安排，很多情况下，当销售员建议客户将自己愿意购买或不愿意购买的理由写下来时，客户会表示不愿意配合。这时，销售员应该如何应对呢？

　　在客户不愿意配合时，销售员首先应该分析客户不予配合的原因，然后有针对性地采取应对方法。常用的有效的应对方法有以下几种。

方法一　让客户认识到这是在帮助他们作正确的决定

　　如果销售员能够通过积极的表现和诚恳的态度事先赢得客户的信任，告诉客户这样做只是在帮助他们做出正确的成交决定，在请求客户运用"本·富兰克林"成交法时，遭到客户拒绝的概率就会变得很小。

如果分析结果是弊大于利，可以让客户认识到销售员是在为自己着想；如果分析结果是弊大于利，那么客户可以自由决定，从而体现出销售员的真诚。

方法二　引导客户说出全部理由

客户在表述理由时，可能只是写出一些表面性或者愿意透露的理由，而隐藏了很多重要、真实的信息。如果销售员不能令客户尽可能说出全部的理由，那么在接下来的销售活动中，便不能有效发挥"本·富兰克林"成交法的作用。

那么，哪些方法能够引导客户说出全部理由呢？

● 态度诚恳，不表现得过于急躁。

● 尽可能采取一些提示性的语言，积极引导客户。

方法三　与客户一起衡量得失

当客户将支持购买的理由和反对购买的理由全部写出来后，销售员接下来就需要针对客户提出的种种理由与意见进行深入分析。但是分析工作需要双方共同展开。在分析中，销售员需要注意以下几项内容。

● 与客户展开良好的互动沟通。

● 从客户实际需求出发。

● 有目的地进一步强化客户提出的支持购买的理由。

● 针对反对意见进行有效化解。

销售员在分析过程中与客户展开良好的互动沟通，除了可以拉近双方的心理距离，也有利于进行良好的信息反馈，更易于在分析购买利弊得失时说服客户。

接下来，我们来看看在运用"本·富兰克林"成交法的过程中，当客户提出反对意见时，销售员需要注意的事项有哪些呢？

● 当客户提出某些细节性的反对意见时，销售员可以先予以支持和肯定，这样可以拉近双方的心理距离，客户也能轻易接受销售员的建议。

● 当销售员对客户提出的反对意见予以支持时，首先应该能够有效解决这些反对意见，或者能找出其他方法进行弥补。

● 如果客户提出的反对意见对销售员以及公司可能产生重大负面影响，那么不要轻易给予支持。

● 销售员如果确定客户会针对某些问题提出反对意见，那么不妨在客户提出之前主动提出来。这样一方面有助于销售员争取主动权，另一方面有利于消除客户的疑虑、不满。

● 当察觉出客户明明在某些问题上存在反对意见，但是又不愿说出来时，销售员可以巧妙地代替客户说出来，从而增强自身的可信任度。

在运用"本·富兰克林"成交法时，客户列出的成交理由有可能是促进成交的，也有可能是阻碍成交的。事实证明，不论客户列出的理由是否有利于销售，客户列出的理由越充分，销售员在开展销售活动时就越有针对性。

第 3 节　价格争议成交法

自测题

测试题目	选择项目	答案（多选）	得分
1. 你认为在运用价格争议成交法时，需要注意的要点有哪些呢	A. 转移客户的注意力 B. 巧妙分解价格 C. 为客户做出补偿 D. 为客户降低价格		
2. 在分解价格时，下列哪些为常用的分解价格方法呢	A. 与其他产品相互对比法 B. 差额比较法 C. 打折降价法 D. 整除分解法		
3. 下列哪些方法能够转移客户的注意力呢	A. 积极询问 B. 转移话题 C. 配合相应的产品演示 D. 引导式说明		
4. 你认为下列哪些是价格争议成交法的注意事项呢	A. 让客户认识到产品物有所值 B. 利用价格分解，让客户认识到自己是以较小的代价换取较大的利益 C. 最大限度地满足客户的降价需求 D. 避免与客户围绕价格进行争论		

答案：1.A、B；2.B、D；3.B、C、D；4.A、B、D。

得分规则：答对一个选项得 10 分，共 100 分。

参考解析：如果你得了 0~60 分，表明你并不了解价格争议成交法，在面对价格争议时不能有效解决；如果你得了 60~85 分，表明你可能使用过价格争议成交法获得销售成功，但是思路并不清晰；如果你得了 85~100 分，表明你已经对价格争议成交法了解深入，基本能够灵活运用，如果想要成为销售精英，还需要积累实战经验。

案例分享

楼盘销售员冯淼今天是第 3 次看到这位客户。因为这些客户已经来过不下 5 次了，而且房价在不断攀升，但是客户仍旧没有下定购买的决心。

等冯淼再一次介绍完楼盘、户型信息后，客户表示"房子整体设计比较人性化，而且房子的质量也非常好，但是价格相比其他楼盘，实在太贵了……"

听到这里，冯淼顿时明白了，原来客户是因为嫌房子价格太高而迟迟不购买。于是，冯淼告诉客户："正像您说的，这个房子无论整体设计还是内在品质，都深得业内人士和客户的认可和赞扬。而且，房子的价格也没有像您说得那么贵。您可以看一下，房子目前的价格是每平米 15000 元，而两个月前的价格是 13000 元左右，所以，这里的房子以后肯定会继续升值。请问您计算过房子的潜在价值吗？"

客户摇了摇头，告诉冯淼："没有考虑过这个问题。因为我购买这个房子是用来住的，转手卖掉的可能性非常小，所以升值与否跟我没太大关系。"

冯淼接着说："虽然您不打算售卖房子，但是每个房主都不希望自己买到的房子房价会下跌，是吧？"

客户十分认同冯淼的观点："那是自然的。"

冯淼继续说："如果您购买这个房子用来居住再合适不过了。这个房子的产权期限是 70 年，而房价的总额为 150 万元，这就是说，您只要一年花上大概 2 万元钱，就可以住在如此高品质的建筑内了。更何况您还能在此同您的家人一起度过幸福的一生。退一步说，即使您每年只住 10 个月，您一个月也只需花费 2000 元钱，那么您可以计算一下，一天需要花费多少钱呢？"

"不到 70 元钱。"客户回答冯淼。

"这也就是说，"冯淼慢慢地说，"您每天能少去一次餐馆，在家自己做饭，就足够您以及您的家人住在这栋高档住宅中了，同时您还可以享受到高品质的物业服务。难道您愿意为每天 70 元钱而放弃美好的人生享受吗？"

客户听后并没有做声，貌似在做着心理挣扎。冯淼悄悄走到一旁，留给客户充足的思考时间。过了大约半个小时，客户主动找到冯淼，表示今天先付定金，剩下的钱 3 天后付清。

深度剖析

冯淼在客户提出价格争议时，介绍楼盘的升值潜力、品位高档等，让客户认识到房子的物有所值，同时，她用整除分解法，巧妙地将大额价格分解成客户容易接受的小额价格。当客户认识到购买房子带给自己的价值已远远超出了房子的价格时，自然会主动选择成交。

价格争议成交法是借助客户提出的价格异议，运用转移客户注意力、分解价格等方法消除客户的不满，在客户感到商品物有所值时提出成交请求的成交方法。

价格争议是销售过程中最常见的问题，客户提出价格争议的真正目的在于获得更低的价格。而且，销售经验表明，客户实现成交的愿望越强烈，他们就越会努力争取更低的价格。

客户提出的关于产品价格的问题越多，表明他们实现成交的愿望越强烈。一旦客户感觉到产品预期价值等于或者大于价格，那么在销售员提出成交请求时，客户自然乐于配合。

解决这种争议的要点无外乎两种：一种是把客户的注意力集中到其他问题上，另一种是将价格进行分解。总之，最根本的目的是让客户感到物有所值。

要点一　转移客户的注意力

客户总是围绕价格问题提出反对意见，这其实是客户将注意力强烈集中在价格上面的表现。大多数销售员在遇到这种情况时，或者面临无法在价格方面继续做出让步的困境；或者同客户谈论了很长时间，却始终无法达成一致等。这都是不可避免的情况。如果销售员能引导客户将注意力转移到其感兴趣的其他方面，便可在价格问题之外消除客户的反对意见。

转移客户注意力的方法包括：转移话题、引导式说明、配合相应的产品演示三种。

要点二　巧妙分解价格

如果遇到十分理性、态度十分强硬的客户，转移注意法在他们面前就失去了效用。销售员在与客户发生价格争议时，除了可以转移客户的注意力外，采用价格分解方式消除客户反对的意见也不失为一种理想的方法。

价格争议成交法中分解价格的方法有两种，一种是差额比较法，另一种是整除分解法，其具体运用方法如下。

（1）差额比较法

当客户不满意产品价格时，销售员可采取合理的方法引导客户说出一个其认为合理的价格，并将报价同客户给出的价格进行比较，最终以比较的差额说服客户购买产品。

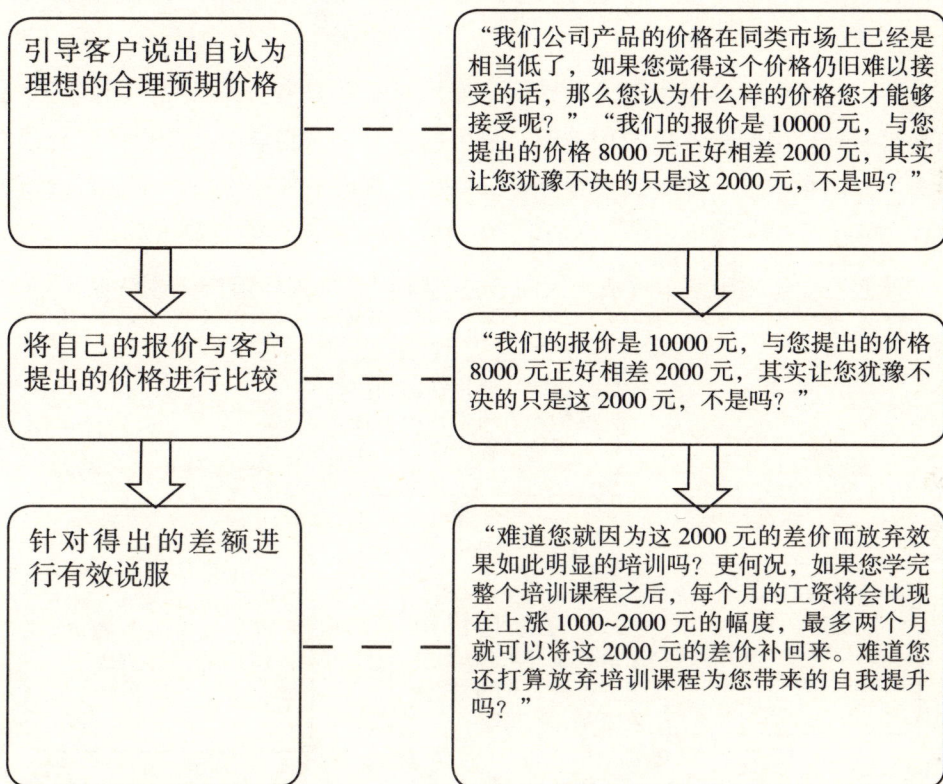

引导客户说出自认为理想的合理预期价格	"我们公司产品的价格在同类市场上已经是相当低了，如果您觉得这个价格仍旧难以接受的话，那么您认为什么样的价格您才能够接受呢？""我们的报价是 10000 元，与您提出的价格 8000 元正好相差 2000 元，其实让您犹豫不决的只是这 2000 元，不是吗？"
将自己的报价与客户提出的价格进行比较	"我们的报价是 10000 元，与您提出的价格 8000 元正好相差 2000 元，其实让您犹豫不决的只是这 2000 元，不是吗？"
针对得出的差额进行有效说服	"难道您就因为这 2000 元的差价而放弃效果如此明显的培训吗？更何况，如果您学完整个培训课程之后，每个月的工资将会比现在上涨 1000~2000 元的幅度，最多两个月就可以将这 2000 元的差价补回来。难道您还打算放弃培训课程为您带来的自我提升吗？"

与产品的价格相比，销售员的报价与客户给出的价格间的差额要小得多。客户在听到比较差额时，自然不会像听到产品价格时那样产生过大的压力和抵触心理，从而更容易改变观点。

运用差额比较法的优势是，一旦得出价格差额，销售员需要解决的问题就不再是庞大的价格问题了，而是销售员的报价与客户预期中的价格之间的小小差额。

因此，在此前提下为客户介绍产品价值时，客户往往会感到获得的价值已远超这个差额，从而更有利于实现成交。

（2）整除分解法

整除分解法是通过化整为零的计算，让客户认识到产品或服务的价值所在，从而将客户的注意力从一个较大的数额转移到一个十分容易接受的小数额上。

不过，销售员在运用整除分解法需要围绕客户较为关注的兴趣点进行，当客户开始认同产品价值，并不再为了一个小数额而斤斤计较时，就表明离实现成交不远了。

客户的价格异议是最常见的异议，如果对于客户主动提出价格问题持欢迎态度，看到价格问题背后的积极面，尽可能说服客户相信产品的价值符合或者大于产品的价格，自然可以实现成交。所以，将以上方法综合运用，可以达到更好的效果。

那么，在运用价格争议成交法时，还有哪些事项需要销售员注意呢？

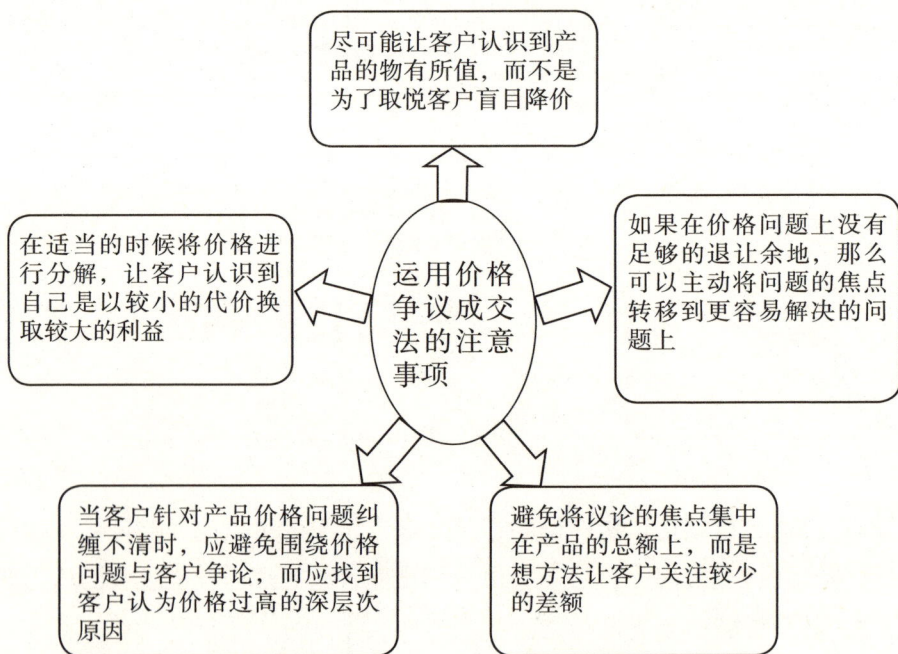

尽可能让客户认识到产品的物有所值，而不是为了取悦客户盲目降价

在适当的时候将价格进行分解，让客户认识到自己是以较小的代价换取较大的利益

运用价格争议成交法的注意事项

如果在价格问题上没有足够的退让余地，那么可以主动将问题的焦点转移到更容易解决的问题上

当客户针对产品价格问题纠缠不清时，应避免围绕价格问题与客户争论，而应找到客户认为价格过高的深层次原因

避免将议论的焦点集中在产品的总额上，而是想方法让客户关注较少的差额

总而言之，价格争议成交法是在客户提出异议的前提下进行的，当客户对价格的不满得到满意解决时，他们自然会愿意选择购买产品。而这个满意的解决并不是真的解决，而是用一些方法，转变客户的想法，直到其认为购买产品或者服务是物有所值的。

第4节　保留余地成交法

自测题

测试题目	选择项目	答案（多选）	得分
1. 保留余地成交法对于销售来说，都存在着哪些优势呢	A. 促进成交的尽早实现 B. 坚定客户对销售员以及产品的认可 C. 帮助销售员获得更多的主动权 D. 免除客户的后顾之忧		
2. 你认为下列哪些内容属于保留余地成交法的运用技巧呢	A. 不将筹码一次性用完 B. 不断向客户亮出筹码 C. 选对亮出筹码的时机 D. 一开始就将筹码全部亮出		
3. 运用保留成交法的原因都有哪些呢	A. 客户总是认为自己能够获得更多 B. 客户胡搅蛮缠 C. 客户对能够争取到更多的利益感到满足 D. 客户性格所致		
4. 在运用保留成交法时，销售员需要注意的问题都有哪些	A. 一开始不介绍产品优点，只介绍产品劣势 B. 保留余地要适度 C. 平衡介绍产品的优劣势 D. 选择合适的回转时机		

答案：1.A、B、C、D；2.A、C；3.A、C；4.A、D。

得分规则：答对一个选项得 10 分，共 100 分。

参考解析：如果你得了 0~60 分，表明你不但对保留余地成交法没有深入的认识，而且不能运用在销售工作中；如果你得了 60~85 分，表明你已经对保留余地成交法有一定的认识，偶尔能够获得成功；如果你得了85~100分，表明你已经掌握了保留余地成交法的要点和技巧，如果想要灵活应对，还需要在实战中多加练习。

案例分享

一位客户去柴佳的店里了解护肤用品，在柴佳做完介绍后，客户表示："你们的护肤品质量和品牌确实一直都有很好的口碑，而且售后服务也非常令人满意，但是我现在却不急着购买。因为你们的产品每逢节假日时，都会举办打折活动，我觉得五一节假日时，厂家很可能举办促销活动。"

柴佳称赞客户："您真是我们产品的忠实支持者，对我们的产品如此了解。不过，厂家在"五一"时很可能推出一种新的产品套装进行促销，而不是推销您现在喜欢的这款产品套装。所以，目前是购买这款产品套装的最佳时期，如果五一购买，很有可能会提价。"

客户想了下，不满地说："可这样的价格对于我来说仍然很贵啊！"

柴佳告诉客户："如果您今天购买，我可以向经理提出申请，赠送您一份小样套装，这样就相当于给您打了7折，您觉得如何？"柴佳一边说着，一边将护肤小样套装递给客户看。

客户看了一下小样套装，又提出了异议："这些套装的小样，和我要购买的不是一种类型，小样中的产品是美白系列的，而我需要的是补水系列的。小样对我也没多大用途啊！"

柴佳接过客户递回来的小样套装，提出了新的解决方法："这样吧，我赠送您一个肌肤清洁卡，可以免费清洁5次皮肤。这张卡如果单独购买的话，价格在100元。我们专柜只有购买金额达到500元的客户才赠送这张清洁卡呢！"

听到赠送肌肤清洁卡，客户顿时表现出强烈的购买欲望，随即同意了购买产品。

深度剖析

柴佳在向客户介绍产品时并没有将产品优势全部抛出，而是针对客户提出的异议，逐渐提出解决方法，亮出更多的条件，当能够满足客户提出的所有异议时，自然能与客户达成合作。客户总是希望能争取到更多的优惠、更低的价格，

<u>在洞悉客户心理后，销售员要想在销售过程中占据主动位置，就应为自己保留适当余地。</u>

在向客户销售的过程中，一些销售员认为，对本公司产品具备的竞争优势介绍得越全面、详细，就越有助于实现成交。所以，他们往往过早地将产品的所有竞争优势全部透露给客户。

事实情况是，这种做法反而不利于成交。大多数客户会存在"只要自己努力争取，就能获得更多利益"的想法，即使客户最初的需求已经得到满足，甚至超出了他们的预期，他们仍然会期待获得更多。

在这种想法的驱使下，客户的讨价还价将会持续整个销售过程。如果销售员没有为自己留下充足的余地，一次性将筹码全部用完，反而不利于销售顺利实现。

为了有效运用保留余地成交法，我们先来了解一下此种成交法的实施步骤。

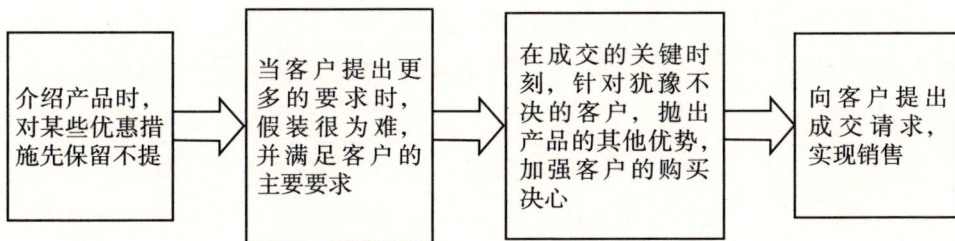

| 介绍产品时，对某些优惠措施先保留不提 | → | 当客户提出更多的要求时，假装很为难，并满足客户的主要要求 | → | 在成交的关键时刻，针对犹豫不决的客户，抛出产品的其他优势，加强客户的购买决心 | → | 向客户提出成交请求，实现销售 |

保留余地成交法是销售中经常会用到，也是深得销售员青睐的成交方法。那么，保留余地成交法究竟会给销售员的工作带来哪些帮助呢？

● 促进成交的尽早实现。

● 有助于销售员获得更多的主动权。

● 免除客户的后顾之忧。

● 坚定客户对销售员和产品的认可。

保留余地成交法在运用过程中也需要讲究一定的技巧，因为销售员如果不能把握保留余地的度，或在与客户讨论时错失亮出产品筹码的时机，都可能导致销售失败。下面，我们来看一下保留余地成交法的运用技巧都有哪些？

技巧一　不要将筹码一次性用完

如果过早将产品所有的有利条件全部透露给客户，将很可能因手中没有任何筹码而在接下来的关键时刻失去回转余地，导致销售失败。其原因有以下几种。

运用保留成交法的原因	原因形成	应对方法
客户总以为自己还可以得到更多	每个客户在购买产品时，都想以最低的价格获得最大的利益。从以往的经验来看，客户只要努力坚持、不断争取，就很可能迫使销售员做出必要的让步，从而实现自己的愿望。客户的这种做法只是依据经验而得	销售员应根据客户的这一心理调整战略技巧，不一次性将产品卖点和盘托出，避免在销售过程中处于被动的境地
客户会对自身努力争取到的利益感到满足	客户在购买产品的过程中，面对同样的条件，往往会产生不一样的感觉，如这些成交条件是销售员在一开始时就提出来的，而且在之后的销售活动中没有发生任何变化，这样客户就会为自己没有赢得更多的利益而感到失落	销售员在一开始介绍产品时只提出一部分条件，然后在客户主动提出，并努力争取的情况下做出一定程度的退让

根据客户的心理形成原因，销售员在销售过程中，对产品的某些优惠措施可以先保留不谈，等到客户主动提出来，或者到了实现成交的关键时刻再拿出来，从而更加坚定客户的购买决定。

实践证明，保留余地成交法对于促进成交的顺利实现具有十分显著的作用。同时在关键时刻，销售员还可以将这些预先保留的有利条件当做希望同客户合作的重要筹码。

方法二　拿出筹码需要选对时机

在具体销售活动中，如果销售员能根据实际情况，巧妙运用保留余地成交法，将之前适度保留的产品利益有步骤、有条理地展示给客户，往往能够获得更多的客户满意度。

那么，在运用保留余地成交法时，销售员需要注意哪些问题呢？

（1）保留余地适度

保留余地的目的是为了在关键的成交时刻，为销售员留下回旋余地。而想要使保留的余地在关键时刻起到有效说服客户的目的，销售员首先要保证其具有一定的分量。如果分量不够，即使在关键时刻将其拿出来作为促使客户成交的诱饵，打动客户的可能性也很小，从而仍旧无法实现成交。

方法	对销售产生的影响	具体做法
保证前期工作能够顺利开展	如果销售员一心想为后面的关键时刻留下足够多的余地，在前期销售中缺少一定施展空间，很可能在前期销售中造成客户流失	销售员既要保证在前期介绍产品或者服务的竞争优势时，能够引起客户的兴趣，又要尽全力做到在关键时刻能够拿出有利的条件促成销售，如可以在前期销售活动中针对客户的需求介绍产品或者服务的竞争优势，将客户暂时没有注意到的细节条件留起来备用

（2）选择合适的回转时机

在销售员事先将某些有利条件进行保留之后，接下来要考虑的就是什么时候将这些条件亮出来发挥效用。而亮出时机的选择，还需要结合客户的反应和具体的销售情况。

● 客户对已有条件感到不满意，并步步紧逼，并以此作为成交的要挟条件时，使客户更加珍惜成交机会，为销售员赢得更多的利益。

● 客户认同大部分条件，但是仍旧对某些细节感到犹豫时，表达出销售诚意，坚定客户的购买决心。

● 在成交实现后，客户对产品存有后顾之忧时，使客户的满意度进一步增强，从而增强客户对本次交易的信心，以有助于今后的再次合作。

一次性将所能承受的底线过早地透露给客户，不但无法获得客户的信赖，反而无法令客户感受到讨得更多利益的成就感。所以，销售员事先保留余地，然后在后来做出看似迫不得已时的让步，更容易提高客户的满意度。

第5节　"忽视"成交法

自测题

测试题目	选择项目	答案（多选）	得分
1.下列哪些内容属于"忽视"成交法适用的情况	A.客户提出的异议不需要具体的解决方案时 B.客户提出的反对意见烦琐、缺乏条理时 C.客户提出的问题必须得到解决时 D.销售员无法应对客户提出的问题时		
2.为了不让客户感觉到被故意忽视，销售员需要运用哪些技巧呢	A.尽可能表现出积极、热情的态度 B.利用幽默、赞美等语言技巧引导客户转移话题 C.当做没听到客户提出的问题 D.请客户不断重复所提的问题		
3.在采用"忽视"成交法时，值得注意的问题有哪些呢	A.销售员步步紧逼，直到达到销售目的 B.引开客户的话题时应快速、及时 C.有时可以敷衍打发客户 D.吸引客户的话题建立在成交的前提上		
4.在确定吸引客户的话题时，应注意运用哪些技巧	A.新话题需有利于成交目的 B.销售员需对选择的新话题具有把握能力 C.新话题应该是能够引起客户兴趣，或者客户感兴趣的 D.新话题应简单明确		

答案：1.A、B、D；2.A、B；3.B、D；4.A、B、C。

得分规则：答对一个选项得10分，共100分。

参考解析：如果你得了0~60分，表明你对"忽视"成交法认识不足；如果你得了60~85分，表明你虽然曾经使用过"忽视"成交法，但是运用思路并不清晰；如果你得了85~100分，表明你不仅对"忽视"成交法有着深入了解，同时运用起来思路清晰，如果想要熟练运用，还需要在此基础上不断努力。

案例分享

罗英通过朋友介绍认识了一位新客户，经过电话约访后，客户同意与罗英见面，并详细了解一下罗英推销给自己的保健产品。

简单寒暄之后，罗英就开始介绍产品。但是，当罗英刚提到产品名字时，客户就提出了自己的意见："你们的产品为什么要叫这个名字呢？既不好听，也无法让人联想到保健品。还有，你们的瓶子为什么会采用塑料的呢？陶瓷的看起来更上档次一些……"

罗英笑了笑，询问客户："看来您对产品外观比较重视啊！您在购买产品时，都会关注产品的哪些方面呢？"

客户想了一下，说出了自己关注的一些方面。

接下来，罗英针对客户在购买产品时关注的一些方面做出了介绍："其实，在购买保健品时，最重要的还是产品的疗效，其他的附带功能在保健品使用完之后就随之失去了价值。而且，保健品的包装越精美、设计越华丽，产品的价格相对也较高。我想您肯定不愿意因为这些不实用的附加功能而花费过多的钱，而达不到理想的疗效吧？"

"嗯，你说得有一定的道理。"客户十分认同罗英的观点。

得到了客户的认同，罗英又将产品详细介绍了一番，交谈气氛十分融洽。加上之前客户是由朋友介绍的，罗英顺利地与客户达成了合作。

深度剖析

在客户提出一些无关紧要的问题时，罗英及时转移了话题，针对客户的喜好，将客户引到了"在购买产品时，会关注产品的哪些方面"，从而自然地避开了客户提出的问题，承接上更能打动客户的产品介绍，从而最终赢得了销售的成功。所以，销售员有时忽略掉客户的某些意见，把精力重点放在客户较为感兴趣、并能把握的成交点上，将会更有利于实现成交。

很多时候，客户提出的意见本身只是一种倾诉和表达的欲望，并不需要销售员逐一回答这些问题。如果销售员能对客户提出的问题进行分析，针对会对本次销售产生重要影响的问题认真回复，把主要精力放在更能打动客户的关键点上，主动避开或忽视那些与销售没有关联的问题，往往可以起到积极引导客户实现成交的作用。而在处理客户提出的异议过程中采用的方法，就是本节中要讲解的"忽视"成交法。

从整体上来说，"忽视"成交法的运作流程如下。

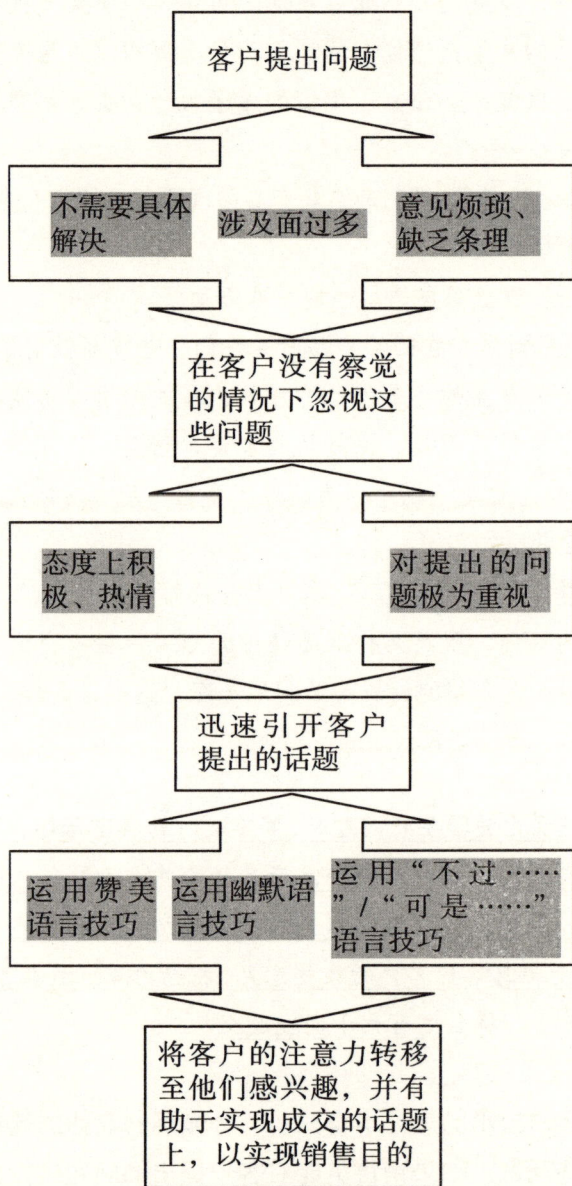

```
        客户提出问题

不需要具体    涉及面过多    意见烦琐、
解决                    缺乏条理

      在客户没有察觉
      的情况下忽视这
      些问题

态度上积              对提出的问
极、热情              题极为重视

      迅速引开客户
      提出的话题

运用赞美    运用幽默语    运用"不过……
语言技巧    言技巧       "/"可是……"
                      语言技巧

      将客户的注意力转移
      至他们感兴趣，并有
      助于实现成交的话题
      上，以实现销售目的
```

"忽视"成交法只要在满足一定条件的情况下才能使用，如果销售员事先没有对客户进行调查了解，很可能起到适得其反的作用。

在实际销售工作中，"忽视"成交法适用的情况有以下几种。

适用情况	原因	客户常用话术举例
当客户提出的异议不需要具体的解决方案时	客户有时提出的反对意见并不具有一定的针对性，他们可能是想表达自己的某种观点，或者想要向销售员倾诉内心的烦恼	"你们的产品广告太没有创意了，你最近看过欧美电影中的大片吗？如果设计成那种效果，估计可以吸引更多客户……"
当客户提出的问题涉及面过多时	客户有时会在很短的时间内提出许多反对意见，并且几乎所有的反对意见都具有针对性，例如抱怨产品不够大牌、价格过于昂贵、产品质量不值得信赖等。此时，如果销售员忽视客户的问题，但是客户的问题好像都具有针对性；如果逐一解决，则会耗费大量时间、精力	"我们公司是一家大品牌公司，而你们公司的产品不但品牌知名度低，而且在无法确定产品质量的情况下，竟然开出那么高的价格，售后服务估计就更难保证了……"
当客户提出的反对意见烦琐、缺乏条理时	当客户提出的反对意见缺乏一定的条理时，他们将很难针对某一个问题坚持自己的原则，如果此时销售员无法为客户提供充足的购买理由，往往就会导致客户拒绝购买产品	"我上个月花高价买了一件劣质品，对于你的产品，我并没有一眼就看上，而且之前我也没有听说过这个品牌，我还需要考虑考虑，万一不能适应自己的肤质怎么办……"
当销售员无法应对客户提出的问题时	有些时候，销售员明明知道客户提出的反对意见对此次成交具有决定性的影响，而且客户在提出反对意见时也期望获得满意的答案，但是由于销售员当时无法提供满意的答案，一味纠缠下去只会引起客户的不满、反感，此时不妨运用其他话题将这些问题巧妙掩饰过去	"你们这里的汽车只有一个颜色，让客户怎么选择，如果你们能够多提供几种颜色，或许我会考虑购买的……"

虽然"忽视"成交法可以适用于多种销售情况，不过在使用这一技巧的过程中，销售员还需要将其与不同的销售环境、客户的具体表现相结合，否则就很可能会引起客户的不满。

那么，销售员在采用"忽视"成交法时，值得注意的问题有哪些呢？

问题一 不可让客户感觉到是故意被忽视

"忽视"成交法的原理虽然是要对客户提出的某些意见进行有意忽视，然后在此基础上引导客户至更容易促成成交的话题上。但值得注意的是，销售员一定不能让客户感觉到这种忽视是故意的。

运用"忽视"成交法的技巧包括：

● 尽可能表现出积极、热情的态度。

● 引导客户转移话题，可使用幽默、赞美等语言技巧。

销售员在态度上体现出对客户提出问题的重视，一方面可以让客户因自己意见的"高明"而沾沾自喜，另一方面也可以让客户更加认可销售员的服务态度。

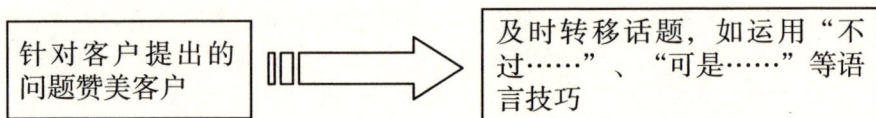

| 针对客户提出的问题赞美客户 | ⟹ | 及时转移话题，如运用"不过……"、"可是……"等语言技巧 |

问题二　引开客户话题要及时

"忽视"成交法的关键因素就是及时引开客户不需要解决或者讨论的意见，从而将其引至更有利于成交的话题上。

在这一过程中，销售员的行动不够及时，无疑是在浪费彼此的时间与精力，也容易让客户不自觉地将话题引向更难解决的问题上。如此一来，本来有望获得成功的销售局面就会在销售员"不及时"的应对中变得不可收拾。

那么，怎样才能及时引开客户的话题呢？

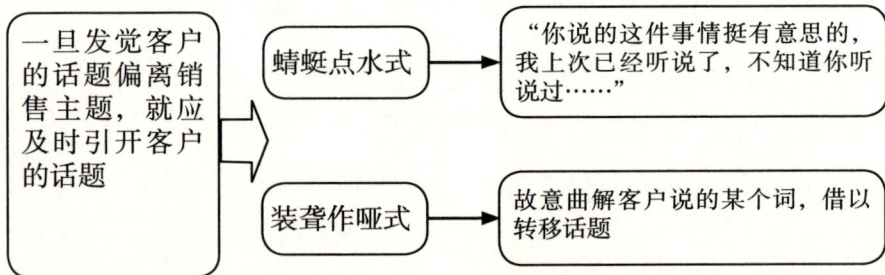

| 一旦发觉客户的话题偏离销售主题，就应及时引开客户的话题 | ⟹ | 蜻蜓点水式 → | "你说的这件事情挺有意思的，我上次已经听说了，不知道你听说过……" |
| | | 装聋作哑式 → | 故意曲解客户说的某个词，借以转移话题 |

问题三　用来吸引客户的话题应建立在成交的前提上

销售员采用"忽视"成交法化解客户提出的反对意见时，往往需要将话题引导至更有利于成交的话题上来，以防接下来的谈话偏离目标。

新话题需要具备的条件为：

● 新话题必须有利于成交的目的。

● 销售员对新话题必须有足够的把握能力。

● 新话题应该能够引起客户的兴趣。

客户提出的问题固然值得重视，但销售员并不需要对客户提出的所有意见都予以高度重视。"忽视"成交法就是抛弃阻碍成交的边缘问题，而找到促进销售进程的关键因素，从而在客户不易察觉的情况下，故意对客户提出的一些问题视而不见，从而更快、更轻松地达到销售目的。

第6节　"锐角"成交法

自测题

测试题目	选择项目	答案（多选）	得分
1. 在哪些情况下，销售员可以运用"锐角"成交法	A. 客户提出的反对意见是真实的 B. 客户提出的反对意见是拒绝销售员的借口 C. 不管客户提出的反对意见是真实的，还是虚假的都同样适用 D. 在客户不提出问题的情况下运用		
2. "锐角"成交法适用于应对客户提出的哪些问题	A. "产品质量差。" B. "没钱。" C. "没有时间。" D. "没有需求。"		
3. 在运用"锐角"成交法时，销售员需要注意哪些基本问题呢	A. 从容自然地转换客户提出的反对意见 B. 根据实际情况灵活调整 C. 直接反驳客户的反对意见 D. 态度积极、真诚		
4. 你认为下列哪些说法符合"锐角"成交法的使用原理	A. 一箭双雕 B. 借力使力 C. 巧妙转换 D. 积极灵活		

答案：1.B；2.A、B、C；3.A、B、D；4.B、C、D。

得分规则： 答对一个选项得 10 分，共 100 分。

参考解析： 如果你得了 0~60 分，表明你不管是对"锐角"成交法的认识还是运用，都不够熟练；如果你得了 60~85 分，表明你对"锐角"成交法有一定程度的了解，可能在工作中曾经使用过；如果你得了 85~100 分，表明你无论在对"锐角"成交法的原理上、逻辑上、知识上，还是运用上，都上了一个台阶，不过想要成为销售高手，还需要不断努力。

案例分享

牛斌根据公司的客户信息记录，通过电话联系到一位客户，并约定下午 3 点见面。但等到牛斌真的到了那里，客户却以很忙为由拒绝同牛斌交谈。

牛斌观察了一下，客户一个人单独有一间办公室，很显然拥有主管以上级别的职位。客户的办公桌上并没有放置文件，没有其他人给客户打电话，而且客户电脑上打开的浏览网页显示的是悠闲娱乐类的小游戏。

根据这些，牛斌判断出客户并不是真的没有时间，而只是拒绝自己的虚假借口。于是，牛斌告诉客户："我知道您平时工作非常忙，没有时间了解这些产品。所以，在来之前，我已经将您需要了解的这类产品信息进行了汇总和分类，这样您就可以一目了然地了解相关信息了。同时，我们的产品正是针对像您这样时间紧迫的客户设计的，能够有效提高您的工作效率，为您节省下更多陪伴家人的时间。"

听了牛斌的话，客户似乎变得感兴趣起来："是吗？那你们的产品怎样才能帮助我节省时间呢？"

牛斌告诉客户："因为您的公司是与国外的客户合作的，所以您可能经常会收到许多来自不同国家的文件和邮件，如果您逐一翻译进行了解，会浪费大量时间。我们公司新推出了一款软件，识别功能很强大，只要安装上就能自动将不同国家的文字自动生成设定文字。同时，它还能自动拦截广告、垃圾邮件，便于您的阅读和识别。"

"真的有这么强大吗？"客户似乎有些不相信。

"这样吧，×先生，我今天正好将软件安装包带来了，您可以先试用一周，如果觉得不错，咱们再继续续约，您认为如何呢？"

"既然这样的话，那我就先试用一下吧。"客户决定先试后买。

深度剖析

牛斌在客户提出"没有时间"的反对理由时，通过分析，确定客户的反对理由只是一个虚假借口。接下来，牛斌将客户"没有时间"的反对意见转化为"我知道您平时的工作非常忙……所以，将需要了解的信息进行了汇总和分类"、"针对像您这样时间紧迫的客户设计的，能够有效提高您的工作效率"，从而说服客户进行试用购买。在面对客户的拒绝时，销售员如果能够运用"锐角"成交法，将客户的反对意见转化为其购买的理由，那么自然能够越过反对意见与客户进行沟通，从而缩短销售进程，提高销售成功率。

在销售过程中，当客户提出具体的理由是反对购买的意见时，一些销售员不仅不会被这些反对意见所困扰，反而会将客户的反对意见转化为支持购买的理由。这就如同几何学中，将一个锐角的任何一条边延伸就可以转变出一个钝角一样，因此被称为"锐角"成交法。

"锐角"成交法的实质是借力使力，借助客户提出的反对意见的力量，将这种力量转变成促成其购买的理由，之后将支持购买的力量再次传递给客户的过程。

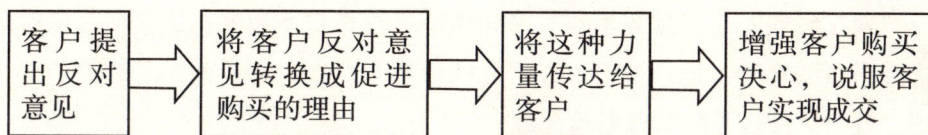

客户提出反对意见	→	将客户反对意见转换成促进购买的理由	→	将这种力量传达给客户	→	增强客户购买决心，说服客户实现成交

"锐角"成交法主要是在客户提出的反对意见中寻找突破口。但客户提出的反对意见有的是真实的，也有一些是虚假的借口。在面对客户提出的这些借口时，销售员还需要有针对性地区别对待。如果客户提出的反对意见是真实的，销售员可以采用适当的方法、尽可能化解客户的反对意见；如果客户以此为借口，销售员则可以运用"锐角"成交法。

"锐角"成交法的原理是销售员将客户提出的反对购买的理由转化为支持购买的理由，客户提出的理由不同，应对方法自然不同。那么，在实际销售工作中，"锐角"成交法都适用于客户提出的哪些理由呢？

理由一 "没有时间"

客户以"没有时间"拒绝购买，是销售员最常遇到的反对理由。其实，以此为拒绝理由的客户并非真的没有时间，这只是大多数客户推脱购买的借口而已。在面对客户这样的拒绝理由时，销售员可采用"锐角"成交法，将客户的反对意见转换为促进成交的理由。

实战举例

客户："对不起，我现在很忙，等我有时间了再和你联系吧。"
销售员："我们的产品正是针对您这种时间不够用的客户设计的。如果您现在抽出 3 分钟的时间，我保证我们的产品会大大提高您的工作效率，达到让您满意的效果。"

理由二 "没钱"

"现在没钱"、"预算不够"等同样是客户频繁使用的拒绝借口。面对提出这种借口的客户，销售员可以以产品的价值影响客户，从而满足客户的购买欲望，直到"没钱"的借口不攻自破。

实战举例

客户："我的工资太少了，只能维持基本温饱，哪还有时间去买你们的产品啊！"
销售员："正因为您的收入低，您才更需要购买我们的保险。您将钱存在银行，得到的只能是微薄的利息。而购买了保险，您不但可以获得相应的利息，同时也能够获得一定的保障，为您的财富开源节流。"

理由三　"产品质量差"

客户在对产品信息不了解的情况下，就会对产品或服务存在疑虑，以"产品质量差"为由拒绝购买产品。此时如果销售员能够确定客户的拒绝是真的，那么可以运用对客户详细介绍产品或服务信息的方法巧妙劝说客户购买。

也有一些客户是希望以此摆脱销售员，此时销售员就可按照如下话术运用"锐角"成交法。

实战举例

> 客户："听说这种产品在国内的生产技术十分落后，要是花钱购买了质量不好的产品，岂不是太吃亏了。"
> 销售员："我理解您的想法。其实正是因为担心购买不到质量好的产品，您才更应该购买我们公司的产品。我们的产品在业界的品牌知名度和影响力，您还信不过吗？所以在产品的质量和服务方面您大可放心。"

"锐角"成交法是能够说服客户签单的"转败为胜"的销售技巧，为借助此种方法更好地达成销售，销售员还需要注意一些基本问题。

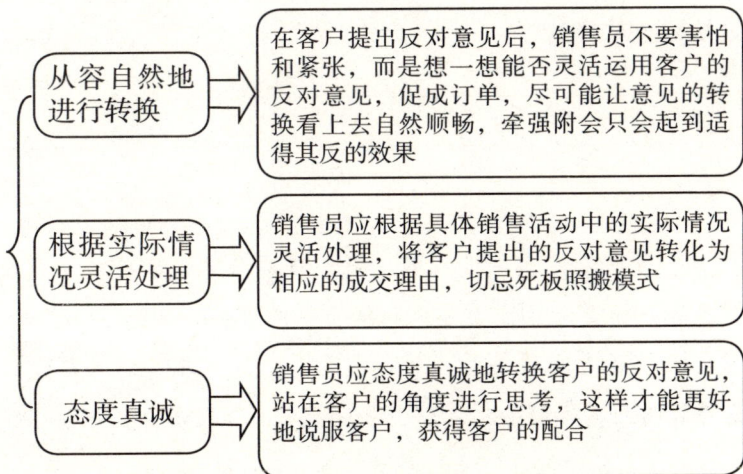

从容自然地进行转换	在客户提出反对意见后，销售员不要害怕和紧张，而是想一想能否灵活运用客户的反对意见，促成订单，尽可能让意见的转换看上去自然顺畅，牵强附会只会起到适得其反的效果
根据实际情况灵活处理	销售员应根据具体销售活动中的实际情况灵活处理，将客户提出的反对意见转化为相应的成交理由，切忌死板照搬模式
态度真诚	销售员应态度真诚地转换客户的反对意见，站在客户的角度进行思考，这样才能更好地说服客户，获得客户的配合

反对意见有时也可以转变成购买的理由，关键看销售员的反应是否灵活机敏，是否可以将客户的反对意见转变为促成销售的关键因素。

在实际销售活动中，"锐角"成交法的运用范围十分广泛，如果运用得当，将会效果显著。不过，任何方法都有两面性，在运用此种方法时，销售员还需要结合客户具体的反应进行灵活变通，否则将很难达到有效说服客户成交的目的。

第 7 节　支持客户的反对意见成交法

自测题

1. 在客户提出反对意见时，你是否会与客户发生争执？你有哪些避免与客户发生争执的好方法呢？

_____

_____

2. 在支持客户的反对意见时，你觉得哪些事项特别值得注意呢？这些细节会对销售结果产生怎样的影响？

_____

_____

3. 在客户没有提出或者提出很少的反对意见时，你会认为客户已经认同产品了吗？你是如何应对的呢？

_____

_____

案例分享

一位服装店老板准备订购一批衣服，销售员罗素热情地接待了这位客户。罗素简单了解了客户的需求后，为客户介绍了一款服装。

客户拿起样衣认真查看了一番，告诉罗素："这款服装的外形设计非常独特，而且颜色搭配时尚，能够给人眼前一亮的感觉。"接着，客户摸了摸样衣，提出了反对意见，"可惜服装的布料不是特别讲究，摸上去手感差了些……"

罗素听了客户的话，随即称赞客户道："您的眼力真厉害，果然是做了多年服装生意的老客户。这款成衣是今年最流行的款式，是我们的设计师从韩国引进的。它的设计借鉴了国际最时尚的款式，唯一不足的是制作材料没有采用最好的布料。因为如果我们选择好的布料，恐怕出厂价会高出现在好几倍！那样的价格对于知名服装品牌来说，可能有市场，可对于我们这样知名度不高的产品来说，就得不偿失了。现在的服装市场，良好的款式加上合理的售价，才最具吸引力。更何况这款布料柔软舒适，并不是档次最低的。服装的整体设计制作对于这样的价格来说，绝对是物超所值，您觉得呢？"

客户听完罗素的话，重新拿起服装观看了一番，认为罗素说得十分在理。随即，客户表示先订购100件，试过销量之后再决定是否大量订购。

深度剖析

在客户提出反对意见后，罗素先是对客户的说法提出肯定，然后又从另一个角度打消了客户的疑虑，在获得了客户的认可后，水到渠成地销售出去了产品。面对客户的反对意见，销售员如果能够先予以支持，然后委婉地进行引导，不但可以避免不必要的争执，而且还会赢得客户的信任和好感，从而加快销售进程。

支持客户反对意见成交法是指对客户提出的某些反对意见，销售员给予支持和肯定，从而在拉近双方心理距离的情况下，让客户更容易接受销售员的劝说，从而获得销售上的成功的方法。

既然直接反对客户提出的意见很容易遭到客户反感，销售员不妨反其道而行之，在客户提出反对意见时采用"先肯定，后解决"的方法对其进行说服和化解。利用委婉的做法可以有效突破销售过程中的种种障碍，消除客户异议，最终实现成交，这就是支持客户反对意见成交法。

为了正确运用支持客户反对意见成交法，我们来来了解一下支持客户反对意见成交法的运用步骤。

● 第一步：巧妙认同客户的观点。客户发表了反对意见，销售员可以对客户提出的观点点头称"是"，也可以告诉客户"你说得很对"。

● 第二步：确认对方的观点。注视客户的眼睛，如果客户不敢直视销售员，或者在讲话时眼神闪烁，那么则可能在撒谎。销售员可以直接询问客户"您的意思是……吗？"在询问中，销售员可以巧妙地进行概念替换，使客户的思维重心发生偏移，以便为下一步说服打下基础。

● 第三步：为客户提供更多的资讯，使其逐步接纳。做完转折，就要从客户利益出发，从其他角度解释客户的异议，将客户认为失败的地方解释成对客户有利的方面。

支持客户反对意见成交法是一种避免引起客户不满的、委婉的方法。如果销售员在销售过程中对客户提出的某些反对意见进行直接反驳，即使这些反对意见存在明显谬误、偏见，直接反对客户的做法非但不会达到说服客户的目的，反而会成为顺利成交的阻碍。

既然直接反驳客户提出的反对意见很可能造成客户不满，并增加与客户有效沟通的障碍，那么销售员不妨先对客户提出的反对意见表示肯定和支持，然后再通过其他方式予以解决。

在实际销售过程中，客户总是存在各种各样的顾虑。客户没有以反对意见的形式提出异议或者提出的反对意见较少，并不代表客户已经接受了产品，这反而大大增加了成交的阻碍。

如果销售员能在客户提出反对意见前，说出客户比较关心的话题，则能更好地赢得客户的信任，消除客户顾虑。

● 如果销售员确信客户会对某些问题提出反对意见，那么不妨在客户之前将反对意见提出来，不但有利于消除客户的疑虑和不满，同时也有助于销售员争取主动。

● 对于确信客户会提出的反对问题，销售员最好在客户提出之前，主动代替客户说出不满和疑虑。

● 当客户明明在某些问题上持反对意见，可是又不愿说出时，销售员可以巧妙地替客户说出来，从而增强客户的信任。

当面对完全陌生甚至关系不亲密的销售员时，客户通常不希望自己提出的意见被对方直接反驳，由此就出现了反对意见成交法。如果销售员能够对客户提出的某些反对意见给予支持和肯定，借此拉近彼此的心理距离，则能更轻松地得到客户的配合，从而获得销售上的成功。

第五部分 售后篇

为再次成交打下基础

第9章　别在催款时伤了人情

第1节　选择有效的收款方式

自测题

1. 在销售过程中，你通常采用哪种收款方式？除了这种收款方式，你还了解哪些收款方式？

_____

_____

2. 你认为对不同的客户采取不同的收款方式，会对销售产生帮助吗？具体有什么帮助呢？

_____

_____

3. 你认为哪些收款方式更适合自己？这些收款方式哪些方面比较契合自身的情况？

_____

_____

案例分享

德克所在的企业主要生产快速消费品，虽然企业可以运用许多收款方式，但由于企业规模不大，大多数客户单次进货的金额较小、进货频繁，所以销售员们长期采取的是"先发货，再收取现金"的收款模式。

在客户下了订单后，德克一般会随同承运人将货物送到客户手中，同时收回货款。这样一来，德克承担的欠款相较于赊销、铺底的风险小了很多，但是仍然不可避免地出现了诸多问题。

随着电子、网络信息的发达，德克的企业所在的区域新成立了许多竞争企业，由于这些企业采用的收款方式比较齐全，而德克只开拓能当面收款的客户，因此严重影响了其在周围地区的客户扩展。

为了提高竞争力，德克逐渐放松了对可以当面付款、新开发客户的赊贷额度。经常有客户在送货之前承诺货到付款，可是在德克送去货物之后，又以各种借口拒绝当面付款或者拖延付款，以致德克需要三番五次上门催款，严重影响了德克正常的业务开展。

德克仔细思索后，决定根据不同客户尝试不同的收款方式。例如，如果客户距离企业很远，而且客户的资信情况良好，德克则视情况与客户商定用信用卡、电汇、支票等支付方式；如果客户为国外客户，德克则采用 PayPal、西联和 moneygram 的收款方式……

经过改进，德克的客户不断增多，目前已经有了一部分国外客户，大大地提升了自身的竞争力和客户满意度。最主要的是，之前与其合作的客户由于不用从银行频繁提取现金，不但进货数量越来越多，回款情况也得到很大的改善。

深度剖析

德克在采取单一收款方式的情况下，不仅无法让客户满意，而且仍旧会遇到客户拖延回款、失去合作等影响销售业绩的事情。在借鉴同类新兴企业，同时认真思考后，德克针对不同的合作情况，采用了不同的收款方式，从而大大提升了竞争力，扩大了销售规模。可见，选择有效的收款方式，将能为再次销售和扩大销售打下良好基础。

客户做出成交决定却一直拖欠货款，这是销售员最不愿意看到的情况。很多时候，收款难是因为一些销售员在给客户发货前，没有针对客户及自身的情况选择有效的收款方式。

收款方式没有最有效的，也没有最差的，只有最适合的。对于销售员来说，选择一种适合的收款方式，不仅可以节省大量的时间和金钱，而且还可以降低风险、提高效率。为了便于大家找到适合自己的收款方式，我们对几种常用的收款方式进行了汇总，以供销售员参考。

销售员既然向客户销售产品，自然不可避免地要向客户收货款。按照客户是否赊贷，收款方式可以分为做欠款和做现款两种方式。

收款方式	详细分类	内容详述
做欠款	铺底销售	铺底销售是指销售员给客户一定金额的欠款作为铺底，一般在签订合同后首次发货时完成铺底。之后，客户在进货时只需将超出铺底金额的款项汇给销售员，销售员即可发货。这种方法一般一年一结，客户需在到期前将欠款一次性结清
	压单销售	压单销售是指销售员向客户发出第二批货后，客户一旦收到货物，即刻汇返第一批货款。销售员向客户发出第三批货物后，客户收到货物即刻汇返第二批货款……以此类推。此种收款方式不留漏洞，即客户如果在规定的时间内不再继续进购货物，那么应当及时结清欠款
	翻单销售	翻单销售是指客户向销售员汇返前次购物的欠款，销售员才向客户发出再次要进购的货物。前款不到，后货不能继续发，否则将会积压欠款，增大收款风险
做现款	款到发货	款到发货是指客户将货款汇至销售员账户，或销售员收取现金后，才予以按照订单发货的方法。款到发货在商定时需要明确运费付款方、是否附发票等细节
	货到代收款	货到代收款是销售员在向客户发货时，委托第三方代收货款的方法。此种方法需要找到可靠且有实力的代收方，并明确代收费用率

对于新开发的客户和中小型客户，最好不做欠款。在做欠款时，原则上不做铺底销售。即使是大客户，销售员也要视自身效益情况谨慎决定。

在商定收款方式后，根据客户的信誉度，销售员需要制订合理的收款时间。收款的时间顺序应从 A——D，绝对不可以从 D——A。

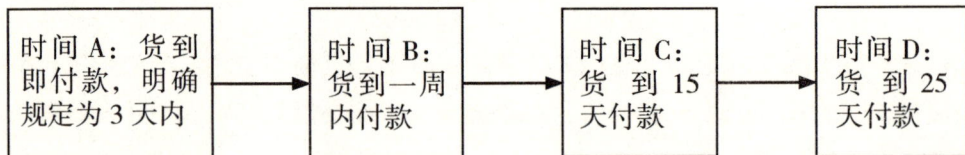

时间 A：货到即付款，明确规定为 3 天内	→	时间 B：货到一周内付款	→	时间 C：货到 15 天付款	→	时间 D：货到 25 天付款

收款方式按照支付方式，一般来说可分为支票、本票、商业汇票、银行承兑汇票、信用证 (L/C)、电汇 (T/T)、现金支付、西联汇款、PayPal、moneygram 以及信用卡等多种形式。

方式一 现金支付

现金支付的收款方式是最传统，也是安全系数较高的收款方式。但是随着现代电子销售、网络销售的发展，由于不能面对面交易，现金支付就会成为电子、网络商务的阻碍。

方式二 支票

支票是由出票人签发，委托办理支票存款业务的银行在见票时无条件支付确定金额给收款人或者持票人的票据。这个出票人就是客户或者客户所在的公司，付款人则是客户委托的开户银行，而收款人则是销售员。支票可以用于付款和收款。

使用支票的好处是价格低廉，只需要20元人民币的托收费用，就可以通过各大主要银行收取客户寄来的支票。缺陷是周期时间长，一张支票如果跨国往返邮寄，整个周期可能需要一个月或者几个月的时间，另外中国的支票托收有一定的限制，有时银行会要求用户提供劳务合同等凭证，有时还会出现中间行折扣费等问题。

方式三 本票

本票是一个人向另一个人签发的，保证即期或者定期或者在可以确定的将来时间，对某人或其指定人或持票人支付一定金额的无条件书面承诺。

本票一般是由出票人（也就是客户）签发的，承诺自己在见票时无条件支付票据上的金额给收款人或者持票人（即销售员）的票据。

值得注意的是，这里的本票所指的是银行的本票，不包括商业本票，更不包括个人本票。

方式四 商业汇票

商业汇票是出票人（也就是客户）签发的，委托付款人在指定日期无条件支付确定的金额给收款人或者持票人（即销售员）的票据。

商业汇票按照不同的承兑人，可以分为商业承兑汇票和银行承兑汇票两种。银行承兑汇票顾名思义就是由银行承兑的商业汇票，而商业承兑汇票则是由银行以外的单位承兑的商业汇票。

方式五 银行承兑汇票

银行承兑汇票是由在银行开立存款账户的存款人（客户）出票，向开户银行申请，并经银行审查同意承兑的，保证在指定日期无条件支付确定金额给收款人或者持票人（即销售员）的票据。

方式六 电汇（T/T）

电汇是客户以定额本国货币交于本国外汇银行换取定额外汇，并述明收款人的姓名和地址，再由承办银行通知另一国的分行或者代理行，指示给付给销售员的一种汇款方式。

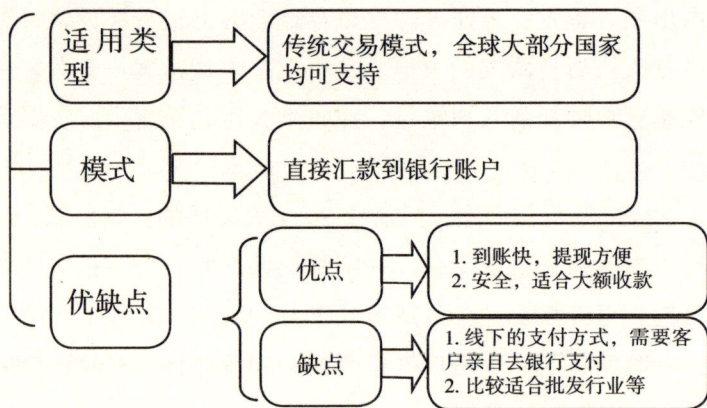

这种收款方式适合大额的交易付款，也是相对来说最安全的收款方式。但是如果客户欠款的额度非常大，甚至超过几百万元时，使用这两种方法就会显得非常麻烦。

方式七 西联和 moneygram

西联和 moneygram 是全球最快的两种汇款方式，均能在几分钟的时间内现金到账，而且手续相对简单。

不过由于这两种资金会短时间到达，如果销售员存在欺诈行为，客户将毫无应对方法。由此，从安全角度讲，客户通常不会使用这两种方式汇款。

适用类型 → 传统交易模式，全球大部分国家均支持

模式 → 直接汇款到客户的账户

优缺点
- 优点 → 1. 收款迅速，几分钟到账
2. 先付款后发货，保障销售员利益不受损失
- 缺点 → 1. 先付款后发货，容易让客户产生不信任感
2. 客户群体小，限制销售员的交易量
3. 数额如果较大，手续费会很高
4. 需要客户先行支付，对于信用问题要求很严
5. 需要客户支付手续费，变相增加了产品价格，导致竞争力下降

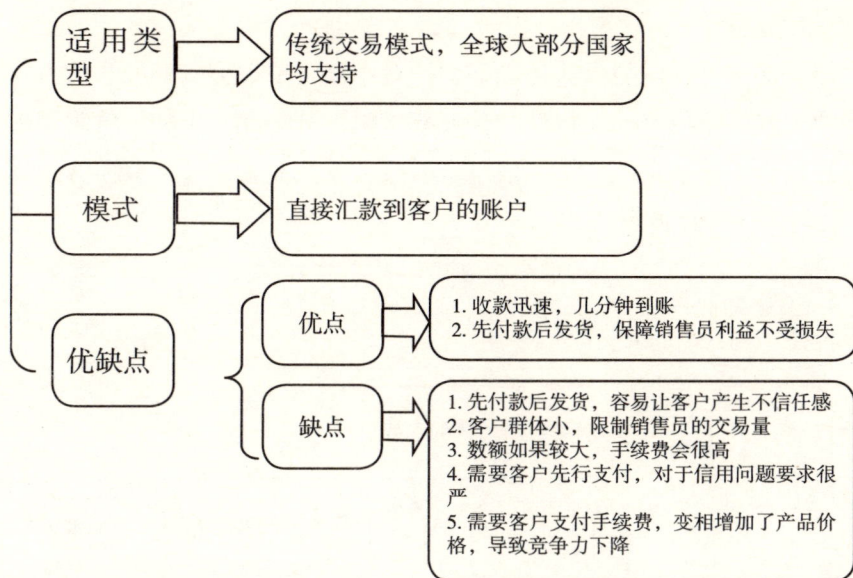

方式八 PayPal

PayPal 是全球最大的在线支付方式，已经在 45 个国家拥有 1 亿多用户，是跨国交易中最有效的付款方式。只要有一个电子邮件地址，任何人都可以方便而安全地使用 PayPal 在线发送和接收付款，避免了传统的邮寄支票或汇款方法。

不过由于在国内提现不方便，而且手续费昂贵，PayPal 的使用情况并不普遍。而且 PayPal 对销售方的要求十分严格，如果出现客户投诉，账号就会被封，即使里面存入现钱，也无法提取。一般而言，如果销售员在提现、收款、商品出售不符合用户协议时等都会被冻结账户，180 天的账户冻结不仅会延误欠款的收款时间，造成资金链中断，还会影响同客户间的合作。

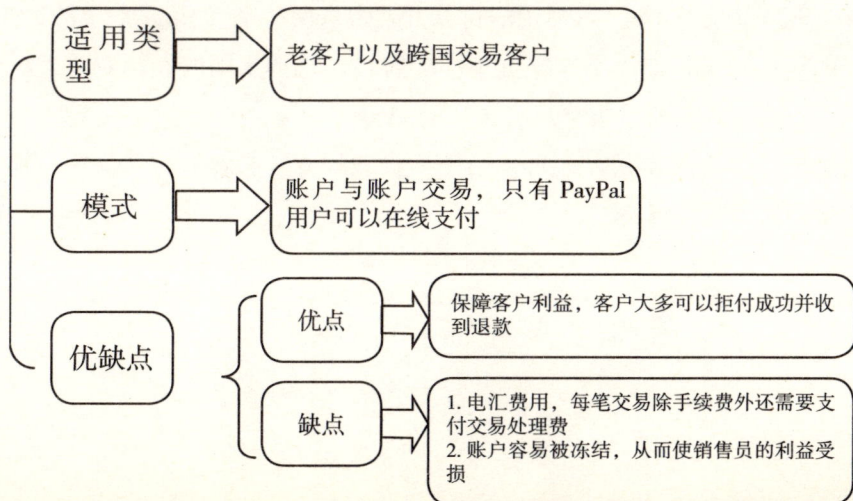

适用类型 → 老客户以及跨国交易客户

模式 → 账户与账户交易，只有 PayPal 用户可以在线支付

优缺点
- 优点 → 保障客户利益，客户大多可以拒付成功并收到退款
- 缺点 → 1. 电汇费用，每笔交易除手续费外还需要支付交易处理费
2. 账户容易被冻结，从而使销售员的利益受损

方式九 信用卡

信用卡支付可以说是当前环境下，针对小额订单最为流行的收款方式。随着经济的发展，信用卡的发行量和普及率变得十分可观，小额支付采用信用卡结算已经成为十分平常的事情。信用卡的收款方式非常简便，只要客户拥有信用卡，便可考虑使用此种方式。

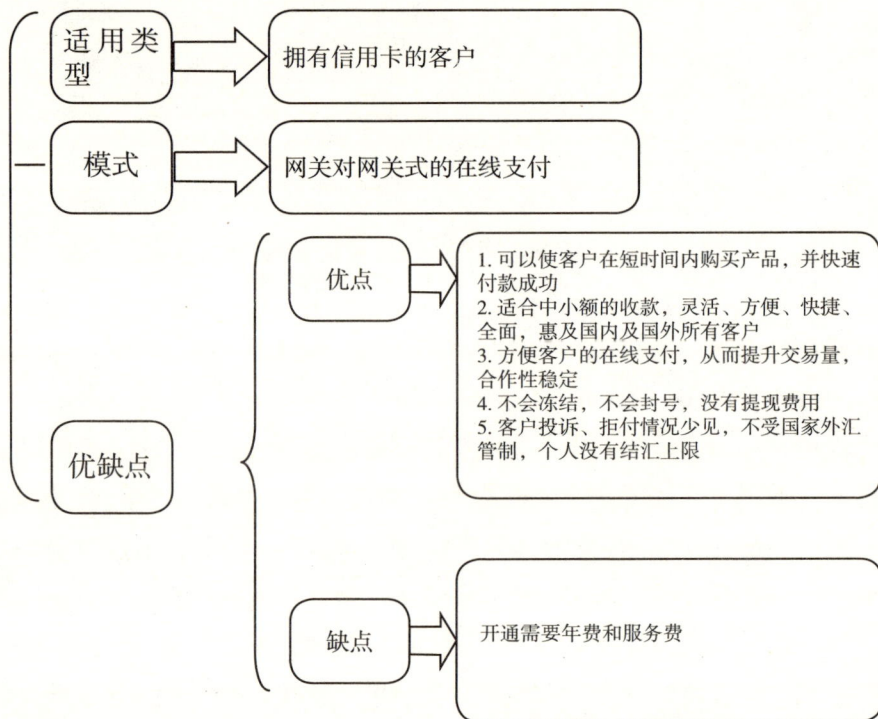

适用类型	→	拥有信用卡的客户
模式	→	网关对网关式的在线支付
优缺点	优点 →	1.可以使客户在短时间内购买产品，并快速付款成功 2.适合中小额的收款，灵活、方便、快捷、全面，惠及国内及国外所有客户 3.方便客户的在线支付，从而提升交易量，合作性稳定 4.不会冻结、不会封号，没有提现费用 5.客户投诉、拒付情况少见，不受国家外汇管制，个人没有结汇上限
	缺点 →	开通需要年费和服务费

各个地区的消费不同，习惯用的付款方式也有所区别。如果选对了收款方式，货款将能流畅到位；如果不能根据不同的客户，选择不同的收款方式，导致货款迟迟不回流，将会严重影响自身资金的周转。

既然选择有效的收款方式对于销售员收款的成败起着关键性作用，那么销售员应该如何进行选择呢？

看准目标客户群体	→	例如一些做服饰、电子、玩具等行业的客户主要集中在欧美和中东一些国家，这类人最习惯的支付方式就是威士（Visa）和万事达（MasterCard）。所以，针对这样的客户群体，最好选择 Visa 和 MasterCard 的信用卡在线支付
查看自身交易单额	→	一般来说，信用卡收款的单笔交易金额在 1500 美元，如果超过这个数目，最好选用电汇、信用证等收款方式
资金的安全性	→	在收款时，销售员根据自身利益，一般会倾向于"不可撤回"的收款方式，而客户则恰恰讨厌、拒绝使用这种方式，提倡保障双方利益的第三方支付

以上几种支付方式分别有各自的优缺点，在实际收款中可以综合运用，只要能够符合自身实际情况，加快收款时间、降低收款成本，最终达到收款目的，那么便是选对了收款方式。

第 2 节　实现回款的规范化

自测题

1. 你在向客户催收账款时，是否会提前通知客户做好还款准备呢？你是分别从哪些方面提醒客户的？

_____

_____

2. 你了解客户回款的基本流程吗？请试着简述出来。你会在实际催款过程中，按照销售流程进行催款吗？

_____

_____

3. 在客户出现逾期未回款的情况时，你是如何进行处理的？

_____

_____

案例分享

S公司创办于1980年年初，是一家以生产电器开关为主的乡镇企业。经过20年的发展，S公司已经成为拥有600多名员工、年产值近亿元的中型企业，而且在当地小有名气。

近几年，随着S公司的"示范效应"，周围陆续办起了十几家同行企业，S公司面临着激烈的竞争。

为维持市场优势，提高自身的竞争力，S公司对销售队伍进行了大规模的扩充，而且对于新老客户允许不同比例的赊销额度。

由于S公司坚持销量第一，导致销售员一度忽略了回款的规范化，他们为了多拉客户、提高销售业绩，不但在对客户的资信情况没有了解的情况下贸然签下订单，而且不断增大赊销的额度……

如今，S公司的应收账款已经超过了5000万元，其中包括大量显然已经无法正常收回的欠款。这些欠款几乎占了全年收入的50%，严重影响了公司的正常运作。

为了避免欠款缺口继续增大，公司总经理在没有同下属商量的情况下，下达了禁止一切赊账销售模式的通知。这引起了公司管理层和销售部门的严重不满，一些销售经理甚至带领手下的员工集体辞职。

在这种局势下，S公司左右为难，陷入了进退两难的境地。

深度剖析

S公司为追求销量而忽略了对客户信息的统一管理，缺少对市场信用风险的有效控制，甚至不顾自身的控制能力随意降低客户赊销额度，对逾期应收的款项未能及时采取措施等，这些对应收账款缺少系统化、规范化管理的突出表现，都成为S公司不能收回欠款的原因。

一直以来，催款难是很多销售员和企业担忧的问题。货款不到位会影响企业的正常运转，导致企业和销售员利益受损。

对大多数欠款进行分析后我们发现，其中属于类似"三角债"或指令性"政策性拖欠"的欠款占据8%；属于客户破产或者其他难以规避的原因造成的"客观性拖欠"占15%；由于企业或销售员选择不慎，赊销决策失误以及对欠款监控力度不够等自身问题造成的"管理性拖欠"占77%。由此可以看出，销售员错误、不规范的做法是导致客户借机赖账的最主要原因，应当引起销售员的高度重视。

在账期内向客户收款是有一定的管理流程可遵循的，为了实现回款的规范化，销售员可按照以下流程图逐步清偿。

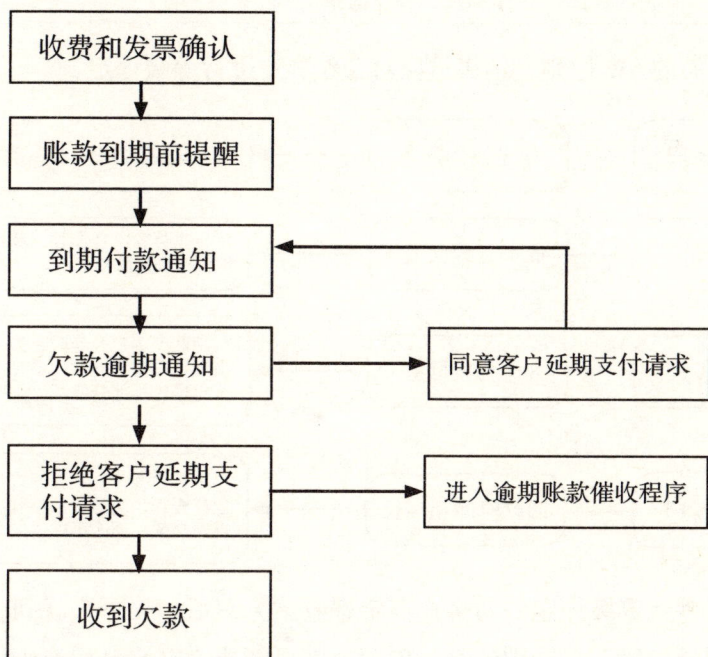

```
┌─────────────────┐
│  收费和发票确认   │
└─────────────────┘
         ↓
┌─────────────────┐
│  账款到期前提醒   │
└─────────────────┘
         ↓
┌─────────────────┐                      ┌──────────────┐
│  到期付款通知     │ ←─────────────────── │              │
└─────────────────┘                      │              │
         ↓                               │              │
┌─────────────────┐    ┌──────────────────────────────┐
│  欠款逾期通知     │ ──→│      同意客户延期支付请求        │
└─────────────────┘    └──────────────────────────────┘
         ↓
┌─────────────────┐    ┌──────────────────────────────┐
│  拒绝客户延期支   │ ──→│      进入逾期账款催收程序        │
│  付请求          │    └──────────────────────────────┘
└─────────────────┘
         ↓
┌─────────────────┐
│    收到欠款       │
└─────────────────┘
```

为进一步规范应收欠款的日常管理，实现欠款的规范化，销售员应对客户欠款在销售的事前、事中、事后分别进行有效预防、控制和监督。

第一步 事前预防

有些销售员为争取成交，不顾公司规章制度，相信客户"货到付款"的口头言辞，为客户大开绿灯；还有一些销售员害怕得罪客户，不得不向客户一再妥协，不能明确回款的具体时间等，这些不规范的做法，都造成客户拖延欠款的事实。

从初识新客户到维护老客户，销售员应该全面了解客户的资信情况，并选择信用良好的客户进行合作。在对客户的资信情况进行审查时，要遵循5W原则。

5W	代表内容
who	客户的基本情况、素质、社会关系
where	客户所在的地区、物流配送情况
when	客户从事本行业的时间，何时开始合作，之前是否有合作的经历
what	客户的信用档案，是否存在不良记录
why	合作原因、合作动机、合作前景

根据上面的 5W 原则，销售员应对合作客户进行等级评定。

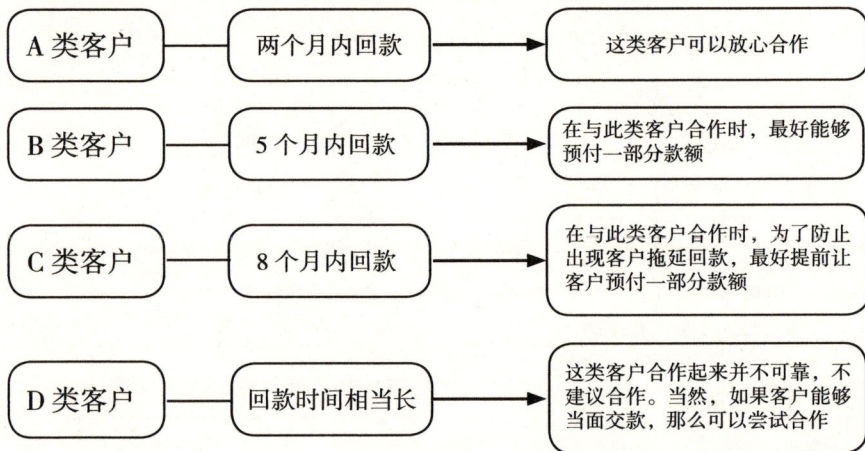

A 类客户	→	两个月内回款	→	这类客户可以放心合作
B 类客户	→	5 个月内回款	→	在与此类客户合作时，最好能够预付一部分款额
C 类客户	→	8 个月内回款	→	在与此类客户合作时，为了防止出现客户拖延回款，最好提前让客户预付一部分款额
D 类客户	→	回款时间相当长	→	这类客户合作起来并不可靠，不建议合作。当然，如果客户能够当面交款，那么可以尝试合作

对客户进行等级评定，与客户商定好收款方案后，接下来就到了与客户签订销售合同的阶段。合同中的每一项内容都可能成为客户日后产生信用问题的凭证，也是实现追收账款的根本依据。因此，对销售合同的各项条款进行逐一审查核对是必不可少的。

那么，哪些内容是在销售合同中需要明确的内容呢？

1. 明确交易条件，如品名、规格、数量、交货日期、价格、付款方式、付款日期、运输情况、验收标准等
2. 明确双方的权利义务和违约责任
3. 确定合同期限
4. 签订时间和经办人签名，加盖合同专用章或者公司印章，以避免个人行为的私章、单一签字或者其他代用章
5. 如果为电话或者网络订货，最好有传真件作为凭证

众所周知,合同是对双方都有法律约束的文书,其中不仅明确了双方的职责,同时也保护了双方的合法权益。因此对合同给予重视,并在合同中详细约定关于回款的具体时间、地点和金额,将能保障回款的顺利进行。

第二步　事中控制

签好合同后,并不代表销售员可以高枕无忧。如果销售员能完善自身服务,协助客户完成货物交接,为客户提供一切便利条件,将能间接保证回款的安全性。其实,很多时候客户拖欠回款都是由于销售员没有做好后续工作,如没有及时兑现承诺,没有及时为客户解决问题,导致客户受到了某种损失,并最终恶化为客户拖延结款的借口。

那么,如何做好欠款控制呢?

（1）亲自与客户确认货物

如果客户对收到的货物感到不满意,因数量不对或质量出现问题而延期付款,无疑会使销售员的催款工作陷入被动。

因此,在售出产品后亲自确认货物数量和质量是否达到客户标准,得到客户无误的答复后,销售员方能名正言顺地向其催款。

（2）提前通知客户

销售员在向客户收款前一周,电话拜访或上门通知客户,并再次同客户确认要收欠款的时间和金额。一些销售员因担心客户对自己避而不见,或者认为再次确认较麻烦,会在没有提前通知的情况下贸然前去收款。虽然这样做省时省力,但是由于没有通知到位,很可能引起客户的不满。

（3）避免同客户争辩

客户对购买到的产品表示担心是十分正常的现象,销售员在此过程中如果不能安慰、肯定客户,反而同客户争辩,会影响双方建立起来的好感,导致回款拖延。

（4）保证应收款数目的准确

应收款数目的偏差将会严重影响销售员及其代表的企业在客户心目中的形象,这种不规范的做法将会直接影响同客户的二次合作。

正确的做法是将客户购进货物的时间、数量、单价等进行细分,并罗列在一张单据上,让客户能直观清晰地看到自己的消费情况。

第三步 事后监督

如果超过了合同上的回款日期，客户仍旧没有正常回款，那么对于已成定局的欠款，销售员需要及时了解情况，并随时监督客户的回款情况。

在超过回款期限后，销售员越早同客户沟通联系，实现回款的成功率越高。即使回款期限超过一天，也应马上进行收款，利用不等待的心理给予客户一个正确观念：我们对于欠款是非常严肃的，是不容忍拖欠的。

在处理客户欠款时，销售员仍然不可避免地要注意一些事项。

● 文件：检查被拖欠款项的销售文件是否齐全。

● 找出拖欠原因：按照账龄和收取难易程度，逐一分类排序，以找出拖欠原因。

● 收集资料：根据客户提供拖欠款项的事由，收集资料以证明其正确性。对于确实由于资金周转困难的企业，采取订立还款计划，限期清欠的方法。

● 追讨文件：根据情况不同，建立三种不同程度的追讨文件——预告、警告、律师函，并视不同情况及时发出。

● 最后期限：应收账款的最后期限，不能超过回款期限的1/3，如果超过，应马上采取行动追讨。销售员应要求客户了解最后的期限及后果，让客户明确最后期限的含义。

● 要求协助：使用法律手段维护自己的权益，并进行仲裁或者诉讼。

事后控制主要是到期不回款到追回欠款这段时间。对于欠款的追收，要采取多种方法偿清，并实行催款责任到位。催款责任到位原则上是采取大区经理负责制，然后由大区经理落实到具体的业务员身上。如果是单一的客户，则最好由客服中心定期与其进行沟通、向其催讨。

第3节 巧用电话催款

自测题

请根据自身情况完成以下测试，在对应答案后打"√"。

测试题目	是	否
1.你总是面带微笑地使用电话向客户催款		
2.对于对方的言外之意，你总是能够留心注意到		
3.你在催款时情绪很冷静，能够有条不紊地向客户进行催款		
4.你催款的态度坚决，但是又能够让客户感受到你的热情和关心		
5.你十分清楚电话催款的步骤，知道接下来要做的是什么		
6.打电话时，你总是会首先询问客户"您现在接电话方便吗？"		
7.你总是能够将客户在电话中的口头约定转变成书面合同		
8.即使客户在电话中表示不愿意还款，你也不会与客户发生争执，甚至撕破脸皮		
9.在通过电话向客户催款之后，对于没有还款的客户，你会不间断地使用电话提醒客户还款		
10. 在打电话之前，你通常会检查电话是否存在故障，而且会远离人声嘈杂的环境		

参考解析：若你的回答中有 8~10 个"是"，表明你是一名催款高手，不仅了解什么时候需要使用电话进行催款，而且能够熟练运用电话达到回款的目的；若你的回答中有 5~7 个"是"，表明在大多数情况下，你能够运用电话达到催款的目的，但是某些时候，你可能会因不能控制情绪、无法处理突发情况等而导致催款失败；若你的回答中有 0~4 个"是"，表明你尚且不能把握电话催款的要领，还需要多加学习和实践。

案例分享

刘晴的一个客户在三个月前以赊账的方式通过她购买了一批服装，可是如今还款期限已经过了一周，客户仍旧没有还款。

由于客户与刘晴的公司居于两地，如果刘晴亲自去向客户收款，不说需要支付车票、住宿的费用，收款顺利的话，也需要三天时间。

想来想去，刘晴决定巧用电话向客户催款。刘晴面带微笑，拿起电话："您好，张经理，很抱歉打扰您，贵公司上次进购的货物，账期已到。您安排什么时候付款呢？准备采用什么方式付款呢？"

客户想了一下，回答刘晴："刘晴啊，我最近资金有点紧张，等资金周转过来后，我一定会尽快给你回款的。"

听到客户这样说，刘晴询问客户："不知您是否方便告诉我，您的资金是在哪些方面出现状况了呢？"

"好吧，既然这样，我就告诉你实情吧。"客户继续说道，"我前段时间住院做手术，这花去了我一部分费用。又因为我最近很少在店里面监管，所以服装的销量相较以前的情况有明显下降，目前的收益只能勉强维持店面费用、员工工资……"

刘晴一边认真倾听客户还款困难的原因，一边帮客户想出了一个两全其美的还款方法："张经理，我有一个方法，不知道您认不认可？"

客户迫不及待地说道："那快点说出来吧！"

刘晴告诉客户："现在买东西可以分期付款，还款同样也可以。如果您将款额分担到每个月，就会变得轻松一些。当然，这可能会加进去一些滞还的利息。如果您的收益恢复良好，您完全可以一次性还清。您看是分6个月还清，还是分12个月还清呢？"

在听到刘晴的提议后，客户变得沉默了。过了一会儿，客户表示，"嗯，这个方法确实不错，根据目前的情况，我只能选择分12个月还清了。"

"好的，既然这样的话，我会尽快将这个方案拟成合同，通过传真的方式给您，您只要在上面签上名字，盖上公章即可。"刘晴继续提议。

"好的，那我等你的传真吧。"客户表示认同。

深度剖析

刘晴选择利用电话催款，在得知客户暂时回款困难时，积极帮助客户寻找解决方法，继续进行沟通，最终达成令双方都较为满意的还款方案。由于客户与刘晴的公司居于两地，而客户的情况较为特殊，如果刘晴没有运用电话催款，直接上门找客户催款，不仅浪费时间和经费，同时也会收款无果。

电话作为便捷、低成本的沟通工具，已经被越来越广泛地运用到与客户之间的沟通上，尤其是在向客户进行催款时。如果销售员能够掌握电话催款的技巧，就可以高效地了解客户迟迟不回款的原因所在，避免通过其他复杂、费力的手段来进行催款。

利用电话催款，最重要的是与客户进行话语上的沟通。也就是说，"声音表情"在一定程度上决定了电话催款的成败。销售员如果希望电话催款获得成功，那么首先要注意自己的"态度、礼貌"。

技巧一　确认金额

打电话催款前，销售员首先需要通过电话与客户核对最新的档案数据，确认客户积欠的账款明细和金额。

技巧二　选对时间

婚丧嫁娶看"吉时"，电话催款也要讲究"吉日"。而电话催款的最佳时间，则是在对方刚开始上班的15分钟之内。因为，这通常是客户心情最好的时候。切忌在中午午餐、午休时间进行电话催款。

技巧三　选对日子

向客户催款最好的日子是星期五，其次是星期四、星期二。最不宜电话催款的日子是星期一和星期三。

当然，如果能够打探到客户款额的准确进账日期，那么在客户钱款进账日的前三天催款，则是最佳时间。

技巧四　找对人

在利用电话催款时，只有找对债务人，才能避免事倍功半。如果接电话者表示债务人不在，那么不妨客气地告诉接电话者你此番打电话来的目的。

如果客户为大型企业，销售员可以直接找到指定付款的联系人或者财务人员。如果客户为小型企业，销售员最好和负责人或老板直接联系。

有时，销售员也不妨通过客户秘书或者其身边人向客户间接施压，以加快催款进程。

在找到债务人之后，首先应礼貌地询问对方："请问您现在讲话方便吗？"在得到对方的肯定后再继续交流。如果债务人的回答是否定的，那么销售员可以选择其他时间进行联系。

技巧五 说对话

为了避免债务人的防卫心理，销售员在催收账款时，不要一开始就话语咄咄逼人，以免破坏彼此已经建立起来的良好关系。销售员在礼貌开场后，应该开门见山，直接说明来意和应收款的数额，让客户做好心理准备。这样才能让客户意识到销售员对收账的关注以及收回的决心，从而在无形中给予客户一定的压力。

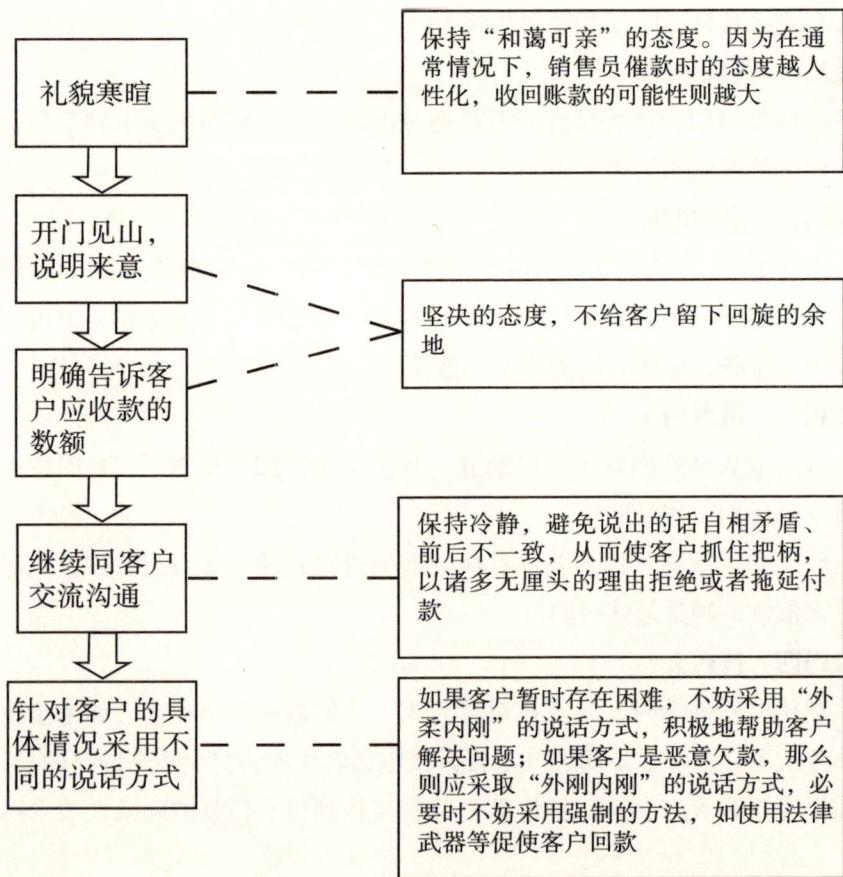

流程	说明
礼貌寒暄	保持"和蔼可亲"的态度。因为在通常情况下，销售员催款时的态度越人性化，收回账款的可能性则越大
开门见山，说明来意	坚决的态度，不给客户留下回旋的余地
明确告诉客户应收款的数额	
继续同客户交流沟通	保持冷静，避免说出的话自相矛盾、前后不一致，从而使客户抓住把柄，以诸多无厘头的理由拒绝或者拖延付款
针对客户的具体情况采用不同的说话方式	如果客户暂时存在困难，不妨采用"外柔内刚"的说话方式，积极地帮助客户解决问题；如果客户是恶意欠款，那么则应采取"外刚内刚"的说话方式，必要时不妨采用强制的方法，如使用法律武器等促使客户回款

技巧六　让客户的承诺落实到书面上

有句老话说"承诺并不代表付款"，在电话中尤其如此。不管客户做出什么承诺，最好能够用电话或传真的方式，将客户的承诺落实到书面上。同时销售员应继续追踪，直到客户偿清欠款为止。

技巧七　讲究设备

在用电话向客户催款时，首先设备的硬件设施不能差，如电话最好带有语音服务系统，以方便客户找到你，并随时可以留言。

而在通话过程中，为了让债务人感觉到销售员是在认真处理账款问题，最好取消电话"插播"服务，同时还要暂停另一部可能使销售员分心的电话的使用。

技巧八　沟通良好

销售员是否具有良好的沟通能力，是能否有效说服债务人的前提条件。为了能够使用电话同客户进行有效的沟通，销售员可以运用以下几个技巧。

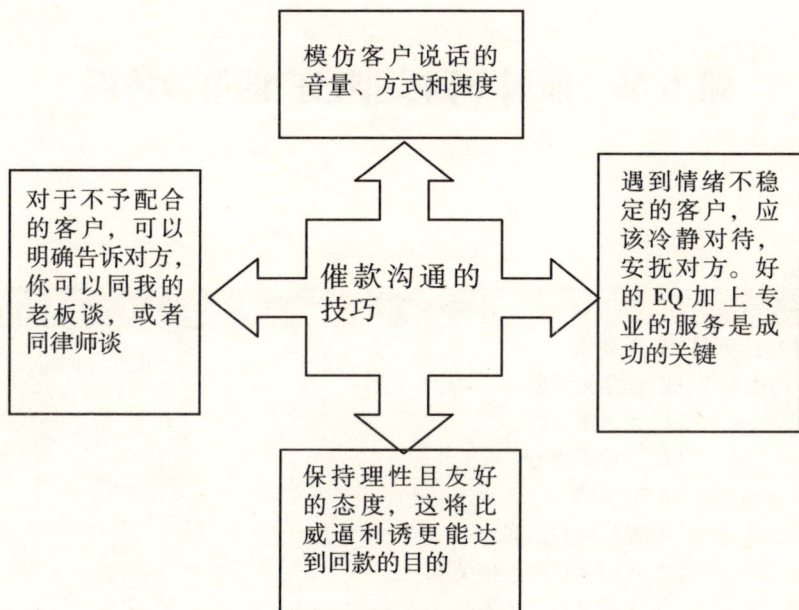

模仿客户说话的音量、方式和速度

对于不予配合的客户，可以明确告诉对方，你可以同我的老板谈，或者同律师谈

催款沟通的技巧

遇到情绪不稳定的客户，应该冷静对待，安抚对方。好的 EQ 加上专业的服务是成功的关键

保持理性且友好的态度，这将比威逼利诱更能达到回款的目的

技巧九　适时闭嘴

沉默是最高明的说话术。在电话中喋喋不休，说些无益的话，或者同客户争执，则会浪费彼此的时间，引起客户的反感。

而在客户表达意见时懂得保持沉默，不仅是对客户的尊重，同样也能显示出催款高手的强大气场。面对这样的催款员，客户当然不会低估，清偿的意愿自然也会提升不少。

技巧十　维护关系

俗话说"和气生财"，为了收回账款，与客户撕破脸皮可谓商场大忌，绝非明智之举。而在平时注意维护同客户的商业关系，不但可以化解之前的种种不快，同时也能够为顺利收款做好铺垫。

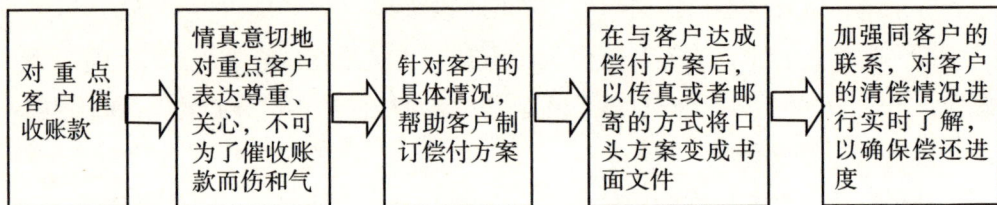

| 对重点客户催收账款 | ⇒ | 情真意切地对重点客户表达尊重、关心，不可为了催收账款而伤和气 | ⇒ | 针对客户的具体情况，帮助客户制订偿付方案 | ⇒ | 在与客户达成偿付方案后，以传真或者邮寄的方式将口头方案变成书面文件 | ⇒ | 加强同客户的联系，对客户的清偿情况进行实时了解，以确保偿还进度 |

第4节　应对不同类型客户的催款技巧

自测题

测试题目	选择项目	答案（多选）	得分
1.下列哪些选项是欠款客户的类型	A. 无赖型 B. 反复无常型 C. 爱占便宜型 D. 犹豫不决型		
2.对于比较难缠的欠款客户，你认为下列哪些选项可以作为应对方法	A. 激将法 B. 抓住客户的弱点 C. 利用客户的人情关系 D. 增加客户的压力		
3.对于态度比较恶劣的客户，你认为下列哪些选项可以作为应对方法呢	A. 注意在催款时留下证据 B. 对其进行威胁或使用暴力手段 C. 及时诉诸法律，防止过了诉讼时效 D. 对于面临倒闭的客户，则需要进行破产债权申报		

答案： 1.A、B、C；2.A、B、C、D；3.A、B、D。

得分规则： 答对一个选项得 10 分，共 100 分。

参考解析： 如果你得了 0~60 分，表明你在催款过程中并没有意识到客户的性格分类，不能根据不同的客户类型采取不同的应对方法；如果你得了 60~80 分，表明你虽然会对不同的客户类型区别对待，但是尚没有清晰的应对逻辑；如果你得了 80~100 分，表明你已经能够熟练掌握不同类型客户的催款应对方法，可以在实际的催款过程中灵活运用。

案例分享

由于刘华所在的图书公司施行了赊销制度，所以刘华的业务量变得大了起来。在忙乱的约见客户的工作中，刘华逐渐忽略了对客户资信的调查了解。

最让刘华烦恼的是，与自己合作的一个客户时常不按时还款，面对刘华的催款，客户每次都会表现出一副无奈的样子，"没办法啊，我目前资金周转不过来，等过了这段时间，我一定马上给你回款。"

就这样一拖再拖，在合作一年后，刘华发现客户之前的欠款仍然没有还清，而且订货量不减反增，这引起了刘华的怀疑。

刘华首先通过公司资料得知，客户与多家图书公司都有合作。于是刘华到客户的图书大厦进行考察，发现上架的书籍款目众多，内容新颖，前来选购的客户络绎不绝。最重要的是，客户最近新添了几家合作伙伴，这足以说明，客户的资金和运营不会出现太大问题。

在经过一番调查和了解后，刘华找到客户，向其追讨之前的欠款。果然不出所料，客户仍然以"资金周转不开"为由拒绝了偿还欠款。

刘华早已得出面前的这个客户是爱占便宜型客户的结论。根据客户进货量的逐渐增大和生意的红火，刘华笑着告诉客户："为了提高客户回款积极性，我们公司新出了一条规定，如果客户能够积极回款，在下次进购时能享受 9.5 折的折扣，并获赠配套的宣传策划方案。"

听到刘华这样说，客户顿时眼睛中充满惊喜，他当即表示，"你放心吧，我明天就会让财务将欠款打到你们公司的账户上。"

深度剖析

刘华起初只是像平时一样催款，并没有分辨出客户所属的性格类型，以致催款失败。在欠款一拖再拖的情况下，刘华根据客户表现和对其进行的调查，发现客户属于以"资金周转困难"为借口的爱占便宜型客户。针对客户类型，刘华抛出"享受折扣和赠送赠品"的诱饵，最终成功收回了欠款。

客户的性格各不相同，有的客户会主动还款，有的客户会在经过提醒后主动还款，还有一些客户，在销售员采取一些方法后仍然无动于衷，这可能是催讨方法不当导致的。

针对不同的客户类型，采取合适的催款方法常常是收款成败的关键。如果销售员不分场合地将一种催款技巧贯穿始终，往往会浪费大好的收款时机。

那么，怎样才能向欠款客户成功催收欠款呢？所谓"知己知彼，百战不殆"，如果销售员能事先了解各种欠款客户的类型，对症下药，那么自然能成功回款。欠款客户的类型大致有以下几种。

类型一　无赖型——有钱但爱故意拖欠

无赖型客户时常以"没钱"为借口，但他们并非真的没钱。针对无赖型客户，销售员如果能做好准备工作，如提前对客户进行调查、提供有说服力的证明等，就能有效应对此类客户。

此外，销售员可以采取"以其人之道，还治其人之身"的方法。

（1）利用舆论向客户施加压力

舆论讨债法适用于情节严重，后果极坏的欠款行为。销售员可以通过报纸、广播、电视等新闻媒体披露欠款客户的不良行为，以达到追讨欠款的目的。

舆论讨债法特别适用于成功、知名的欠款客户。

（2）软磨硬泡法

"软磨硬泡"催款法是销售员软磨硬泡纠缠欠款客户，在整个过程中既不动怒，也不腻烦，直至达到催款目的为止。

软磨硬泡法在具体运用中分为两种情况。

欠款客户为大企业时 → 提高催款的频率，每天至少不低于一次。如果遇到欠款客户有重要来宾时，最好能够在重要来宾面前谈论欠款的事情

欠款客户为小企业时 → 如果欠款客户为小企业，不便上门拜访时，则可以每天至少打一通电话进行催款。必要时，可以将电话打至欠款客户的监督部门，并向其说明欠款情况

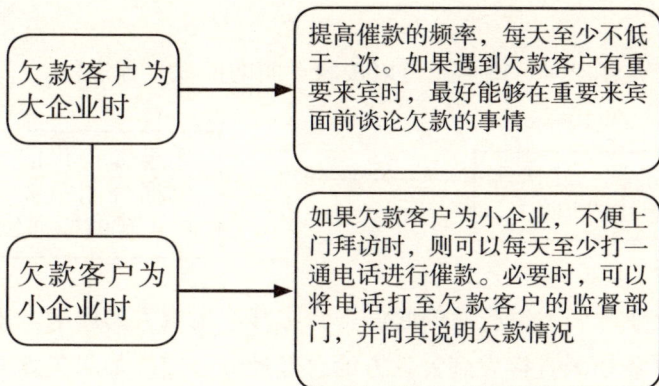

类型二　爱占便宜型——将欠款资金作为自己的周转金

爱占便宜型客户通常以"资金周转不开"作为拖延还款的借口，这类客户并非资金周转不开，而是怀着设法拖延还款的心理，将拖延的资金作为其他方面的周转资金。

对于爱占便宜型客户，销售员的应对技巧如下。

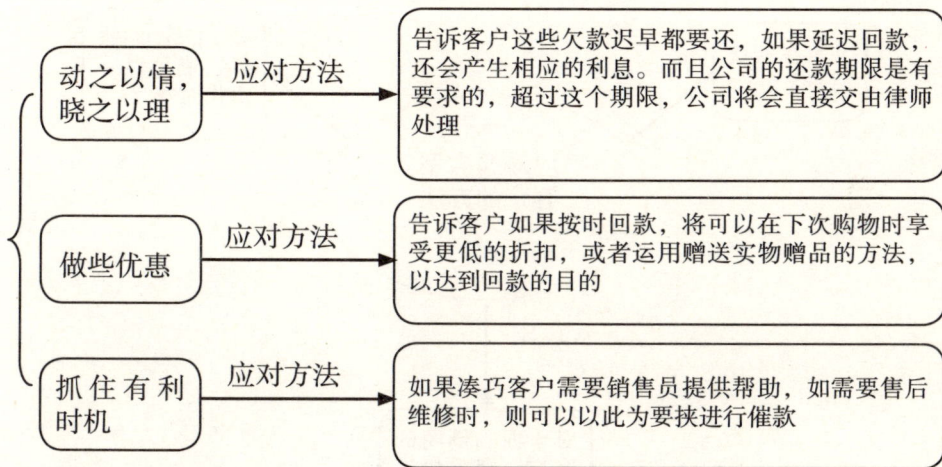

动之以情，晓之以理 ──应对方法→ 告诉客户这些欠款迟早都要还，如果延迟回款，还会产生相应的利息。而且公司的还款期限是有要求的，超过这个期限，公司将会直接交由律师处理

做些优惠 ──应对方法→ 告诉客户如果按时回款，将可以在下次购物时享受更低的折扣，或者运用赠送实物赠品的方法，以达到回款的目的

抓住有利时机 ──应对方法→ 如果凑巧客户需要销售员提供帮助，如需要售后维修时，则可以以此为要挟进行催款

类型三　反复无常型——以不同借口推脱

反复无常型欠款客户一般为外企或知名企业，这类客户的公司不但能够正常运转，而且运转得红红火火。销售员向其追款时，他们模棱两可，常以不同借口推托，如上级还没盖章批准、领导不在等。

反复无常型客户是欠款客户最多的类型，如果催得过紧，他们还可能反过

来教训销售员。

在对待此类客户时，销售员可以按照下面的催款步骤进行。

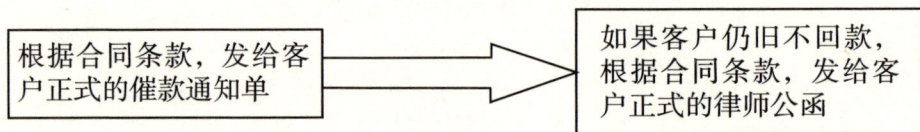

| 根据合同条款，发给客户正式的催款通知单 | → | 如果客户仍旧不回款，根据合同条款，发给客户正式的律师公函 |

对于大企业来说，供应商的起诉将会对其产生很大的影响，销售员可以在必要时将催款通知函直接发到欠款方的总经理办公室。如果欠款方为小企业，那么可以直接拿相关文件找老板进行催款。

类型四　恶劣型——对待催款人的态度十分恶劣

恶劣型客户不但欠钱，而且欠得理直气壮，有时可能在销售员上门催款时，将销售员拒之门外。当然，这类欠款客户比较少见。

面对恶劣型的客户，运用"礼"的方法是不会奏效的，销售员运用下列方法，则可以将损失降到最低。

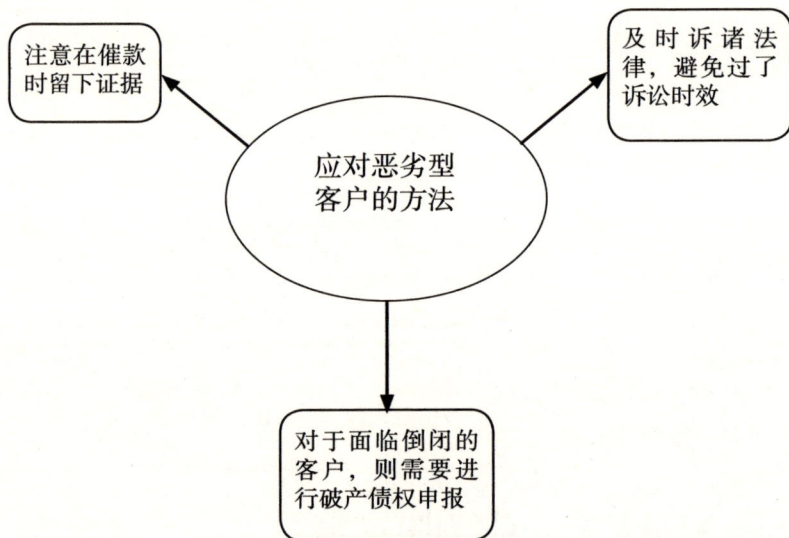

注意在催款时留下证据

及时诉诸法律，避免过了诉讼时效

应对恶劣型客户的方法

对于面临倒闭的客户，则需要进行破产债权申报

第10章　做好服务，给客户再次购买的理由

第1节　有效处理客户投诉的要点

自测题

测试说明

目的：帮助销售员找到有效处理客户投诉的要点，从而保证成功地解决客户的投诉。

要求：根据自身情况如实填写。

处理客户投诉的要点			掌握情况		掌握程度		
1. 在接到客户投诉时		表现出专业的服务态度	□是	□否	□ 1	□ 3	□ 5
		理解客户的感受	□是	□否	□ 1	□ 3	□ 5
		了解客户的近况	□是	□否	□ 1	□ 3	□ 5
2. 与客户正面接触时	工作层面	准确分析投诉的原因和分类	□是	□否	□ 1	□ 3	□ 5
		找出客户的需要和期望	□是	□否	□ 1	□ 3	□ 5
	人性层面	解释服务的过程	□是	□否	□ 1	□ 3	□ 5
		积极帮助客户解决问题	□是	□否	□ 1	□ 3	□ 5
3. 解决投诉问题后		核查客户的满意度	□是	□否	□ 1	□ 3	□ 5
		总结反馈，避免再次发生类似投诉事件	□是	□否	□ 1	□ 3	□ 5

参考解析：

在"掌握程度"一栏中，"1"表示没有掌握；"3"表示部分掌握；"5"表示已经充分掌握。如果你在"掌握情况"一栏中选择"否"，那么则不需要在"掌握程度"一栏中做出选择。

在填写完题目后，销售员可以根据自身情况制订出改进计划。

案例分享

在某超市，客户服务中心接到一起客户投诉，客户说在该超市里购买的××酸奶中喝出了苍蝇。值班人员接待了前来投诉的客户，看到客户大喊大叫，值班人员反驳道："既然说有问题，就带小孩去医院检查，有问题我们负责！"客户听到值班人员这么说，更是火上浇油，不依不饶，引来了许多客户围观。

超市客户服务中心负责人听到争吵声后马上前来处理，他一边让那位值班人员赶快离开，一边热情地将客户请到办公室里了解事情经过。超市服务中心的负责人将以下内容作为了询问重点：（1）发现苍蝇的地点；（2）确认当时酸奶盒子是撕开状态，而不是只插了根吸管的封闭状态；（3）确认当时发现苍蝇是小孩先发现的，大人不在场；（4）询问之前购买的××牛奶是否出现过类似的情况。

在了解过情况后，超市客服中心的负责人给出了处理建议，但客户对之前值班人员"有问题去医院检查，我们负责"的话一直耿耿于怀，情绪十分不稳定，既不愿接受道歉与建议，也不愿接受赔偿。

超市客服中心的负责人十分理解客户的心情，他告诉客户："如果换做我，也会这么做的。"听到客服中心的负责人这样说，客户的情绪稳定了一些，她表示："其实最令人生气的是那个值班人员说的话。"

听了客户的话，超市客服中心的负责人请求客户稍等一会儿。几分钟后，超市客服中心的负责人将那位值班人员带到客户面前，并亲自向客户赔礼道歉。

在道歉之后，客户强硬的态度缓和了许多。

紧接着，超市客户中心的负责人告诉客户，他们已经同××牛奶公司取得了联系，希望能够邀请客户去××牛奶厂参观了解整个生产过程和环境，并本着对客户负责的态度，如果客户有需要，还可以联系相关检验部门，对苍蝇的死亡时间进行鉴定和确认。

态度已经变得缓和的客户，看到超市对这件事情处理得如此认真，便表示自己只是想要发泄一下不满，并不需要什么赔偿和鉴定。

看到客户的情绪变得稳定后，超市客服的负责人对当时客户发现苍蝇的地点——不是特别干净的小饭店、奶盒被撕开等客观情况做出了分析，让客户明白这一系列情况都不排除苍蝇落入酸奶的因素。

通过不断的沟通，客户最终表示："其实，我最生气的是那个值班人员说的话，既然他都亲自向我道歉了，你们超市也这么认真地处理这件事情，这件事情就到此为止吧。"

深度剖析

超市客户中心的负责人首先站在客户的立场上考虑问题，对客户表示理解，很好地缓解了客户的不满情绪；然后，他让值班人员亲自向客户赔礼道歉，成功化解了双方之间的隔阂；接下来，他又提出邀请客户参观牛奶厂、联系相关检验部门对苍蝇的死亡时间进行鉴定和确认等表达出对客户的关心，最终成功地化解了客户的投诉和不满。

客户投诉是客户对产品的质量或者服务感到不满，从而以书面或者口头的方式提出的异议、抗议、索赔或者解决问题的要求。

客户投诉是销售员经常会遇到的问题，这其实是客户对企业的管理以及销售员的服务感到不满的表达方式。通过妥善处理客户投诉，销售员不仅能解决客户的不满，企业和销售员也能够从中获得有价值的信息来源。因此，如何利用处理客户投诉的时机赢得客户的信任，转化客户的不满，锁定客户对产品的忠诚度，已经成为销售员在销售实践中的重要内容之一。

根据客户投诉的内容和解决方法，本书总结出了以下客户投诉的处理流程图。

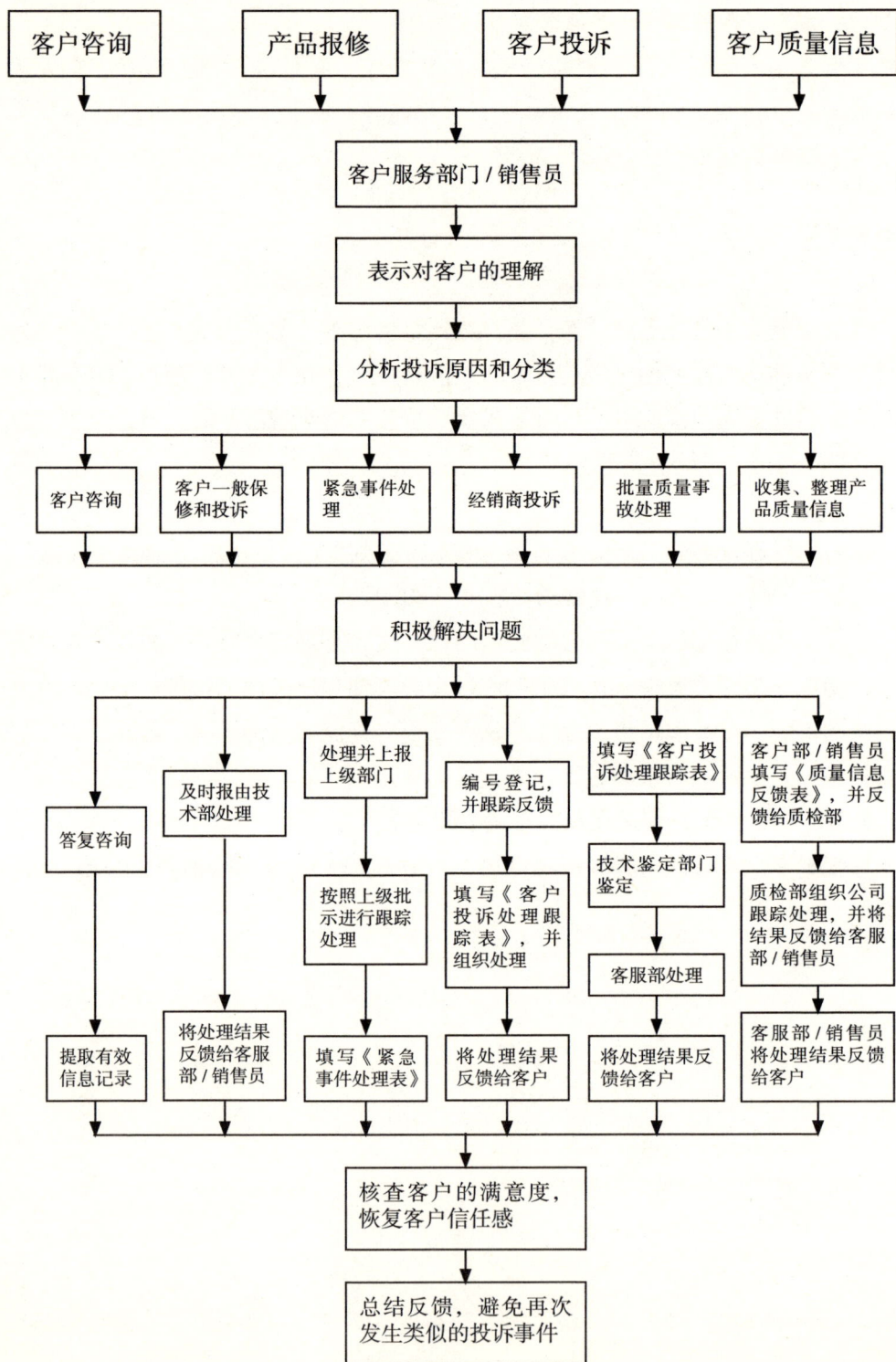

```
┌──────────┐  ┌──────────┐  ┌──────────┐  ┌──────────────┐
│  客户咨询  │  │  产品报修  │  │  客户投诉  │  │  客户质量信息  │
└────┬─────┘  └────┬─────┘  └────┬─────┘  └──────┬───────┘
     │             │             │               │
     └─────────────┴──────┬──────┴───────────────┘
                          │
              ┌───────────────────────┐
              │   客户服务部门 / 销售员   │
              └───────────┬───────────┘
                          │
              ┌───────────────────────┐
              │     表示对客户的理解     │
              └───────────┬───────────┘
                          │
              ┌───────────────────────┐
              │    分析投诉原因和分类     │
              └───────────┬───────────┘
                          │
```

| 客户咨询 | 客户一般保修和投诉 | 紧急事件处理 | 经销商投诉 | 批量质量事故处理 | 收集、整理产品质量信息 |

```
              ┌───────────────────────┐
              │      积极解决问题        │
              └───────────┬───────────┘
```

答复咨询	及时报由技术部处理	处理并上报上级部门	编号登记，并跟踪反馈	填写《客户投诉处理跟踪表》	客户部 / 销售员填写《质量信息反馈表》，并反馈给质检部
		按照上级批示进行跟踪处理	填写《客户投诉处理跟踪表》，并组织处理	技术鉴定部门鉴定	质检部组织公司跟踪处理，并将结果反馈给客服部 / 销售员
提取有效信息记录	将处理结果反馈给客服部 / 销售员	填写《紧急事件处理表》	将处理结果反馈给客户	客服部处理	客服部 / 销售员将处理结果反馈给客户
				将处理结果反馈给客户	

```
              ┌───────────────────────┐
              │  核查客户的满意度，       │
              │  恢复客户信任感          │
              └───────────┬───────────┘
                          │
              ┌───────────────────────┐
              │  总结反馈，避免再次       │
              │  发生类似的投诉事件       │
              └───────────────────────┘
```

步骤一　表达对客户的理解

通常情况下，客户表示不满，常常会带着怒气投诉，这是十分正常的现象。如果销售员能够态度谦虚地接受客户的投诉，引导客户说出事由，让客户尽情地宣泄不满情绪，就能有效地稳定客户的情绪，营造一种心平气和的投诉处理氛围。

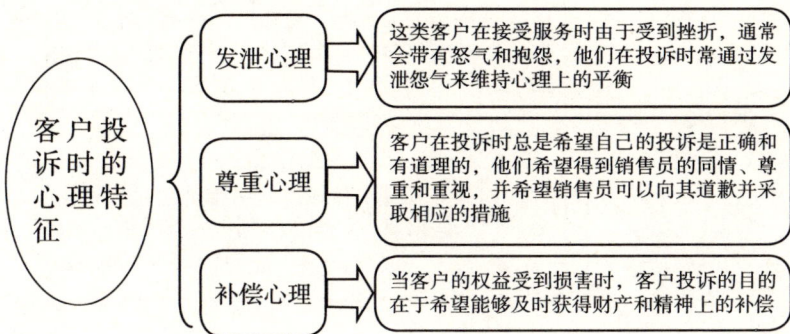

客户投诉时的心理特征

发泄心理 → 这类客户在接受服务时由于受到挫折，通常会带有怒气和抱怨，他们在投诉时常通过发泄怨气来维持心理上的平衡

尊重心理 → 客户在投诉时总是希望自己的投诉是正确和有道理的，他们希望得到销售员的同情、尊重和重视，并希望销售员可以向其道歉并采取相应的措施

补偿心理 → 当客户的权益受到损害时，客户投诉的目的在于希望能够及时获得财产和精神上的补偿

基于客户的投诉心理，销售员在处理客户投诉的过程中，最好能够做好以下两点。

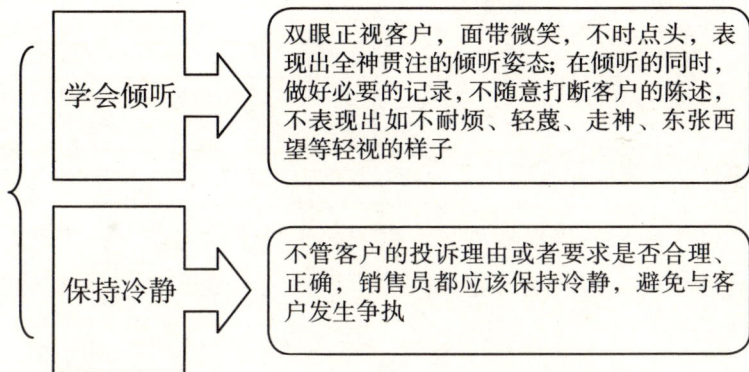

学会倾听 → 双眼正视客户，面带微笑，不时点头，表现出全神贯注的倾听姿态；在倾听的同时，做好必要的记录，不随意打断客户的陈述，不表现出如不耐烦、轻蔑、走神、东张西望等轻视的样子

保持冷静 → 不管客户的投诉理由或者要求是否合理、正确，销售员都应该保持冷静，避免与客户发生争执

待客户宣泄了自己的不满后，激愤情绪开始回落的时刻，就是对客户遭遇表示理解的最佳时刻。认真倾听加上表示理解，将足以让客户感受到销售员的尊重，为接下来的投诉处理奠定良好的基础。

步骤二　分析投诉的原因并对其进行分类

在倾听客户的抱怨和发泄之后，销售员接下来要做的事情就是冷静地分析事情发生的原因和重点了。

经验不丰富的销售员往往似懂非懂地贸然断定，甚至说些不必要的话而使事情变得更加严重。知己知彼，百战不殆。在真正了解了客户投诉的具体原因的情况下，销售员方能采取有效措施处理问题。

客户投诉按照投诉性质，可以分为两类——有效投诉与沟通性投诉。

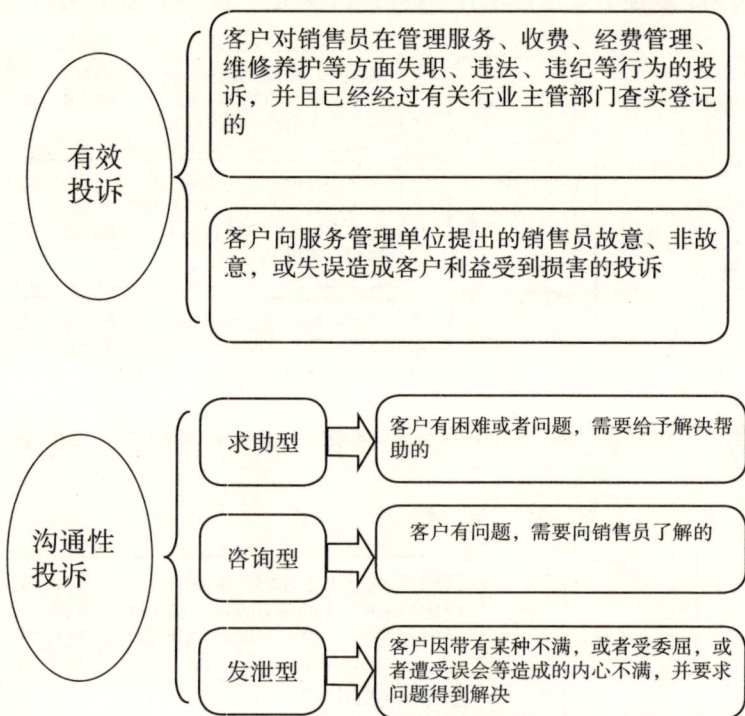

有效投诉
- 客户对销售员在管理服务、收费、经费管理、维修养护等方面失职、违法、违纪等行为的投诉，并且已经经过有关行业主管部门查实登记的
- 客户向服务管理单位提出的销售员故意、非故意，或失误造成客户利益受到损害的投诉

沟通性投诉
- 求助型 → 客户有困难或者问题，需要给予解决帮助的
- 咨询型 → 客户有问题，需要向销售员了解的
- 发泄型 → 客户因带有某种不满，或者受委屈，或者遭受误会等造成的内心不满，并要求问题得到解决

有效投诉产生的后果比较严重，处理起来难度较大；沟通性投诉通过沟通交流，找到双方可以接受的方案，往往可以得到有效解决。所以，沟通性的投诉如果处理不当，则会变成有效投诉，增加投诉处理的难度。

从另一方面说，客户投诉按照投诉内容可分为四种情况，即对设备的投诉、对突发性事件的投诉、对服务质量的投诉、对服务态度的投诉，在处理投诉时需注意区分。

步骤三　快速、有效地解决问题

客户选择投诉，是因为产品或者服务上出现了问题，对客户的生活和工作造成了影响。由于销售员与客户有不同的立场，难免会对引发投诉的原因持不同的看法。事实上，不管出于哪种原因，迅速有效地解决客户投诉的问题才是关键。

以下几个要点能帮助我们快速、有效地处理好客户投诉。

处理客户投诉的要点	具体详述
迅速处理	如果投诉是在服务传递过程中发生的，那么要实现充分的补救，时间就显得十分重要；如果投诉发生在服务过程之后，即使是在完全解决需要很长时间的情况下，对客户投诉做出积极反应仍然非常重要
承认错误但不辩解	辩解太多可能表明销售员要隐藏某些事情或不愿披露整个情况
从每个客户的观点出发认识问题	从客户的观点出发考虑问题是为了更好地了解他们认为问题出在哪里以及他们为什么感到不高兴。销售员应避免用自己的解释轻易得出结论
不跟客户争论	销售员解决客户投诉的目的是收集事实信息，以达成双方都能接受的解决问题的方案。销售员与客户争论，即使在口头上赢取了客户，但是却阻碍了投诉的解决
认同客户的感觉	以默许或者明示的方式认同客户的感觉，如"我能理解您为什么如此不高兴"，这种行为有助于建立双方融洽的关系
给客户怀疑的权利	销售员在反面证据出现之前，应该推断客户拥有确凿的投诉理由，但如果涉及大量金钱，那么则需要进行认真调查
阐述解决问题的步骤	销售员在不可能当场解决投诉的情况下，告诉客户公司处理他们的投诉的计划，这一方面可以表明自身正在采取修正的措施，另一方面还设定了客户对时间进度的期望
让客户了解进度	客户在不了解投诉处理进度的情况下更容易焦虑和紧张，如果客户知道目前的情况，并能收到定期的进度报告，那么他们将会更易于接受处理过程的时间拖延
考虑补偿	如果客户没有得到预想中的服务结果，或者遇到了严重的不便，或者因为销售员的失误而遭受了时间和金钱的严重损失，那么处理此类投诉最有效的方法就是支付补偿金或者提供同类服务
恢复客户的信任	客户感到不满时，销售员面临的最大挑战是恢复他们的信心，重获客户的信任。出色的补救工作有助于建立客户忠诚度和再推荐。销售员的具体做法是通过真诚的态度、专业细致的服务来挽回客户对于产品的信心

步骤四　核查客户的满意度

为提高客户的满意度，在接到客户投诉时，销售员不可避免地要以积极的态度处理问题，最好主动与客户联系，让其了解每一步进程，以争取圆满地解决问题，并使最终结果超出客户的预期。

在处理完毕后，销售员仍要对客户进行跟踪调查，以了解客户对解决结果的满意度。如果客户感到不满，最好重新审视处理结果。

总之，销售员在处理客户投诉时，需要在与客户长期合作、共赢互存的前提下，想方设法提升客户的满意度。

步骤五　防止再次发生类似的投诉

客户的投诉反应了产品和服务存在的弱点，据此，销售员除了要随时解决问题外，更应该避免此类错误的发生，具体可以采用以下几种方法。

- 找出客户投诉的问题根源，防止类似的问题再度出现。
- 对投诉处理过程进行总结与综合评价，汲取经验教训，提出改进措施。
- 不断完善经营管理和运作机制，提高对客户的服务质量和水平，降低客户的投诉率。

第2节　帮助客户消除成交后的消极情绪

自测题

1.你认为与客户达成交易后,是否标志着销售的结束？你具体是如何做的？

_____

_____

2. 你所接触的客户在成交之后是否会出现消极情绪，这些消极情绪都有哪些表现呢?

_____

_____

3.你通常能够处理好客户的消极情绪吗？请简述你认为有效的方法和技巧。

_____

_____

案例分享

"十一"黄金周期间，尚洁所在的护肤品公司为回报客户，特推出购买100元以上的护肤品，赠送超值旅行包的活动。

由于尚洁所销售的护肤品品牌几乎没有做过促销，而且这次促销活动赠送的旅行物品超值，所以两天之内，赠品就赠送一空。

一位中年女客户在活动快结束时专程来购买护肤品，她表示自己一直以来使用的都是这个品牌，是本品牌的VIP客户，听说"十一"假期做活动，有赠品赠送，所以专程来购买。

听到客户这样说，尚洁只能抱歉地告诉客户赠品已经没有存货了。客户感到十分失望和不满，并生气地质问尚洁："不是说有促销活动吗？等到真正来买了，却告知赠品送完了，这不是欺骗消费者吗？"话虽这么说，但由于这位客户的护肤品正好用完，客户只好购买了一套。

事后，尚洁通过电话联系客户，向客户表示了歉意，同时告知客户会在下次进货时为客户进购旅行包，并作为赠品送给客户。

过了一个月，尚洁在进货时专门为客户进购了两套"十一"黄金期间作为赠品的超值护肤品旅行包，通过电话征求客户的意见之后，尚洁以邮寄的方式为客户送去了晚到的赠品。

在邮寄的过程中，尚洁通过发短信的方式提醒客户注意查收赠品，同时还在客户收到赠品后，及时打电话询问客户对赠品的使用情况并征询客户提出的建议。

虽然客户一开始对购买产品产生了消极情绪，但是在尚洁积极解决、处理后，客户顿时释然，表示该品牌的服务果然没有令自己失望，仍然会支持并继续使用。

深度剖析

客户前来购买产品时，因为没得到赠品而产生了消极情绪。尚洁做出了积极应对，如打电话向客户表示歉意，并承诺会在下次进货时为客户补送赠品。此外，她在邮寄的过程中通过发短信的方式提醒客户查收赠品，同时，在客户收到赠品后及时打电话对赠品的使用情况征询建议，这些都是成交后尚洁消除客户消极情绪的方法。

在购买到某些产品或服务后，客户可能会产生一种怅然若失的感觉，甚至有些客户还会对已购买的行为感到后悔。销售员通常在成交后就忽视了与客户的联系，对客户的这些情绪不以为然，认为"反正东西已经卖出去了，不必理会他们"，这种想法是非常片面和狭隘的。

如果客户在成交后产生消极情绪，客户在购买一次后，往往不会再次购买，销售员只能赚取单次利润。这也就是说，如果企业或销售员希望与客户建立长期关系，赚取客户的终身价值时，就必须消除客户的消极情绪。

接下来，我们先来看看客户的单纯购买利润与终身价值之间的巨大差异。假设销售员开发一个年龄为 30 岁左右的潜在客户，从其单次购买中销售员可以赚取利润 100 元。假如客户的购买周期是一个月 1 次，客户可能在之后的 10 年都需要这种产品，那么这位客户的终身价值计算如下：

100 元 / 次 × 12 个月 × 1 次 / 月 × 10 年 =12 000 元

而且，在这个公式中，我们还没有计入客户由于对产品十分满意，而主动推荐的新客户的购买利润。

由此可以看出，客户购买之后的消极情绪如果得不到及时、有效的解决，就会直接影响销售员与客户的后续沟通，进而影响到二次销售和更大客户群的开发以及由客户带来的所有利润。

根据对客户的心理分析，在销售完成后，客户的主要消极情绪以及产生的原因有以下几种。

主要的消极情绪	产生的原因	体现	应对方法
某种期待没有得到满足的不甘情绪	客户在销售沟通过程中的表达不够明确；销售员的了解不深入；一些客户在销售完成后才会想到一些需求没有得到充分满足，或者自己一直期待的事情没有得到实现	话语中的体现："我本来想得到那份礼物的，没想到已经送完了……""如果这款产品比××产品好用就行了""本来想着一次性购买 5 件以上就能有一定的优惠，没想到……"	如果客户没有得到满足的期待容易实现，如赠送赠品、礼物等，可及时予以满足；如果客户的期待不容易得到满足，如产品使用功能上的差异，可以运用突出产品优势、计算性价比等方法让客户感到物有所值
某些担忧造成的忧虑情绪	客户在支付货款后，可能会担心购买到的产品或者服务不如销售员介绍得好，或者担心出现某些问题	在拿到产品或得到服务后仍然频频询问销售员相关问题，或者要求销售员做出某些保证等	拿出以往客户的使用评价记录或者产品的质检合格证书，用自信、肯定的语气回答客户的问题，及时兑现对客户的承诺等方法解除客户的忧虑

主要的消极情绪	产生的原因	体现	应对方法
感觉受到欺骗的懊恼情绪	曾经受到过一些销售员的欺骗；销售员在介绍产品的过程中夸大了产品和服务的内容，致使客户在使用过程中不能达到销售员描述的水平	赶走销售员、愤怒地离开、指责销售员、向其他人抱怨和倾诉、要求退货和退款等	以真诚的态度与客户进行充分沟通，尽可能解决客户的疑虑和担忧

客户在销售完成后的消极情绪一旦产生，就很可能会对销售员今后工作的开展产生一定的影响，甚至给公司的声誉造成损害。

如果销售员能够在成交之前有效预防，那么便能最大限度地减少损失，为再次销售扫除障碍。

当然，交易完成后，销售员也要针对客户的需求展开必要的沟通活动，以便更加积极地控制不利影响的发生。如果销售员在成交之后就对客户置之不理，很容易使客户产生新的消极情绪。

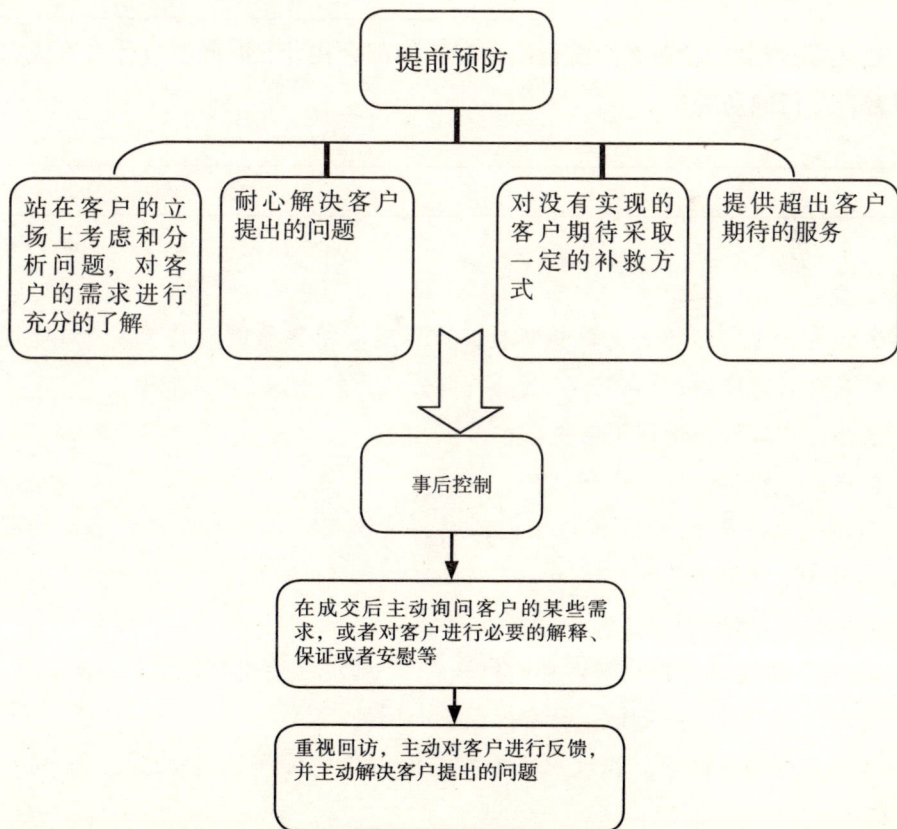

提前预防

站在客户的立场上考虑和分析问题，对客户的需求进行充分的了解

耐心解决客户提出的问题

对没有实现的客户期待采取一定的补救方式

提供超出客户期待的服务

事后控制

在成交后主动询问客户的某些需求，或者对客户进行必要的解释、保证或者安慰等

重视回访，主动对客户进行反馈，并主动解决客户提出的问题

第3节 重视回访，让再次成交变得更容易

自测题

1. 你认为什么时候销售结束了？在销售结束后你会针对于此做些什么？你的业绩如何？

_____

_____

2. 你会在与客户成交之后继续与客户维持联系吗？这对你的销售业绩起到了什么帮助？

_____

_____

3. 你是否会主动对客户进行回访呢？你都会在什么时间，以什么方式、缘由对客户进行回访呢？

_____

_____

案例分享

　　李怀是一家打印机公司的销售员，为了提高销售业绩，他准备通过电话回访进行客户满意度调查。今天早上他一到公司，就开始了电话回访。

　　李怀："您好，请问王助先生在吗？"

　　客户："我就是，您是哪位？"

　　李怀："我是××公司打印机的销售员李怀，您去年在我们公司购买过××打印机，对吗？"

　　客户："是呀！"

　　李怀："现在保质期已经过去7个月了，不知道您使用打印机的情况如何？"

　　客户："使用情况很好，没有出现什么问题。"

　　李怀："那太好了。我这次给您打电话的目的，是想通知您一下，这个型

号的打印机不再生产了，以后的配件也比较昂贵，提醒您在使用时尽量按照说明书上的使用方法操作。"

客户："这么复杂！我们必须要按照说明书上的方法操作吗？"

李怀："其实，还是有必要的。如果不加注意，会缩短打印机的使用寿命。"

客户："其实，我也没有指望使用一辈子，不过最近业务比较多，如果坏了怎么办？"

李怀："没关系，到时您只需打一个电话，我们就会负责尽快上门维修。虽然会收取一定的维修费，但是相对于购买一台新的打印机，还是十分便宜的。"

客户："嗯……现在新买一台打印机需要多少钱？"

李怀："要看您选择什么型号了。您现在使用的型号是 33375，后续的升级产品是 33380，不过这还要根据您一个月的打印量来选择。"

客户想了一下，表示："现在公司的业务越来越繁忙，打印量也变得越来越大，有时都能超过 10000 张 / 月了。"

李怀："如果是这样，我还真建议您考虑 33380 型号的打印机，这个型号的建议使用量是 20000 张 / 月，而 33375 的建议使用量是 10000 张 / 月，如果超过建议使用量，则会严重影响机器的使用寿命。"

客户："这样吧，你给我留一个联系电话吧，年底我可能考虑再买一台已经升级过的打印机。"

李怀："我的电话号码是 139×××××××，考虑到您是老客户，您可以享受到一定的优惠。不知道您何时购买，这样我也可以给您提前保留一些优惠。"

客户："什么优惠？"

李怀："升级版的打印机正常售价是 8500 元 / 台，如果您年底购买，可以享受 8 折优惠或赠送您一些外设；如果现在购买，我们有一个尝鲜价活动，可以在 8 折折扣上再减 500 元。当然了，这个得根据您的需要来定。这样吧，等您考虑好了再联系我。"

客户："等一下，听你这么一说，还是现在购买比较划算。"

李怀："那您看我们是这周给您送货方便，还是下周方便呢？"

客户："下周一送来吧！到时我让财务给你结账。"

李怀："好的，那就这么定了。十分感谢您的配合和支持，今天先不打扰您了，祝您工作顺利，心想事成，再见！"

客户："不客气，再见！"

深度剖析

李怀使用电话对客户进行售后回访，在回访过程中引导客户了解新产品，并通过对既有产品和客户现状的分析，逐渐挖掘出客户对升级产品的需求，之后又通过打折、降价等优惠措施，用欲擒故纵、二选一等成交法吸引客户购买，最终成功促成了二次销售。

客户回访是企业用来进行产品或服务满意度调查、客户消费行为调查、进行客户维系的常用方法。由于销售员在回访客户时往往会与客户进行比较多的互动沟通，不仅可以通过客户回访得到客户的认同，还可以为企业以及销售员进一步交叉销售做好准备，所以需要认真策划。

下面我们来看一下客户回访都需要哪些流程。

工作目标	知识准备	回访工作流程图
1. 准确掌握客户的基本信息和动态 2. 提升客户满意度 3. 提高客户回访的规范化作业水平 4. 发现自身的不足，及时做出改进 5. 在详细了解客户的基础上，有针对性地对客户进行维系和二次销售	1. 了解客户回访计划的制订方法和内容构成； 2. 掌握客户交谈的策略和技巧	1. 查询客户资料 ↓ 2. 明确回访对象 ↓ 3. 制订客户回访计划 ↓ 4. 预约回访时间和方式 ↓ 5. 准备回访资料 ↓ 6. 实施回访 ↓ 7. 整理回访记录 ↓ 8. 主管领导审阅 ↓ 9. 保存资料

对客户进行售后回访时，销售员只有注意一定的要点才能顺利地达到再次销售的目的。那么，客户回访的要点都有哪些呢？接下来的内容，我们将做详细介绍。

要点一 注重客户细分工作

在客户回访之前，首先要对客户进行细分，然后针对不同类别的客户制定不同的服务策略。对客户进行细分的方法有很多，销售员可以根据具体情况具体分析。

细分方法	细分内容
按照客户的贡献度	高贡献客户（成交量比较大）
	高效客户（市值较大）
	一般客户（贡献一般）
	休眠客户（购买量很小）
按照客户购买产品的周期	高价值（月）
	一般价值（季度／半年）
	低价值（一年以上）
按照客户来源	电话开发
	自主开发
	广告宣传
	老客户推荐
按照客户属性	合作伙伴
	供应商
	直接客户
按照客户所在区域	国家
	省份
	洲际

销售员进行回访的目的是更好地为客户服务。在对客户进行售后回访前，销售员一定要对客户做出详细的分类，并针对这种分类制订不同的服务方案，增强对客户服务的效率。

要点二 明确客户的需求

明确客户的需求才能更好地满足客户。如果销售员能在客户主动找到销售员寻求帮助前，主动对客户进行回访，将更能体现出对客户的关心，从而达到更好的效果。

几乎所有的销售企业都会设定定期回访制度，这不仅可以直接了解产品的使用情况，而且可以了解客户的使用感受，如客户最需要的是什么，希望产品能够在哪些地方做出改进……通过客户的配合，销售员一方面可以提高自身的服务能力，另一方面也能对再次销售的方案做出及时改进。

要点三　回访的最佳时机和时间

回访也是需要一定频率的，销售员回访次数过多、过于频繁，会扰乱客户的正常生活，引起客户的反感；而销售员回访次数过少，则难以同客户建立起良好的联系，容易使客户淡忘。那么，什么时机和时间回访客户，才能获得最佳的访问效果呢?

最佳回访时间	客户使用产品遇到问题时	
	客户需要再次购买产品时	
	客户购买的产品出现故障或需要维修时	
最佳回访时机	定期回访	以产品售出 5~7 天、30 天、3 个月、6 个月……为时间段进行定期回访
	节日 / 生日回访	在节假日、客户的生日时进行回访，同时送上一些祝福的话语，以加深销售员同客户之间的联系
	提供售后服务之后的回访	销售员在回访的过程中发现问题时，应及时给予解决方案，最好在当天或者第二天到现场进行问题处理

如果能在客户需要帮助时及时联系到客户并及时提供帮助，将会大大提升客户的满意度。

要点四　确定合适的回访方式

根据不同的客户情况,销售员可以选择不同的回访方式,以节省时间和精力,获得最好的回访效果。回访方式主要包括电话回访、电子邮件回访、亲自上门回访、短信回访和邮寄信件回访等几种。

要点五　正确对待客户的抱怨

销售员在回访客户的过程中经常会遇到客户抱怨，除了要平息客户的抱怨外，更要了解抱怨产生的原因，从而化被动为主动。销售员在处理客户的抱怨时，可以事先对抱怨进行分类，然后再做出处理。

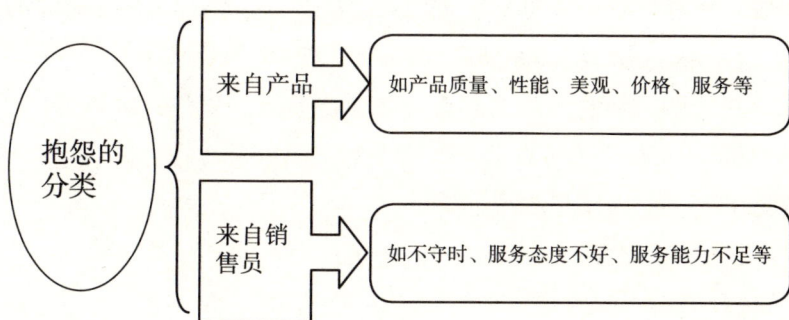

通过解决客户的抱怨，销售员不仅可以总结服务过程，提升服务能力，还可以了解并解决产品的相关问题，为再次销售做好准备。

除了以上回访要点，为了能够在回访时处于主动位置，销售员还需要熟悉一些回访技巧。

技巧一 话术规范

销售过程中，语言是沟通的桥梁；而在回访过程中，语言则是通向再次销售的桥梁。在回访过程中，注意表情、态度、用词，讲究沟通方式和方法，遵守语言礼仪，是提升客户满意度的"润滑剂"。

下面列出了一些回访过程中常用的话术，销售员可以作为话术参考。

1. 您好，我是 ×× 服务公司的销售员 ××，请问您是 ×× 先生 / 小姐吗?
2. 您前段时间从我们公司购买了 ×× 产品，我们现在做一个简短的回访，不知您目前是否方便?
3. 请问您对我们的服务态度感到满意吗?
4. 请问您对我们产品的使用情况是否感到满意?
5. 请问您对我们的产品存在哪些不满意的地方?
6. 请问您认为我们的产品和服务应该做出哪些方面的改进?
7. 针对您的这种情况，我们会在 24 小时内免费负责上门维修。
8. 今天是 ×× 节 / 您的生日，首先祝您节日 / 生日快乐，这是专门带给您的礼物，希望您能喜欢。
9. 十分感谢您的提议，我们将会努力为您提供更好的服务。
10. 谢谢您的配合，如果您在使用过程中有不明白的地方，可以随时联系我们。

技巧二　因人而异，对症下药

客户性格各不相同，针对不同性格的客户，销售员在回访过程中需要区别对待，否则很可能影响双方先前建立起来的好感，导致"二次"销售的失败。

（1）对冲动型客户莫"冲动"

在回访过程中，销售员常常会碰到性急而急躁的客户。虽然他们很急躁，但是做事果断，对于自己的需求有着明确的认识。对待这样的客户，不急躁，以温和友好的态度面对就是明智之举。

（2）帮助寡断型客户"果断"地下决心

寡断型客户在回答问题时优柔寡断、三心二意，常常无法很快回答问题。而且他们常常会在购买产品后感到后悔，如害怕遭到欺骗，认为产品的售后服务不到位等。销售员回访这类客户可能需要花费多一点的时间，而且，运用坚定、自信、赞美的话语就能很好地安抚、消除此类客户的忧郁心理。

（3）送抱怨型客户一个巧妙的台阶

客户对销售员抱怨，可能只是想要发泄一下心中的不满，希望得到理解和同情。面对这样的客户，不妨做一个好听众，满足他们的讲话欲望，然后征求客户对问题所持的意见，这样销售员不需要采取更多措施，就能达到解决问题的目的。

技巧三　主动提问，获悉意图

销售员在客户回访过程中，有效地利用提问技巧也是必然的。通过提问，销售员可以了解客户的真正需求和想法，以便有针对性地引导客户重复消费。

在进行回访提问时，销售员最好能提一些具有针对性的问题，如选择性问题、服务性问题、开放性问题、封闭性问题等，以从客户的回答中洞悉客户的真实意图。

总之，客户回访是售后服务的重要环节。重视客户回访，充分利用各种回访技巧，在提高客户满意度的同时，顺理成章地赢得再次成交，从而达到一举两得的回访效果。

第4节　总结每次销售遇到的问题，为再次销售做好准备

自测题

1. 在总结销售中遇到的问题时，你是从哪些方面进行分析的？

_____

_____

2. 在与客户沟通时，你是否已经尽了最大努力让客户感到满意呢？你是如何锤炼与客户的沟通技巧的？

_____

_____

3. 在销售过程中，你是否能够自信、真诚地向客户推销产品呢？客户是否认同呢？

_____

_____

案例分享

吴琦是公司里稳居榜首的销售冠军，其实他的秘诀就是在每次向客户推销后，无论是否成功，都及时总结每次销售中遇到的问题。

在起初做业务时，吴琦经常会因为没有预约到准确时间而无法见到客户，或者虽然有专业背景，但是对某些产品并不熟悉，有时在客户询问一些问题时无法回答清楚，特别是在价格方面，在遇到问题时再去查资料或询问公司同事，之后再打电话回答客户疑问等，这些都影响了客户的信任。

而且，由于吴琦一开始缺乏销售技巧和心态，在拜访客户时比较胆怯，当遭到客户拒绝时，不敢再次尝试，这些都严重影响了吴琦的销售业绩。

针对自己在工作中遇到的问题，吴琦逐一进行总结，并列出了具体的解决方法：（1）尽一切努力学习销售技巧，锤炼销售心态；（2）深入学习产品知识；

（3）加强同资深销售员的交流；（4）加强商务方面的技巧；（5）加强自身的时间管理和励志管理。

吴琦给自己制定的目标是："犯过一次的错误，不能在同样的客户身上再犯第二次"。在对自己严格的要求下，吴琦不断总结销售经验，销售技能和销售业绩都得到了大幅度的提升。

深度剖析

吴琦在一开始做业务时，因为各种原因导致销售失败，如没有提前预约到准确的时间，没有专业背景，或者对某些产品不熟悉等。在销售结束后，吴琦都会第一时间总结销售中遇到的问题，并制定解决方案，这为吴琦再次销售打下了坚实的基础，成为吴琦稳居榜首的重要原因。

总结作为销售工作结束后的重要环节，是再次销售循环的必经之路。对于销售员来说，在每一次与客户沟通后，对自己各方面进行审查的目的就是了解自己的不足，并在之后的推销过程中取长补短、不断学习，以使自己的销售技能得到不断的提升，并为下阶段的销售工作做好准备。

在通过一系列审视后，销售员就会了解自己先前在沟通中哪些表现不好，哪些表现比较出色，以便在再次销售中汲取经验，做得更好。

为了为再次销售做好准备，销售员可以从以下几个方面对自己进行全面审视。

方面一　对销售的目的是否明确

销售员拜访客户都是存在目的的，初次拜访，以及再次和多次拜访分别存在着不同的目的。

拜访的类型	目的	了解的内容
初次拜访	一般是了解客户的情况，寻找合作的途径和机会	初次拜访应尽可能了解一些大方向上的问题，如公司的性质、规模、经营状况，产品与客户的利益交叉点在什么地方
再次拜访或者多次拜访	有具体的事物或者项目要谈，或者为了拉近与客户之间的关系	了解客户的心理，以及其对产品、销售员或者公司的看法和不满

在再次拜访或者多次拜访中，可能会出现这样的情况：前面的事情都已经基本做到位了，但客户却没有出现预期的反应。那么这时销售员就需要思考：是不是目标客户权限不够；是不是客户跟进的项目情况有所变化；是不是销售员与目标客户间的关系没有做到位等。当然，这也有可能是目标客户遇到竞争对手，或者销售员不能令客户感到信任造成的。

在确定销售目的后，销售员就可以在接下来的沟通中更准确地把握客户的内心需求，从而达到令双方都满意的沟通效果。

方面二　是否对客户有着准确的判断

不能全面了解客户的整体情况，就没有办法了解这个客户能给销售员带来的利益有多大，同时也就无法决定耗费在客户身上的时间和精力。而对客户的判断是否准确，常常决定于销售员收集到的信息是否全面、准确。

那么，如何对客户进行准确判断呢？以下方法将会对你有所帮助。

准确判断客户的方法	全面评估与客户有多少机会可以合作
	对每次合作能够带来的利益做出预测
	关注客户对合作的重视程度以及对销售员的认可程度
	了解是否存在竞争对手以及竞争对手的情况
	跟进客户和项目，以及时调整计划

方面三　对自己是否了解

了解自己，包括了解自身产品和自己本人两个方面。了解产品，包括熟悉产品有哪些优劣势；了解自己，主要是对自己本人的素质、性格进行了解。

（1）是否热爱销售工作

销售员是否能够全心全意地热爱并投入销售工作，这个问题只有销售员自己最清楚。因为对于热爱销售工作的销售员来说：

● 自己所推销的产品是完全值得信赖的；

● 与客户进行的每一次沟通都是意义非凡的；

● 能够满足客户的需求是令人自豪的事情；

● 对自己的产品充满信心，并且会为满足客户的需求付出最大的努力。

（2）是否具有明确的目标和强烈的成功愿望

销售员在每一次总结销售中遇到的问题时，都不可避免地要注意到目标问题，因为没有明确目标的沟通注定是会失败的。

由此看来，销售员只有同时具备了明确的目标以及对成功的强烈愿望，方能目标坚定地付出努力。如果销售员发现在沟通过程中客户很难认同产品，那么很可能是双方之前建立的目标出现了问题，或者是销售员在销售过程中的信心不够充分。

（3）是否具有百折不饶的勇气

销售的过程中总是充满艰辛和困难，几乎每一次与客户进行沟通都不会顺利开展下去。随着竞争的激烈，销售工作更是困难重重，在这种情形下，如果没有百折不饶的勇气，销售员将很难坚持到最后。如果在第一次销售沟通过程中没有取得满意的效果，就要做好第二次甚至更多次销售遇挫的准备。

（4）是否了解产品的性价比

作为一名销售员，你能给客户提供产品或服务，那么其他商家的销售员同样能做到。在众多竞争对手中，你是否清楚自己的优势所在？是具备完美的性价比，还是能提供更好的服务呢？

在对产品有了一个清晰的了解后，销售员就可以准确定位适合自己的客户和市场了。

方面四　是否能与客户顺利相处

与客户打交道是一个很重要的问题，也是销售过程中最难的问题。销售员在与客户打交道的过程中，需要遵守以下顺序。

（1）电话预约

通过电话拜访客户的目的是约定与客户见面的时间、地点。在电话中，销售员最好不要透露拜访客户的目的，如直接向客户推销产品等。

电话拜访的时间大约为3分钟，在电话中销售员最好专注于自身及产品的介绍，并大致对客户的需求有一个了解，以便给出一个很好的理由让客户接受并愿意与之交谈。

（2）与客户初次见面

与客户初次见面，第一印象十分重要。因为人的潜意识里有先入为主的印象，如果销售员没有留给客户良好的初次印象，在接下来的时间里试图改变这种印象，将会变得十分困难。

下面列出了销售员初次与客户见面时可能引起客户不满的问题，销售员应避免在再次销售中重复出现。

认真观察客户，通过与客户交谈的内容、语气、神态、姿势等判断客户的性格、喜好等
切忌喋喋不休地介绍产品，从而忽略客户的反应
避免同客户争抢话题，留给客户充分发表意见的机会
做个好听众，从客户的谈话中了解客户感兴趣的事情以及意图
当客户谈论的话题偏离销售主题时，委婉地将话题引导至销售上来
与客户交谈时，将自己放在同客户同等的位置上，既不一味讨好客户，也不显示出傲慢的态度

（3）与客户的沟通

销售员在与客户沟通时，能够保持连续性相当重要。这也就是说，销售员在拜访客户时要尽可能创造并确定再次沟通的拜访机会。在总结同客户沟通中的问题时，销售员可以从以下两个方面入手。

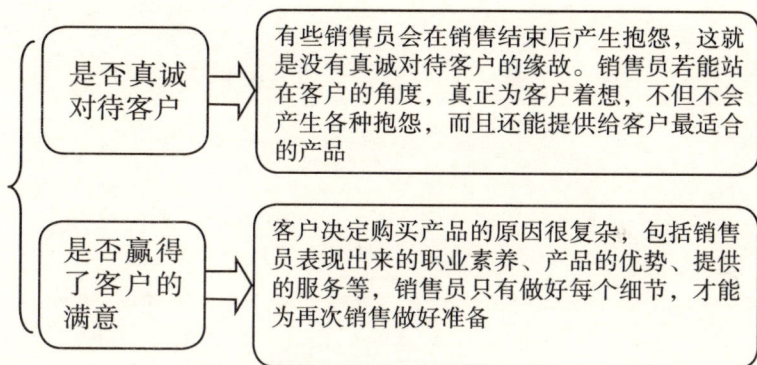

是否真诚对待客户	→	有些销售员会在销售结束后产生抱怨，这就是没有真诚对待客户的缘故。销售员若能站在客户的角度，真正为客户着想，不但不会产生各种抱怨，而且还能提供给客户最适合的产品
是否赢得了客户的满意	→	客户决定购买产品的原因很复杂，包括销售员表现出来的职业素养、产品的优势、提供的服务等，销售员只有做好每个细节，才能为再次销售做好准备

方面五　是否在拜访客户前做好充足准备

在拜访客户前做好准备，这是一个习惯性问题。销售员若没有做好事前准备，在与客户实际沟通中，就很可能导致一些情况没有了解到，有些事情没有做到位，或遇到突发事件出现尴尬局面等，降低工作效率，留给客户不良印象。

为避免这些情况再次发生，销售员不妨在拜访客户前多花费一些时间，做好充分的拜访准备。

方面六　是否在拜访客户后进行总结

在对客户进行拜访后，销售员一般要做一个总结，以分析客户重要性，确定应该花费多大精力去经营，下一步的工作是什么，具体如何安排等。对于重要的、易于忘记的计划，销售员最好记录在工作安排或者备忘录中。

方面七 是否对销售工作有一个整体的安排

在销售过程中有一个整体安排是必不可少的，因为不断开拓新客户、拜访新客户，除了分清哪些客户是重点客户，需要花费精力维持外，什么时候需要开拓新客户、什么时候应该加强与重点客户的联系、需要哪些资源等，同样需要销售员做好安排和计划。